“现代物业服务体系实操系列”
编委会

鸣谢以下机构：

深圳市天福消防工程有限公司
深圳市福业电梯有限公司
深圳市天源环境技术有限公司
深圳市科海置业有限公司
深圳市科海楼宇智能化科技有限公司
安徽福业保安服务有限公司

现代物业服务体系实操系列

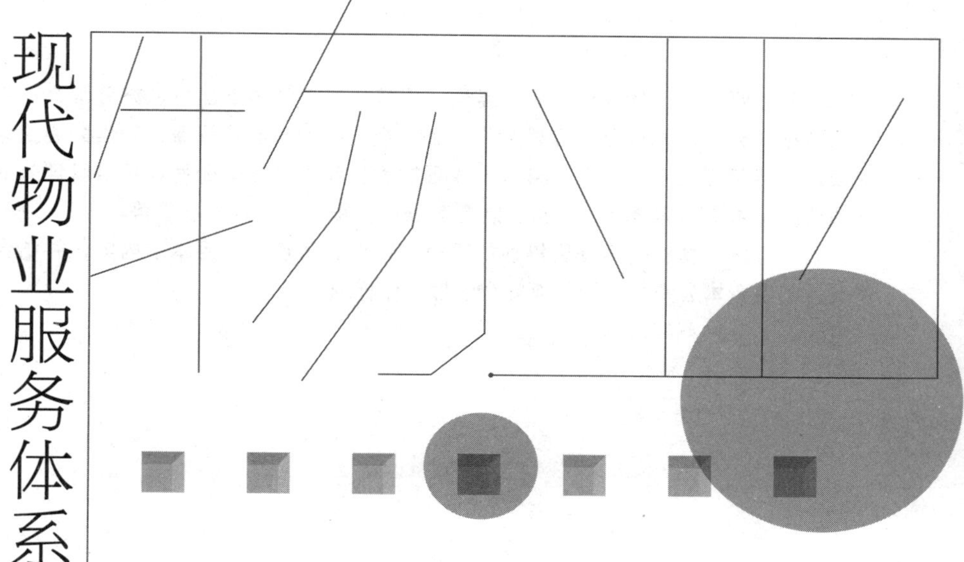

物业岗位设置与管理制度全案

福田物业项目组　组织编写

化学工业出版社
·北　京·

本书主要从人员管理与企业制度化、规范化管理的角度出发，充分考虑到物业公司及其项目管理的特征，分为四大部分来描述：物业公司组织架构与职位设置、管理处组织架构及岗位职责、物业公司综合管理制度、物业项目运作管理制度，涵盖了物业公司和项目管理处的各个部门和岗位及各项业务。本书内容全面、丰富，注重可操性，跟上时代的发展趋势。

本书可作为物业公司基层培训的教材，物业公司也可运用本书内容，并结合所管辖物业的实际情况，制定有本公司特色的物业安全管理工作标准。

图书在版编目（CIP）数据

物业岗位设置与管理制度全案/福田物业项目组组织编写. —北京：化学工业出版社，2018.8（2022.8重印）
（现代物业服务体系实操系列）
ISBN 978-7-122-32407-8

Ⅰ.①物… Ⅱ.①福… Ⅲ.①物业管理企业-职位-设计②物业管理企业-企业管理制度 Ⅳ.①F293.33

中国版本图书馆CIP数据核字（2018）第130493号

责任编辑：辛　田　　　　文字编辑：冯国庆
责任校对：吴　静　　　　装帧设计：尹琳琳

出版发行：化学工业出版社（北京市东城区青年湖南街13号　邮政编码100011）
印　　装：三河市延风印装有限公司
787mm×1092mm　1/16　印张$14^1/_2$　字数323千字　2022年8月北京第1版第5次印刷

购书咨询：010-64518888　　　　售后服务：010-64518899
网　　址：http://www.cip.com.cn
凡购买本书，如有缺损质量问题，本社销售中心负责调换。

定　　价：48.00元

前言 Foreword

国家统计局公布的数据显示，全国物业管理10多万家企业中，97.3%均为中小企业，它们服务的物业市场规模达到50%，服务全国60%以上的业主。

当前，物业企业的外部环境也正在发生重要变化，这些变化包括劳动力供给持续短缺、经营成本持续普涨、劳动法令法规日趋完善、物业服务业务边界不断扩充、客户对服务精细化和专业化的要求不断提高、服务外包规模逐步扩大、城镇化带来史无前例的市场拓展空间等。

中小物业企业因为这些变化，面临较大的发展困难。业主因物业服务不满而导致的社区重大矛盾纠纷，60%以上发生在中小物业公司身上。

占行业总数95%以上的中小物业公司，在互联网创业这个“大风口”下，面临着前所未有的困惑。不少物业企业由于人力成本逐年提高而物管收费维持多年不变，因而导致大幅亏损。有的中小物业企业刚刚做出一点品牌，就被兼并收购；有的中小物业企业选择转型创业，但却面临大型物业企业的竞争，频频丢失项目。

为了推动我国物业服务与管理的发展，住房和城乡建设部印发了《住房城乡建设事业“十三五”规划纲要》，纲要涉及物业管理方面的内容，其中重要的一点是要促进物业服务业发展。以推行新型城镇化战略为契机，进一步扩大物业管理覆盖面，提高物业服务水平，促进物业管理区域协调和城乡统筹发展。健全物业服务市场机制，完善价格机制，改进税收政策，优化物业服务标准，强化诚信体系建设。建立物业服务保障机制，加强业主大会制度建设，建立矛盾纠纷多元调处机制，构建居住小区综合治理体系。完善住宅专项维修资金制度，简化使用流程，提高使用效率，提升增值收益。转变物业服务发展方式，创新商业模式，提升物业服务智能化、网络化水平，构建兼具生活性与生产性双重特征的现代物业服务体系。

物业企业结合纲要精神，创新性的发展促进物业发展。首先，实施社区共享经济。其次，实施“互联网+”服务。作为转型中的物业服务企业，当然要考虑如何运用互联网技术以及与互联网融合的问题。借助互联网发展起来的智慧社区、设备远程监控、智慧停车系统等，它们影响的不仅仅是业务工作的效率提高，而且直接改变了人们对产品和服务的体验方式，改变了与用户的服务和联络方式，颠覆了现有的管理方式和商业模式。

做好基础物业服务，就要提高业主的满意度，就必须通过科技手段提升专业化水平，实现物业服务效率的最大化，并通过资源整合提供更个性化、多样化的社区服务——这应该成为企业转型升级的根本所在。

基于此，我们开发了“现代物业服务体系实操系列”图书，包括《物业服务沟通与投诉解决指南》《物业保洁服务与绿化养护指南》《物业服务流程与工作标准指南》《物业岗位设置与管理制度全案》《物业网络管理与安防设施指南》《物业治安·消防·车辆安全与应急防范》六册。全书主要从实操的角度，对于物业管理与服务工作中应知应会的内容进行系统的归纳和整理，同时，书中提供了大量的案例和范本供读者参考使用。

本书由福田物业项目组组织编写，在编写过程中，获得了一线物业管理人员、物业管理行业协会的帮助和支持，全书由滕宝红审核完成。在此对大家付出的努力表示感谢！

由于笔者水平有限，书中不足之处在所难免，希望广大读者批评指正。

编者

目录
Contents

第一章　物业公司组织架构与职位设置 01

第二章　管理处组织架构及岗位职责

第一章
物业公司组织架构与职位设置

01

合理设置组织架构既可以提高团队工作效率，形成和谐的工作环境、有序的组织管理层级，又可大大降低行政管理成本和人力资源成本。设计管理处的组织架构时要确定一个核心机构——客户服务中心，来确保客户服务需求的接收、处理与反馈。

第一节 物业公司组织架构设置

一、物业公司的业务内容

物业公司的业务内容包括基本业务、辅助业务及内部业务。物业公司具有一业为主、多种经营、微利服务、规模管理的基本特性，这决定了它的业务内容的广泛性特点。

（一）物业公司的基本业务

物业公司的基本业务涉及范围相当广泛，主要包括下图所示的内容。

业务一　前期物业服务

前期物业服务包括从规划设计开始，到物业建设以及物业的销售、租赁活动的管理

业务二　物业的使用管理

物业的使用管理包括建筑物的维修和定期养护；辅助设备的定期检修保养；保证供水、供电、供热、供气以及电梯和消防系统的正常运转；保证道路、污水排放管道畅通无阻

业务三　环境养护与管理

环境养护与管理包括维护物业整体规划不受破坏，制止乱搭乱建、乱贴乱画等行为；做好物业服务绿化和室外保洁工作；做好防盗、治安保卫工作，维护公共秩序和交通秩序等

业务四　物业产权户籍管理

物业产权户籍管理包括产权、户籍的登记和确认，以及房屋交换的管理等

业务五　提供全方位、多层次的后期服务

全方位、多层次的后期服务包括专项服务及特约服务。专项服务包括房屋装饰、装修、家电维修、代收各种费用等；特约服务包括代卖代租物业、代办票务、代接送小孩、代换液化气、代办酒席、代收发信件、介绍工作和家教等

物业公司的基本业务

（二）物业公司的辅助业务

物业公司的辅助业务是指物业服务以外的各种经营活动，如兴办餐饮服务业；开办房屋装饰材料、卫生洁具、家用电器公司等，创办幼儿园、托儿所、门诊部、图书馆、电影院、歌舞厅等文化娱乐场所等。物业公司可根据自己的特长，兴办物业服务以外的服务业务。

（三）物业公司的内部业务

物业公司的内部业务是指企业内部的管理与协调工作。物业公司的内部业务主要应该抓好下图所示的工作。

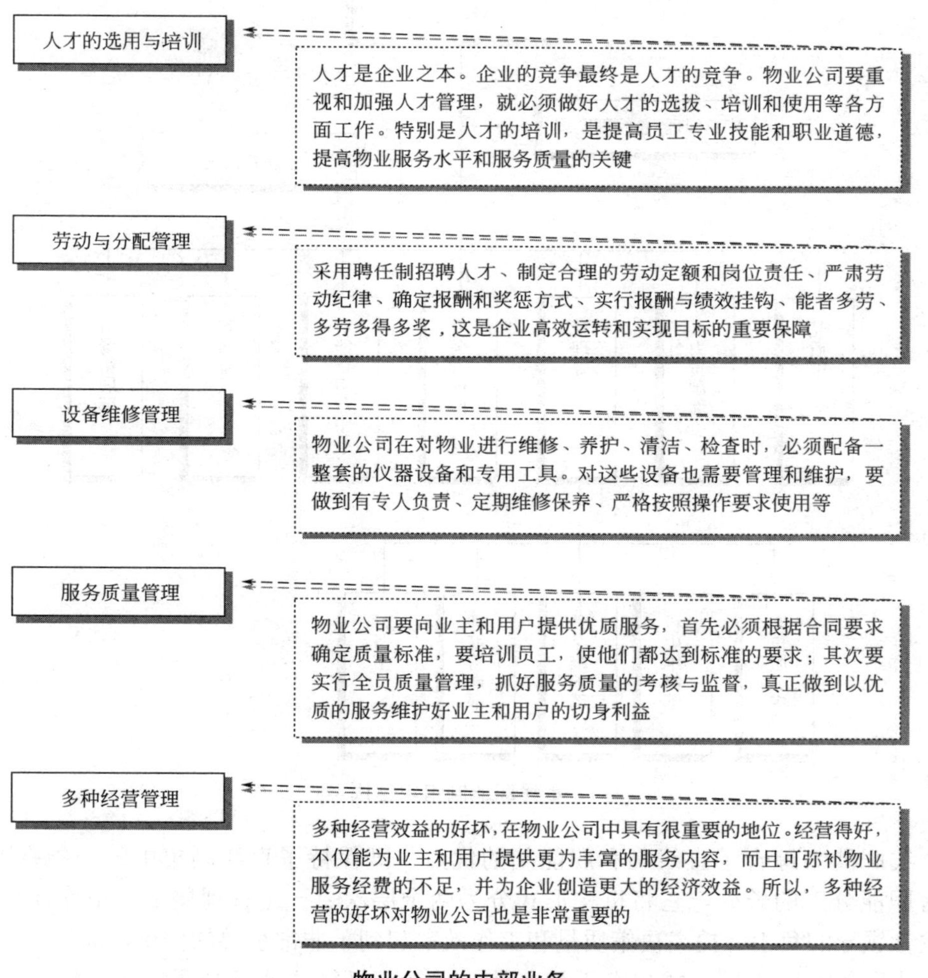

物业公司的内部业务

二、物业公司的机构设置

物业公司内部机构的具体设置，要根据管理物业的规模和服务管理的目标内容，以及物业公司的实际情况决定。通常物业公司的内部机构设置有如下几种模式。

（一）直线职能制

直线职能制是在直线制的基础上吸收了职能制的长处。各级组织单位除主管负责人外，还相应地设置了职能机构。这些职能机构有权在自己的业务范围内从事各项专业管理活动。

目前，一般的大中型物业公司都采用直线职能制组织形式。如某物业公司总部设有物业管理部、计划开发部、财务部；下设经营部、房产管理部、项目管理部等；各项目管理部下设业务部门、职能部门，如土建、水电、绿化环卫、秩序维护队、管理处、资料、预算等业务部门和职能部门。以下提供一个范本供参考。

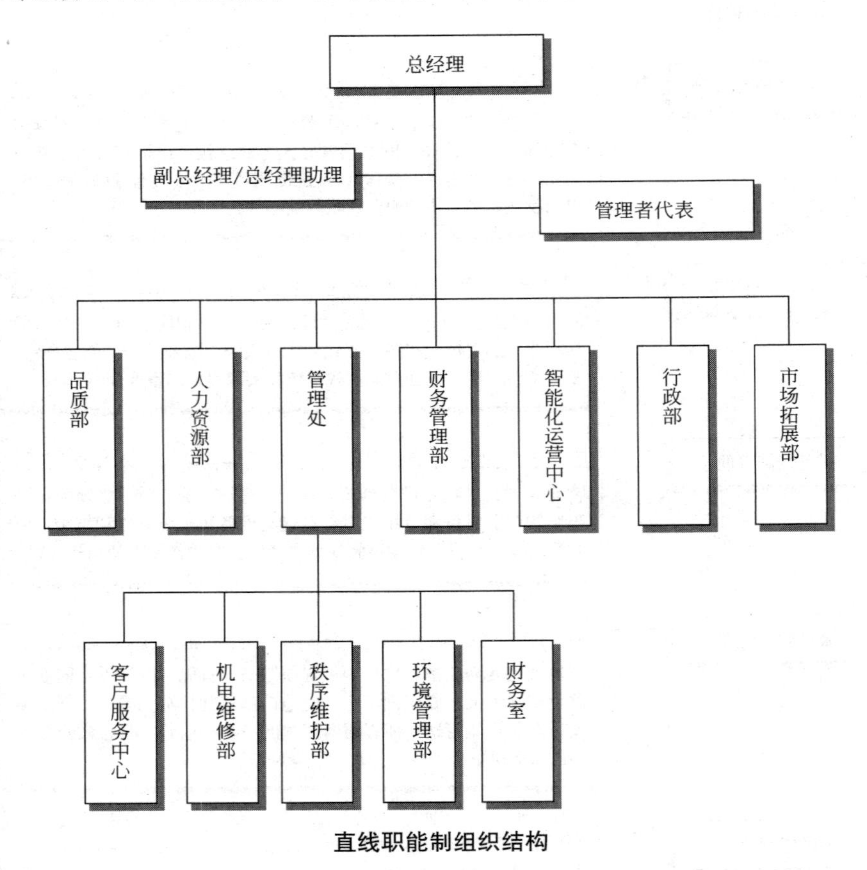

直线职能制组织结构

直线职能制综合了直线制和职能制的优点，既保持了直线制集中统一指挥的优点，又具有职能分工的长处。它将机构形式分为两个层次：一是管理层；二是作业层。这对减轻主管领导的负担，提高决策质量和工作效率起到了非常重要的作用。

直线职能制的组织形式也有不足之处：它的下级往往缺乏必要的自主权，各个职能部门之间因缺乏横向联系而容易产生脱节和矛盾，信息反馈的速度以及对环境的敏感度比较差等。因此，采用此种类型的组织机构，应特别注意克服它的弱点。

（二）事业部制

所谓事业部制，原是西方国家一些大公司将公司所属的分公司或工厂，按产品大类划分地区组织事业部，实行集中决策指导、分级经营、单独核算的一种组织形式。即物业公司（有的称总公司）下设若干事业部，每个事业部又负责若干经营事务，总公司掌管战略决策，确定经营方针，统一管理人员，统一调度人力、物力、财力等。以下是某物业公司的组织架构。

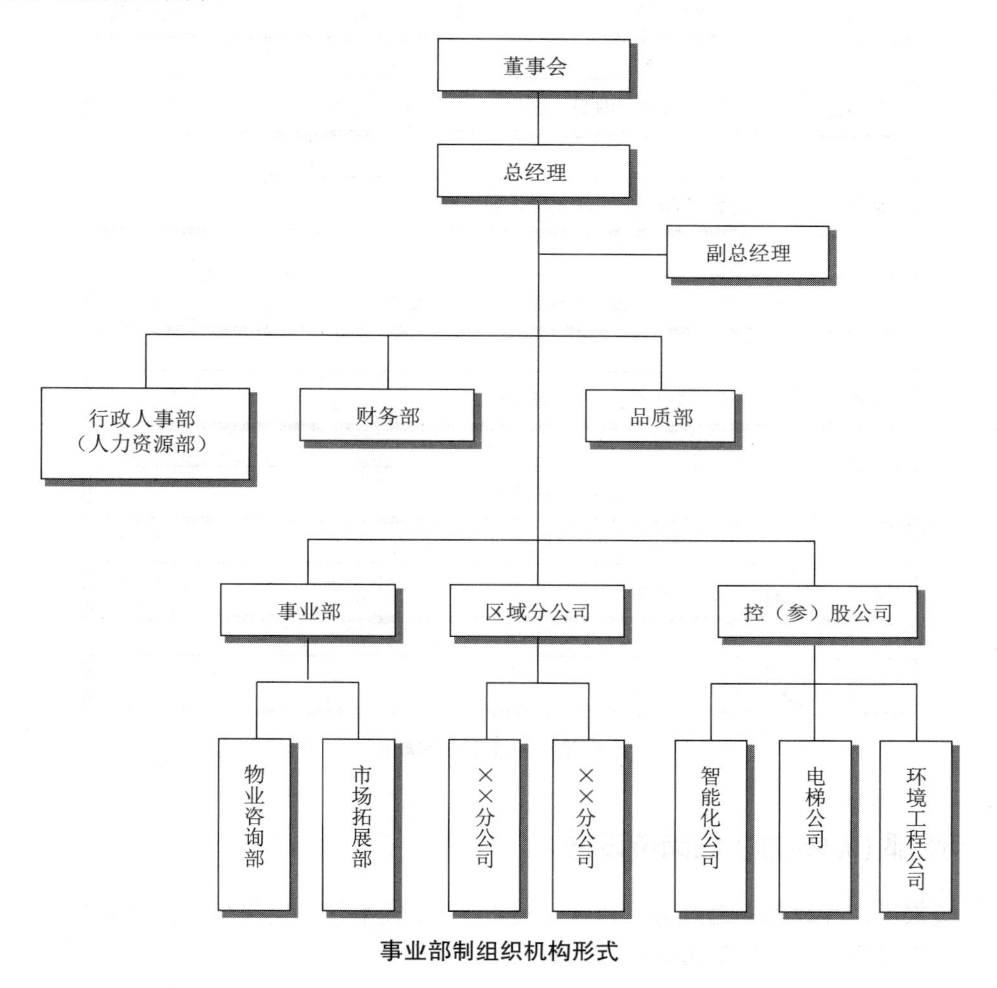

事业部制组织机构形式

第二节 行政部（总经办）的职能与岗位设置

一、行政部（总经办）的职能

行政部（总经办）负责对内、对外的日常事务性工作，协调公司各部门之间的关系，维护公司整体利益，及时完成各级领导交办的各项任务，为总经理、副总经理当好参谋和助手。行政部（总经办）的职能如下图所示。

行政部（总经办）的职能

二、行政部（总经办）的岗位设置

一般来说，行政部（总经办）由（总经办）经理/主任、接待员、行政秘书、内务主办、司机等岗位构成，如下图所示。

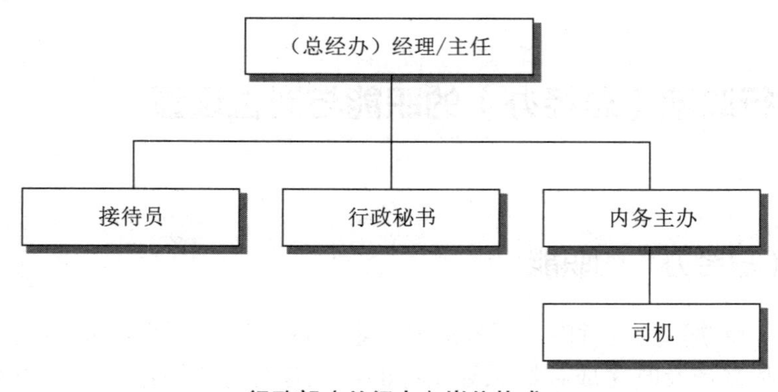

行政部（总经办）岗位构成

三、行政部（总经办）各岗位职责

【范本1-01】经理/主任

岗位名称	经理/主任	所属部门	
岗位职责	（1）全面主持行政部（总经办）工作，严格遵守国家法律以及各级政府的有关法规，执行公司的各项工作指令和决策 （2）建立和完善公司各项规章制度，并监督贯彻执行 （3）负责行政文件的审核、发布 （4）列席参加公司各类行政会议，做好会议记录并负责落实会议精神 （5）公司信息平台的建立和维护 （6）负责公司各类印章、介绍信、证明、证书的管理 （7）审核公司发生的行政费用，降低本部门行政费用 （8）安排公司的对外接待，保持与政府部门、上级主管单位的联络 （9）公司车辆的管理 （10）对本部门新职工进行入职指引，对本部门对口的业务负责组织编写教材并实施培训 （11）召开部门例会，传达上级指示，部署工作任务，制订部门计划 （12）协调各部门与管理处的关系及本部门与其他部门、管理处的关系 （13）对办公区域环境因素、职业健康安全方面进行评价，并有相应措施 （14）掌握本部门职员出勤情况，审核本部门职员请假		

【范本1-02】接待员

岗位名称	接待员	所属部门	
岗位职责	（1）负责公司前台接待工作 （2）负责公司电话接转、收发传真、文档复印等工作 （3）负责各类办公文档、商务文档、合同协议的录入、排版、打印 （4）日常文书、资料整理及其他一般行政事务		

【范本1-03】行政秘书

岗位名称	行政秘书	所属部门	
岗位职责	（1）协助经理/主任安排组织有关会议，做好会议通知和会议记录，做好会议纪要的整理工作 （2）负责文件的起草、打字、复印等工作，并及时归档公司的相关文件 （3）负责往来文件、信件、传真的签收、拆封、登记、呈转及归档工作 （4）管理公司重要资质证件及办理公司所需各项证照 （5）负责建设与维护内、外网络，并做好宣传工作 （6）负责日常接待、公务联系等工作 （7）负责发放日常福利、节日福利 （8）负责办公用品的保管与发放工作 （9）负责编制采购计划，并督促采购员及时采购 （10）负责公司印信和印鉴的管理工作 （11）完成经理/主任交办的其他工作		

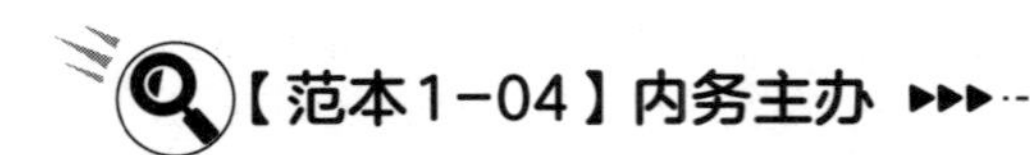

岗位名称	内务主办	所属部门	
岗位职责	（1）负责公司营业执照、资质证书、信誉证书等证件一年一度的年审 （2）负责企业及分支机构的设立，变更、注销、许可证的申报审批及印章的刻制 （3）负责提供营业执照复印件 （4）负责审核公司各类行政管理费用，并对费用进行统计 （5）负责公司电话机、传真机的管理及费用控制 （6）负责公司办公区域设施设备的报修 （7）负责职员宿舍的调配、日常监督管理及公共场所的管理工作 （8）负责公司办公区域办公设备、办公用品及工作服的管理工作 （9）负责公司车辆维修、保养、年审计划的制订和督导执行 （10）负责公司办公环境保洁、安全方案的实施与监督 （11）对内务新职工进行入职指引 （12）负责公司伙食质量的监督工作，定期对公司宿舍、招待所、食堂等进行意见调查		

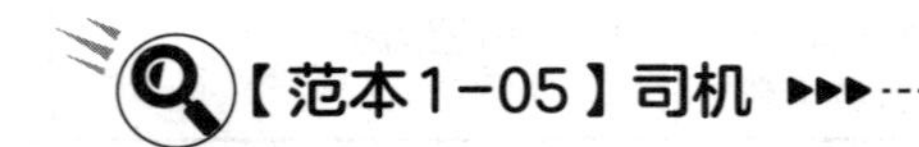

岗位名称	司机	所属部门	
岗位职责	（1）认真贯彻执行公司车辆管理的有关规定，及时安全地完成行车任务 （2）严格执行公安部门的交通管理规则，杜绝事故发生 （3）定期进行车辆维修、检查，力求节约，合理用油 （4）熟悉所驾驶车辆的构造、性能，掌握各种条件下的操作要领和排除常见故障的技术 （5）爱护车辆，保持车况良好，车容整洁，工具和附件无损坏丢失 （6）出车时如实填写《派车单》		

第三节　市场拓展部的职能与岗位设置

一、市场拓展部的职能

物业公司的市场拓展部，相当于其他行业企业里的市场营销部，其主要功能如下图所示。

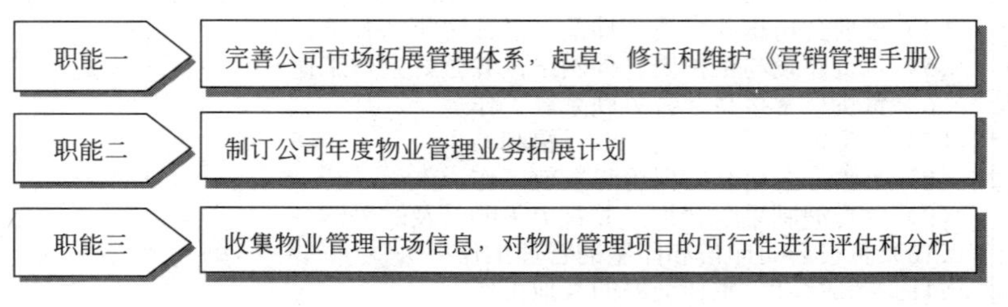

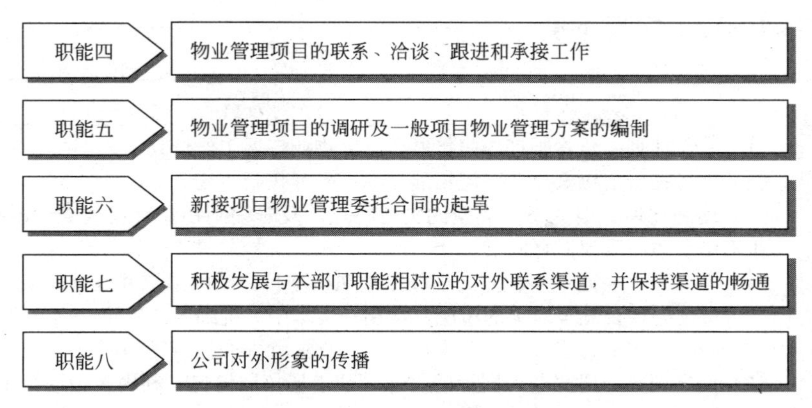

市场拓展部的职能

二、市场拓展部岗位设置

市场拓展部岗位设置如下图所示。

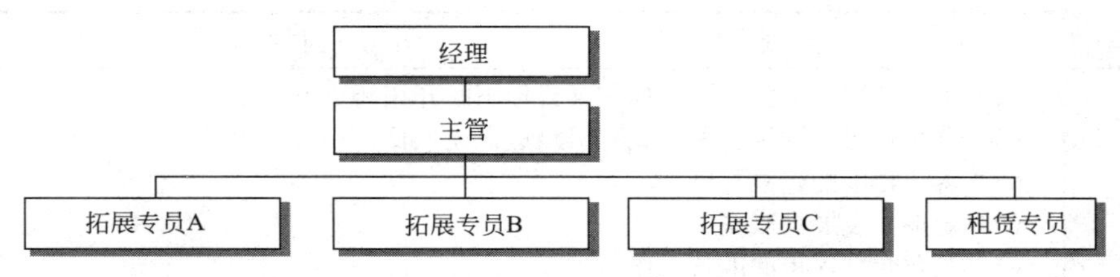

市场拓展部岗位设置

三、市场拓展部岗位职责

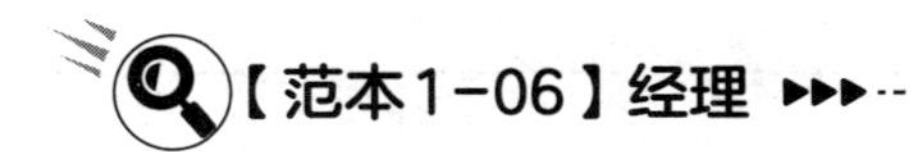

岗位名称	经理	所属部门	
岗位职责	（1）计划与目标：制订公司年度物业拓展工作计划与目标并实施 （2）市场调研：研究本市业内同行的物业管理市场拓展情况；利用多种途径了解全国物业管理市场的发展状况并加以分析 （3）合同：指导本部门职工根据项目的具体情况完成各类物业管理方案及合同书的编写 （4）项目跟进：通过多种方式积极跟进在谈项目。全面了解并跟进在谈项目的具体情况；尽量掌握项目竞争对手的情况，特别是文本中关键细节的定位 （5）合同评审：项目洽谈进展到成熟时期，组织召集公司有关人员进行合同评审；根据合同评审结果完善合同内容并报请有关领导审批 （6）培训：对本部门职工进行入职指引，对本部门对口的业务组织编写教材并实施培训。建立有效的工作团队 （7）例会：召开部门例会，传达上级指示，部署工作任务，制订部门计划 （8）印鉴：掌管部门公章，签发所有应当由本部门发放的文件 （9）公共关系：积极发展对外联系渠道并保持渠道畅通；负责公司对外形象的传播 （10）考勤：掌握部门职工的出勤情况，审核本部门职工请假		

【范本1-07】主管

岗位名称	主管	所属部门	
岗位职责	（1）工作计划：负责制订部门年度、月度物业拓展工作计划 （2）项目拓展：根据公司市场拓展目标不断开拓新市场 （3）编制文件：根据不同类型的物业特点，及时编制物业管理全委（顾问）计划书、物业管理全委（顾问）合同书 （4）项目跟进：通过多种方式积极跟进在谈项目。全面了解并跟进在谈项目的具体情况；尽量掌握项目竞争对手的情况，特别是文本中关键细节的定位 （5）合同评审：召集公司有关人员进行对物业管理委托合同的评审 （6）市场调研：研究业内同行的物业管理市场拓展情况；利用多种途径了解全国物业管理市场的发展状况并加以分析 （7）公共关系：积极发展对外联系渠道并保持渠道畅通，公司对外形象的传播		

【范本1-08】拓展专员

岗位名称	拓展专员	所属部门	
岗位职责	（1）项目拓展：根据公司市场拓展目标不断开拓新市场 （2）项目跟进：通过多种方式积极跟进在谈项目 （3）客户档案的建立与维护 （4）定期与发展商联系 （5）负责合同评审的准备工作 （6）负责物业管理项目的接洽和联系，以及相关资料的收集整理 （7）协助主管编制物业管理方案和计划书 （8）工作计划：协助主管制订部门年度、月度物业拓展工作计划		

【范本1-09】租赁专员

岗位名称	租赁专员	所属部门	
岗位职责	（1）租赁委托登记。业主、租户有意出租房屋或想租房，可以分别在出租登记、需求登记中填写自己的意向，或者直接登记委托 （2）勘察定价。出租房屋等信息登记完毕后，与业主、租户约定勘察日期、时间。在约定时间，根据勘察口径对房屋进行勘察（重点勘察确认房屋的装潢水平和设施配备）。与客户根据租赁市场的行情和房屋具体情况，协商确定物业租金，并就租赁的各项条件达成一致 （3）配对看房，即与租户约定上门看房日期、时间，并在约定时间陪租户上门看房 （4）按照双方所达成的各项条件填写合同，并收集出租人和承租人双方的有效证明文件，公司则为营业执照等 （5）代理租赁完成后，租赁双方在《房屋租赁合同》上签字、盖章后，向出租方收取该出租房的1个月租金为中介费 （6）按《房屋租赁合同》规定日期，租赁双方到房屋所在地交验房屋		

第四节 品质部的职能与岗位设置

一、品质部工作目标

品质部工作目标如下图所示。

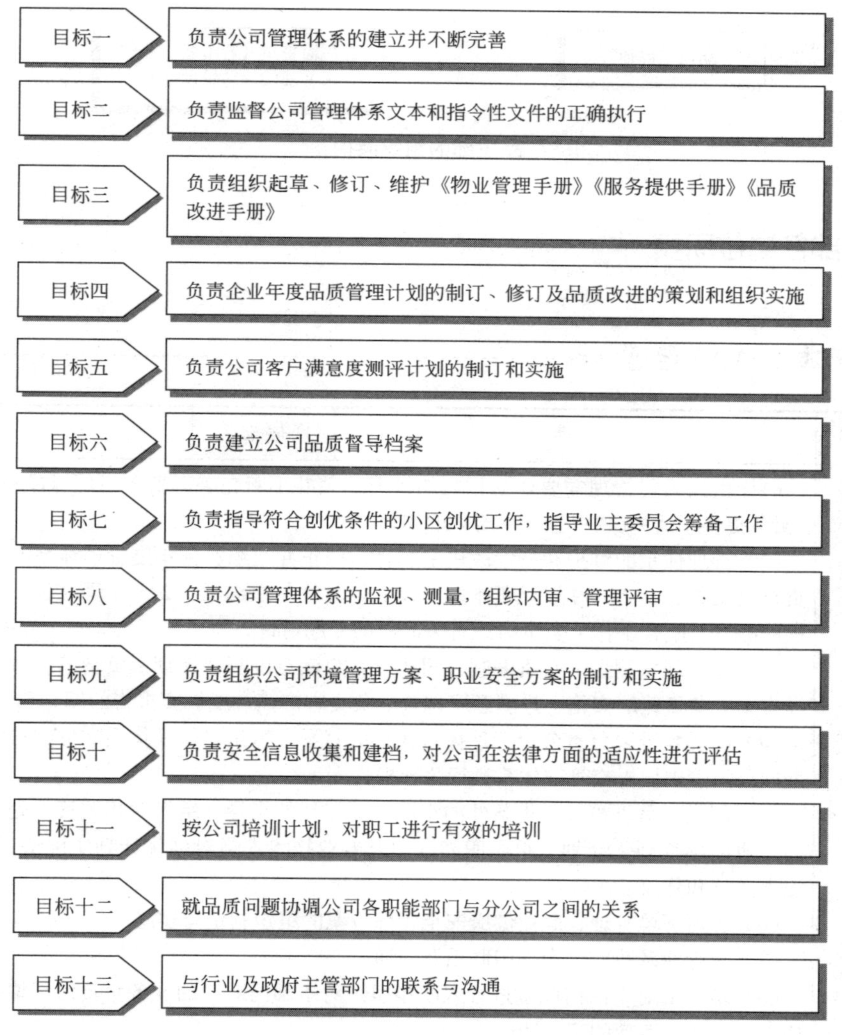

品质部工作目标

二、品质部组织架构

品质部在物业公司中负责物业管理服务的质量管理与控制，进行质量管理体系建设与监督实施，其组织架构如下图所示。

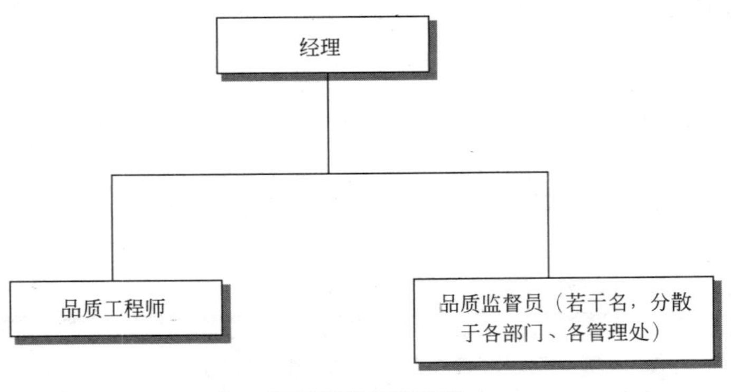

品质部的组织架构

三、品质部各岗位职责

【范本1-10】经理

岗位名称	经理	所属部门	
岗位职责	（1）根据公司管理需要建立相应的管理体系并不断完善。负责组织《品质改进手册》《服务提供手册》《物料管理手册》的编写 （2）管理体系的维护和持续改进：制订、修正并组织实施年度管理体系改进计划；负责每年组织至少2次内部管理体系审核；负责每年组织至少2次管理评审；协调外部审核的准备及配合工作；负责组织有关品质的专题研讨 （3）品质现状测评：负责编制公司年度客户满意度测评计划；负责编制客户满意度测评方案；负责组织实施客户满意度调查；负责客户满意度调查报告的编制和发布 （4）品质督查：负责公司管理体系执行的督导。组织对管理体系文件的日常督导；定期向公司管理层提交管理体系执行督导报告 （5）创优：负责符合创优条件的小区创优工作的指导。组织对相关管理处人员进行培训；协助制订创优计划；组织职能部门及专业技术人员对创优计划实施情况进行检查，提出意见和建议 （6）公司环境管理、职业健康安全管理方案的组织制定与实施 （7）与行业及政府主管部门联系及沟通 （8）培训：对本部门职工进行入职指引，对本部门对口的业务负责组织编写教材并实施培训。建立有效的工作团队 （9）例会：召开部门例会，传达上级指示，部署工作任务，制订部门计划 （10）考勤：掌握部门职工出勤情况，审核本部门职工请假 （11）印鉴：掌管部门公章，签发所有由本部门发放的文件 （12）协调：解决下属提出的具体困难和需要，协调本部门与其他部门之间的合作关系		

【范本1-11】品质工程师

岗位名称	品质工程师	所属部门	
岗位职责	（1）协助管理体系的建立、维护、持续改进：配合品管部经理编写、修订公司的相关体系文本；维护公司管理体系的有效运行及持续改进 （2）负责公司管理体系督导活动：随机抽查每月不少于1次；每月5日之前出具上月品质督查报告；落实跟踪上月督查发现的不符合项 （3）客户意见调查：一年内组织2次客户意见调查，每半年1次；调查表的发放率不少于总户数的50%，回收率在70%以上，总体真实率达到95%以上；运用柱状图、折线图、因果图对调查结果做统计分析 （4）内部管理体系审核：编制检查清单，准备各种审核表格及文件；参与现场审核，确保客观、严谨；组织对内审中不合格的纠正措施进行跟踪、验证 （5）创优：负责符合创优条件的小区创优工作的指导 （6）协助经理制定与实施环境管理、职业健康安全管理方案		

【范本1-12】品质监督员

岗位名称	品质监督员	所属部门	
岗位职责	（1）负责本部门的质量管理工作，对本部门的质量活动进行日常监督、检查，发现不合格，及时开出不合格报告予以纠正 （2）负责质量体系文件在本部门的贯彻落实，并对日常工作检查中发现的不适用的质量体系文件向品质管理部提出修改、改进建议 （3）对本部门质量目标完成情况进行月、年统计和分析，并上报品质管理部或分公司 （4）负责在本部门跟踪落实内部审核不合格项及品质管理部开出不合格报告的整改情况 （5）定期参加由品质管理部召开的质量工作座谈会 （6）负责跟踪落实及反馈品质管理部所安排工作在本部门的执行情况 （7）掌握物业管理的各项政策、法规、标准，制定本部门质量体系文件年度培训工作，并按计划实施 （8）接受品质管理部的业务指导和监督		

第五节　人力资源部的职能与岗位设置

一、人力资源部的职能

人力资源部是企业人力资源规划、人事安排的核心部门，也是市场拓展、服务开展的辅助部门，其职能如下图所示。

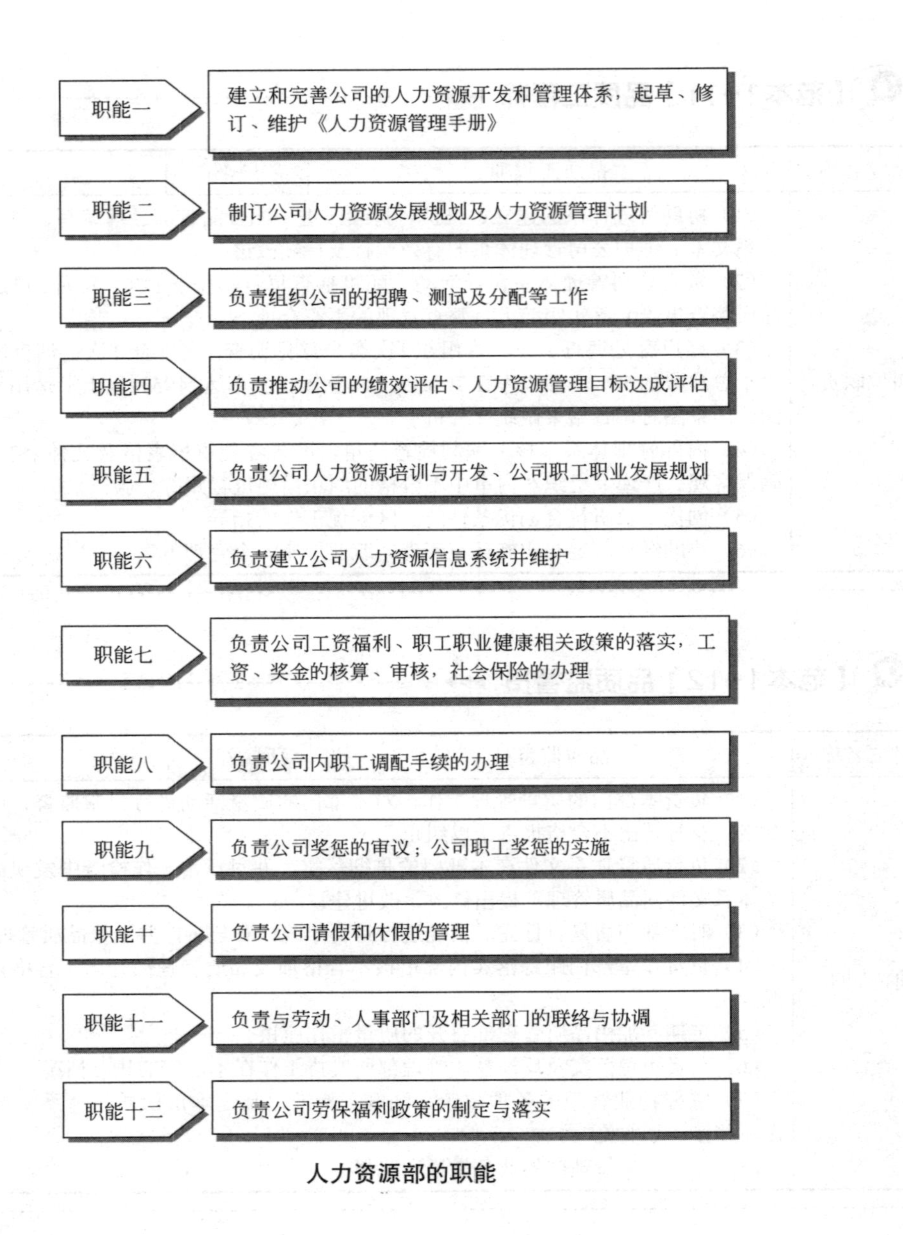

人力资源部的职能

二、人力资源部岗位设置

一般来说，人力资源部由人力资源部经理、人事文员构成，如下图所示。

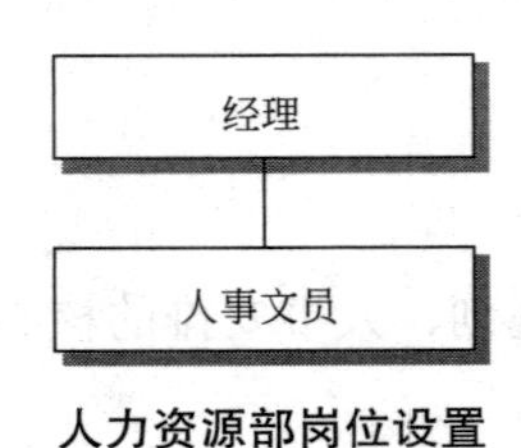

人力资源部岗位设置

三、人力资源部各岗位职责

【范本1-13】经理

岗位名称	经理	所属部门	
岗位职责	（1）规章：负责组织编制和修订人力资源管理的各项规章制度；不断完善人力资源管理体系 （2）人力资源规划及计划：负责编制公司人力资源发展规划及年度人力资源管理计划 （3）招聘：负责公司职工的招聘、测试、录用 （4）绩效评估：负责建立及不断完善绩效评估体系，并组织实施对各层职工的绩效评估 （5）培训：负责培训体系的建立、完善与实施；本部门新职工入职指引，编写与本部门业务相关的培训教材并实施培训 （6）薪酬福利：负责编制公司工资、奖金及其他福利的发放方案，审核公司职工的工资和奖金 （7）人力资源分析：人力资源投入产出经济分析；人力资源素质结构及目标达成度分析 （8）负责公司劳保福利政策的制定与监督落实 （9）考勤：掌握部门职工出勤情况，审核本部门职工请假 （10）印鉴：掌管部门公章，签发所有本部门发放的文件 （11）例会：每月召开1次部门例会，传达上级指示，制定工作计划，部署工作任务 （12）协调：协调本部门与其他部门之间的合作关系		

【范本1-14】人事文员

岗位名称	人事文员	所属部门	
岗位职责	（1）规章：协助人力资源部经理组织编制和修订人力资源管理的各项规章制度；不断完善人力资源管理体系 （2）人力资源规划及计划：协助人力资源部经理编制公司人力资源发展规划及年度人力资源管理计划 （3）招聘：协助人力资源部经理完善招聘录用体系及人员招聘、测试、录用等的实施。职工调配手续的办理 （4）绩效评估：协助人力资源部经理完善绩效评估体系并组织实施对各层职工的绩效评估 （5）培训：协助各部门完成相关的培训，组织编写相关的培训教材 （6）薪资福利：协助人力资源部经理完善工资、奖金及其他福利的发放方案 （7）人力资源分析：协助人力资源部经理进行人力资源投入产出经济分析；人力资源素质结构及目标达成度分析 （8）其他：经理休假或出差时代理经理召开本部门例会、考核本部门职工的考勤，以及协调与其他部门的关系		

第六节 工程维保的职能与岗位设置

一、工程维保部的职能

工程维保部是物业公司的一个重要的技术部门，负责住宅区或高层楼房的各类设备的管理、维修和养护，在业主入住后进行装修和改造，同时为业主提供上门维修服务。工程维保部要按照国家及省市有关的政策、法规对各项有关工程和设备的质量等进行监督及检查，对管理部门提出的各项修缮计划和经费进行审核，并积极开拓、承接各项力所能及的工程项目。其职能可分解为下图所示的几项。

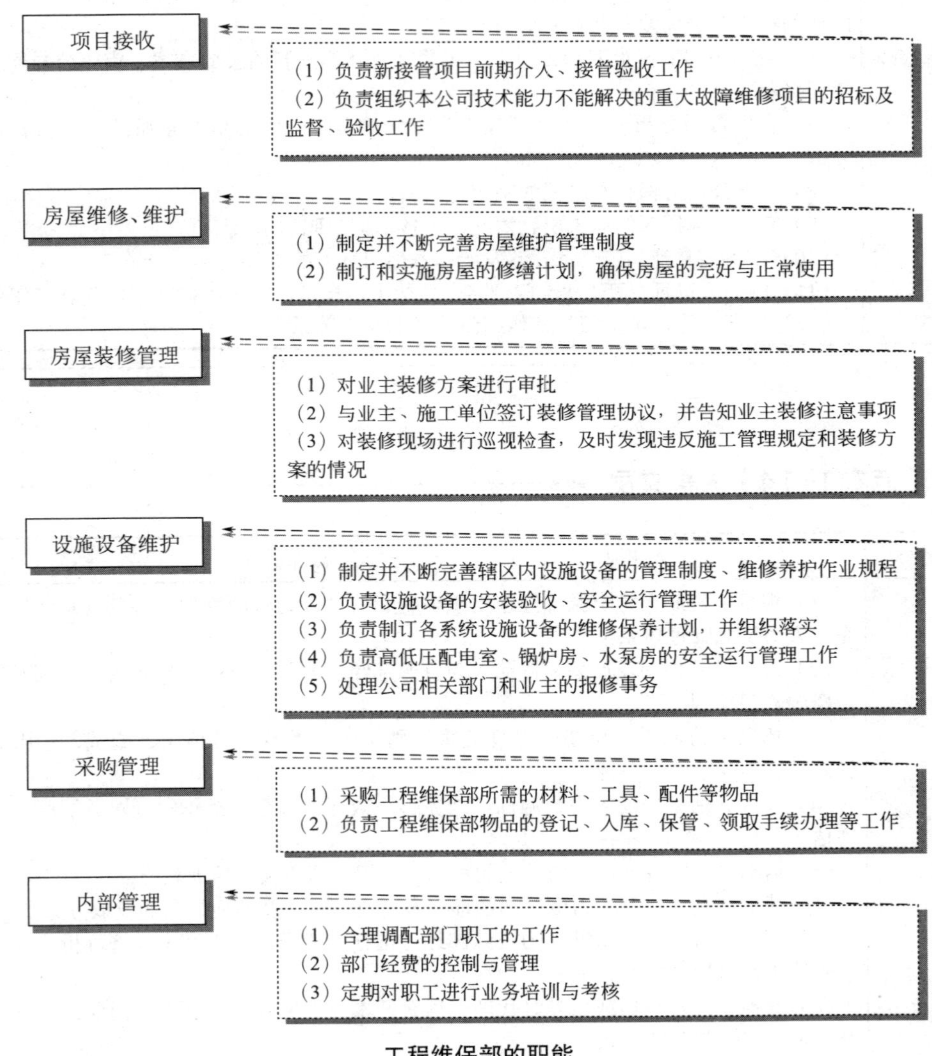

工程维保部的职能

二、工程维保部的岗位架构

工程维保部是负责公司物业维修及设备管理的技术管理部门，包括房屋和设施设备的检验、维修、更新、改造的计划安排和实施管理，其岗位架构如下图所示。

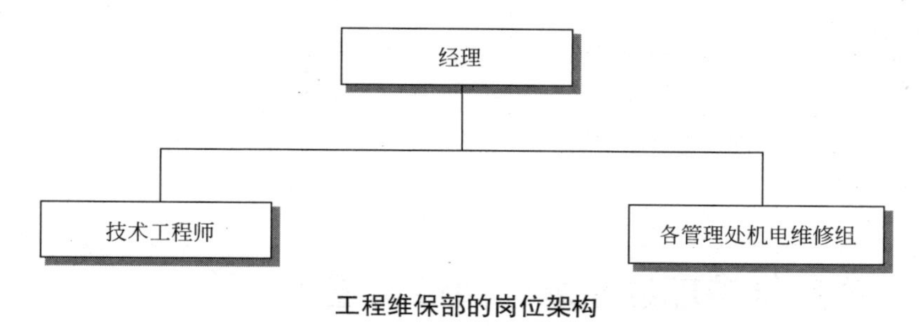

工程维保部的岗位架构

三、工程维保部各岗位职责

【范本1-15】经理

岗位名称	经理	所属部门	
岗位职责	（1）制订部门工作计划；领导、落实、指导、监督下属工作 （2）制订下属培训计划并进行绩效评估；按质量管理体系要求开展部门工作 （3）重大工程施工、价格、合同的管理 （4）技术：管理处技术咨询、指导 （5）设施设备管理：外委维修、报废、更新及采购的审核；各管理处设施设备保养计划、维修计划的审核 （6）负责组织制定和实施公司环境管理方案、职业安全方案 （7）负责公司管理体系执行督导及重大设备投诉受理 （8）定期组织各管理处进行客户满意度调查，尤其是设施设备 （9）培训：对本部门新职工进行入职指引，对本部门对口的业务负责组织编写教材并实施培训 （10）建立有效的工作团队 （11）例会：组织召开工程例会与部门例会，传达上级指示，部署工作任务，制订部门计划 （12）印鉴：掌管部门公章，签发所有应由本部门发放的文件 （13）考勤：掌握部门职工出勤情况，审核部门职工请假 （14）协调：本部门与其他部门、管理处的关系		

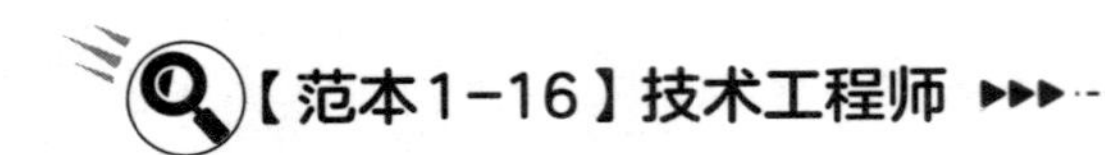

岗位名称	技术工程师	所属部门	
岗位职责	（1）参与公司新项目的考察、接管验收 （2）负责初审《设备机具采购申请单》和《设备机具报废申请单》 （3）对公司供用水、用电情况进行管理 （4）能编写与本职工作相关的培训教材并实施培训 （5）协助品质工程师对相关部门进行品质督导		

第七节　秩序维护部的职能与岗位设置

一、秩序维护部的职能

秩序维护部的主要任务是对各物业管理处秩序维护人员进行调配、管理，以确保公司负责管区内的治安保卫、交通安全管理和消防管理，参与社会联防，维护管区内业主的人身和财产的安全，保证正常的工作、生活和交通秩序，其职能如下图所示。

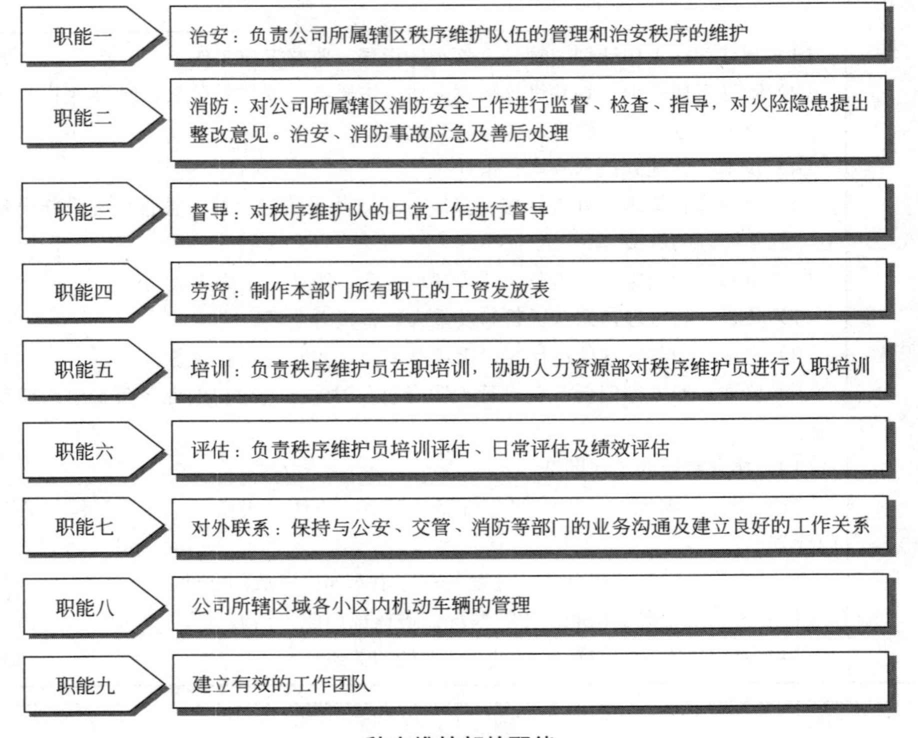

秩序维护部的职能

二、秩序维护部的岗位设置

秩序维护部的岗位设置如下图所示。

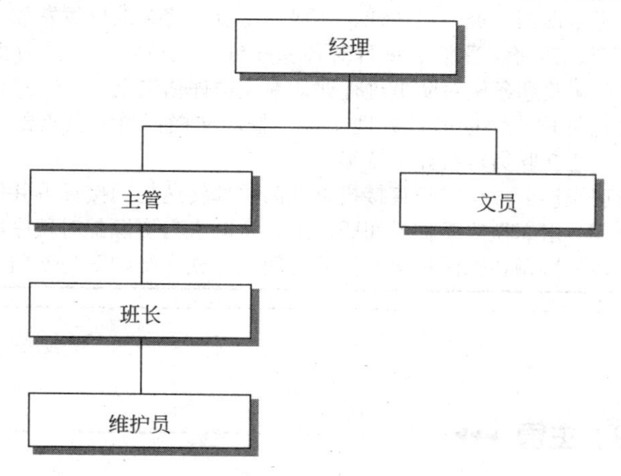

秩序维护部的岗位设置

三、秩序维护部各岗位职责

【范本1-17】经理

岗位名称	经理	所属部门	
岗位职责	（1）计划：制订每月工作计划并组织实施 （2）调配：决定保安人员的调配、辞退，对部门内发生的重大事项及时处理并上报，定期与各管理处经理沟通，取得支持 （3）车场管理：负责车场日常管理和临时收费管理 （4）消防管理：负责各辖区消防监督检查及消防事故处理 （5）治安维护：组织各辖区秩序维护队开展日常秩序维护工作，保证小区处于治安受控状态 （6）法律纠纷：保持与公司法律顾问的工作联系，负责公司涉及法律纠纷的处理。对与本部门相关的环境、职业健康因素进行评估，并制定相应的预防措施 （7）培训：对本部门职工进行入职指引，对本部门对口的业务负责组织编写教材并实施培训。建立有效的工作团队 （8）例会：召开部门例会，传达上级指示，部署工作任务，制订部门计划 （9）考勤：掌握部门职工出勤情况，审核本部门职工请假 （10）印鉴：掌管部门公章，签发所有应由本部门发放的文件 （11）协调：与各辖区治安民警保持良好的工作关系；根据消防要求对各辖区消防安全予以监督		

【范本1-18】文员

岗位名称	文员	所属部门	
岗位职责	（1）负责本部门各类人员统计、造册，工资、奖金的核算发放 （2）检查、监督、评估：每月对各秩序维护队日常工作进行两次以上巡回检查并记录；根据公司奖惩条例对队员进行评估并反馈评估结果 （3）文档管理：协助经理处理文件，整理文档资料；负责部门内部文件、通知的起草、发布；建立职员日常评估档案 （4）受理投诉：接待客户直接投诉或品质部转达的间接投诉并做好记录 （5）培训：组织秩序维护员在职培训，协助人力资源部对秩序维护员的入职培训 （6）协调：协调各辖区秩序维护队之间及各秩序维护队与部门之间的关系		

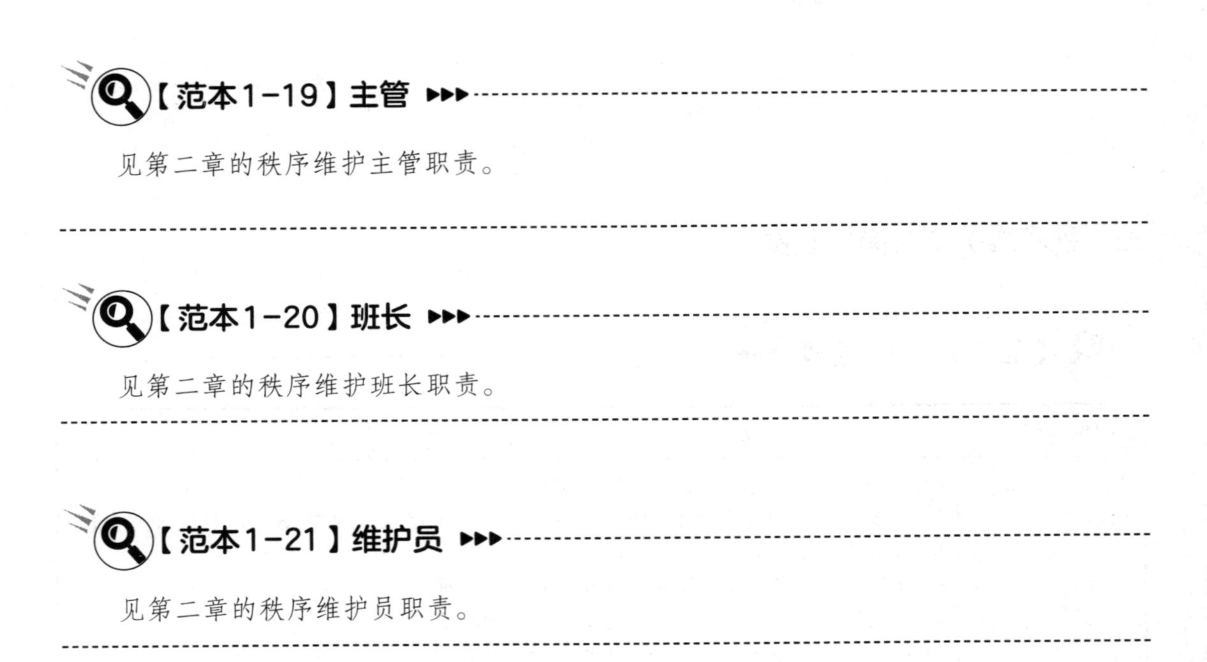

【范本1-19】主管

见第二章的秩序维护主管职责。

【范本1-20】班长

见第二章的秩序维护班长职责。

【范本1-21】维护员

见第二章的秩序维护员职责。

第八节　财务部的职能与岗位设置

一、财务部的功能

财务部是物业公司中负责账务核算、资金管理、工资发放等事务的部门，其功能如下图所示。

功能一	建立和完善公司的财务管理体系，起草、修订、维护《财务管理手册》
功能二	负责公司财务计划的编制，依法组织财务活动和经济核算，定期编制财务报告并按照投资隶属关系合并上报
功能三	负责公司利润收缴，向董事会和股东大会报告财务状况
功能四	负责公司资金的筹集、管理和控制，做好资金的收支及平衡调配工作，确保公司资金的合理运用，对应收账款按协议时间及时催收，确保资金回笼
功能五	负责公司各项财产的核对和抽查，审核财务、成本、费用等各项指标，检查各项物资增减、变动、结存情况，按规定摊销折旧费用，并参与公司各种合同评审
功能六	负责公司及区域分公司财务报表汇总、账册、凭证、报告等各种资料的整理、立卷、归档工作，妥善保管公司财务档案，随时提供有关财务资料
功能七	负责公司职工工资及奖金的发放，个人所得税的代缴以及各项税收的申报和缴交工作，负责进行税务登记、年审等相关事宜
功能八	指导、督促所属分支机构的财务管理与会计核算
功能九	负责公司财会机构设置，对财务人员的配备、财务专业职务的设置和聘任提出方案，组织财务人员的培训和培训的评估，支持财务人员依法行使职权
功能十	负责公司及区域分公司、控股企业的财务审计工作
功能十一	负责公司质量成本管理数据的分析并形成质量成本报告
功能十二	协调处理与税务、银行、审计等部门的关系，配合其完成评估工作
功能十三	配合其他部门完成与会计经济业务相关的事项

财务部的功能

二、财务部的岗位架构

在较小型的物业公司里，财务部的组织结构层级相对简单，如下图所示。

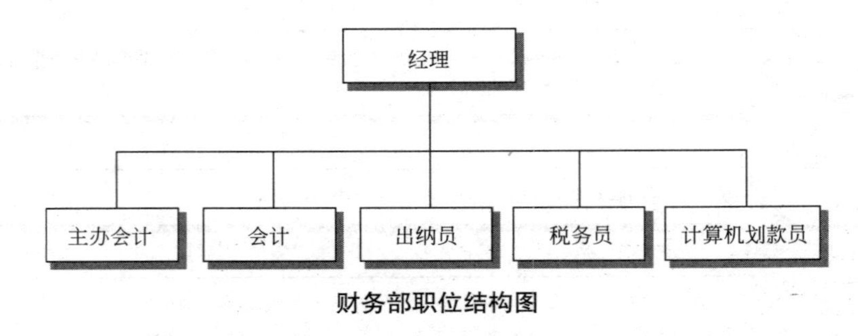

财务部职位结构图

对于大型的物业公司来说，可能在各岗位上要设置主管，如总出纳、税务主管、稽核主管等。

三、财务部各岗位职责

【范本1-22】经理

岗位名称	经理	所属部门	
岗位职责	（1）计划及分析：全面负责公司各项经济活动的预测 ①制订财务收支计划、信贷计划，拟订资金筹措和使用方案 ②协助领导对对外签订的经济合同和其他基本建设投资等问题做出决策 ③负责对下属公司财务工作进行指导和监督 （2）控制及审核：对成本及费用进行监督控制，努力降低成本，提高经济效益 ①执行成本费用计划、控制、核算、分析和监督，督促本单位有关部门降低消耗，节约费用，提高经济效益 ②审核财务、成本、费用等计划指标是否齐全、编制依据是否可靠、计算是否准确、相互是否衔接 ③分析、检查财务收支的执行情况 ④解释、解答财务法规中的重要疑难、热点问题 （3）培训：对本部门职工进行入职指引，对本部门对口的业务负责组织编写教材并实施培训 （4）例会：召开部门例会，传达上级指示，部署工作任务，制订部门计划 （5）协调 ①负责协调对外关系 ②解决下属提出的具体困难和需要，协调本部门与其他部门之间的合作关系 （6）印鉴：掌管部门公章，签发所有部门发放的文件 （7）考勤：掌握部门职工出勤情况，审核本部门职工请假 （8）负责本部门办公区域环境因素与主要危险源的识别并提出解决方案		

【范本1-23】主办会计

<table>
<tr><td>岗位名称</td><td>主办会计</td><td>所属部门</td><td></td></tr>
<tr><td>岗位职责</td><td colspan="3">（1）会计核算：对本公司所有的经济业务进行电算化会计核算
①各种款项和有价证券的收付
②库存商品的收发、增减和使用
③债券债务的发生和结算
④资本、基金的增减
⑤收入、支出、费用、成本的计算
⑥财务成果的计算和处理
⑦需要办理会计手续、进行会计核算的其他事项
（2）会计报表：编制和出具每期财务报表，保证会计报表每一要素的真实性、完整性和合法性
（3）内部审计：负责检查分公司财务状况和内控制度，保证分公司财务工作的制度化、程序化、合法化
（4）稽核控制：审核公司各部门报销单据有无领导签字，原始凭证是否齐全、真实；审核各管理处报销原始单据的真实性及其收支情况的真实性
（5）凭证录入：负责输入每期会计业务单据，保证会计信息的真实性，确保账实相符、账款相符、账账相符、账表相符
（6）档案整理：凭证账表的整理、装订、分类、归档</td></tr>
</table>

【范本1-24】会计

<table>
<tr><td>岗位名称</td><td>会计</td><td>所属部门</td><td></td></tr>
<tr><td>岗位职责</td><td colspan="3">（1）审核：对会计原始单据进行审核，保证会计信息的真实性、完整性和合法性
①审核公司各部门每日上报原始单据的真实性
②审核各管理处每日上报原始单据及收支情况的真实性
（2）凭证录入：负责输入每期会计业务单据，保证会计信息的真实性，确保账实相符、账款相符、账账相符、账表相符
（3）档案管理：对会计资料进行整理、装订、归档和保管
（4）其他：复印、打印和财务部日常事务，完成领导交给的其他任务</td></tr>
</table>

【范本1-25】出纳员

<table>
<tr><td>岗位名称</td><td>出纳员</td><td>所属部门</td><td></td></tr>
<tr><td>岗位职责</td><td colspan="3">（1）货币结算：办理各种货币资金的收支结算业务
（2）现金及支票管理：严格按照公司制定的财务制度管理现金、支票
（3）记账：根据会计凭证登记现金、银行存款日记账
（4）对账：定期核对现金日记账和银行存款日记账</td></tr>
</table>

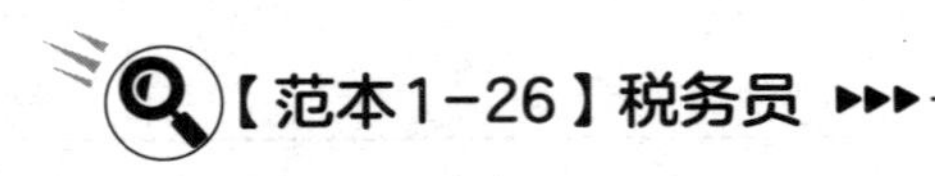

【范本1-26】税务员

岗位名称	税务员	所属部门	
岗位职责	（1）国税申报：填制纳税申报表及各类申报附表，审核（国税《发票使用明细表》）并计算税款及汇总，将领取的增值税专用发票进行认证，并按税务局有关规定装订成册及填制明细报表，每月10日前（节假日顺延）到主管征收分局申报税款 （2）地税申报：填制纳税申报表（包括停车场），及时做好个人所得税明细表及汇总表，每月21日前到主管税务机关申报税款 （3）税务检查：根据季度会计报表按时填制重点税源情况调查表，每季度按时将季度会计报表及重点税源调查情况表送地方税务局主管科室 （4）税务手续：税务注销、登记、变更，及时与相关税务部门做好税务协调工作 （5）增值税专用发票：定期向国家税务局申请领购及验销增值税专用发票，严格按照增值税发票的使用规定向业主（必须为一般纳税人）开具专用发票，严格按照国家税务局要求保管增值税专用发票 （6）验销、保管各类普通发票、收据 （7）装修税：协助新接管物业做好家庭装修税收征收工作；税票领取、保管、使用及与税务局结算代收税款；协助新接管物业做好家庭装修税款有关税务的咨询、解释及税务联系等 （8）档案管理：做好纳税资料的装订及档案管理；其他相关税务资料的整理及档案管理；工资表、各类津贴表的装订及保管工作 （9）房屋租赁统计：按规定统计公司、管理处房屋租赁收费情况及将租赁合同整理归档		

【范本1-27】计算机划款员

岗位名称	计算机划款员	所属部门	
岗位职责	（1）数据录入：每月定期输入收费原始数据，计算各项费用 （2）手续办理：每月定期办理补单、资料更改、开户、销户等有关手续 （3）银行托付：按时将软盘送存银行，取回收、拒付表，并将已付、拒付账户划分后，通知各管理处领取分单 （4）客户咨询：做好对用户计算机收费查询解释工作 （5）资料收集：收集好计算机收费的原始资料，并及时整理、归档、保管		

第二章 管理处组织架构及岗位职责

02

物业管理处是物业公司的派出机构，是物业管理服务项目的现场办事机构，负责提供日常的物业管理服务。物业管理处主要负责物业项目的日常管理。按专项内容可分为物业维护、秩序管理、环境管理、物业档案、协调沟通、专项管家服务、社区文化等。要使管理处的工作顺利地开展，组织架构的设计、岗位配置及职责确定非常重要。

第一节 管理处的职能与内外架构

一、物业管理处的职能

管理处直接面对业主和物业使用人，处于管理服务的第一线，在管理中起着执行实际操作和协调的作用，其主要职能如下图所示。

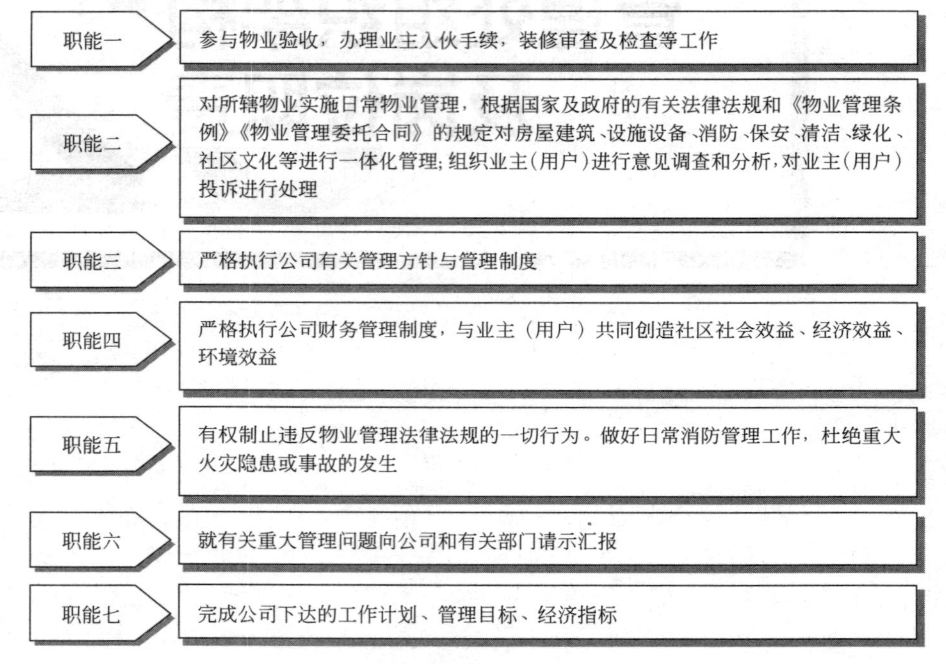

物业管理处的职能

二、管理处的内外组织架构

作为物业管理处，要开展业务运作，关系到方方面面。

（1）要接受业主委员会、房地产发展商和物业公司的领导。

（2）必须与街道办事处、工商、税务、公安等部门打交道，还要接受上级主管部门、物业管理行业协会等的领导。

（3）管理处主要为业主服务，所以必须建立客户服务中心，负责各项工作的沟通、协调。

（4）管理处的另一项重要任务是维护、保养物业设施设备，做好清洁、绿化工作，做好安全防护，为业主（客户）创造一个舒适的生活与工作环境。

综上所述，我们可以看到管理处并不是一个单一的、孤立的架构，如下图所示是某物业管理处的组织架构，从中可以看出它是如何运作的。

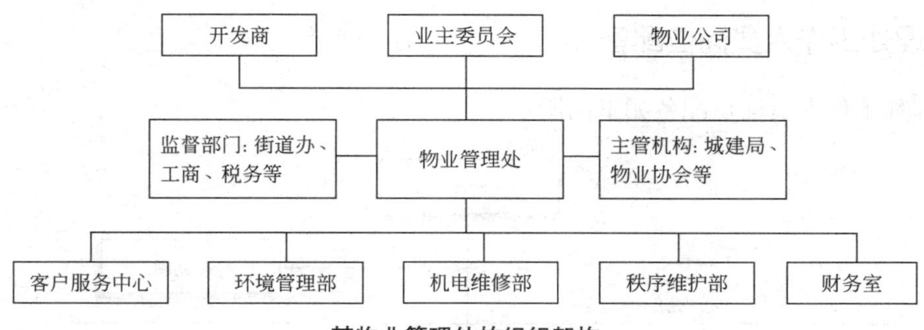

某物业管理处的组织架构

第二节　物业管理处的职责划分

合理设置组织架构既可以提高团队工作效率，形成和谐的工作环境及有序的组织管理层级，又可大大降低行政管理成本和人力资源成本。设计管理处的组织架构时要确定一个核心机构——客户服务中心，来确保客户服务需求的接收、处理与反馈。

一、管理处内部职责分工架构

管理处内部职责分工架构如下图所示。

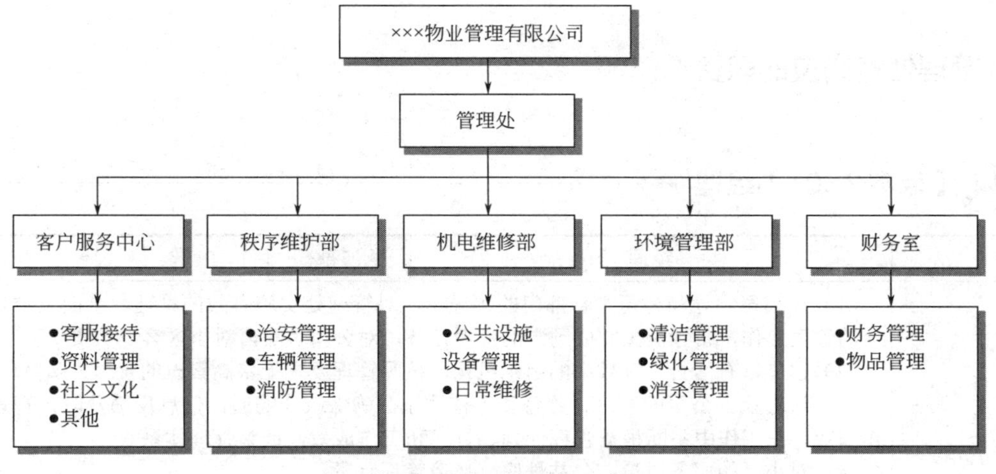

管理处内部职责分工架构

管理处内部职责分工架构说明如下。

根据社区物业的实际情况，从节省人力、物力的角度出发，设置相应的职能部门，一人多岗重在管理。管理处实行经理责任制，进行年度责任目标考核。管理处在管理处经理下设置客户服务中心、秩序维护部、机电维修部、环境管理部和财务室，各部门按照各自的分工负责本部门的工作，并以客户服务中心为核心互相协作。

二、管理处工作人员岗位配备

管理处工作人员岗位配备如下图所示。

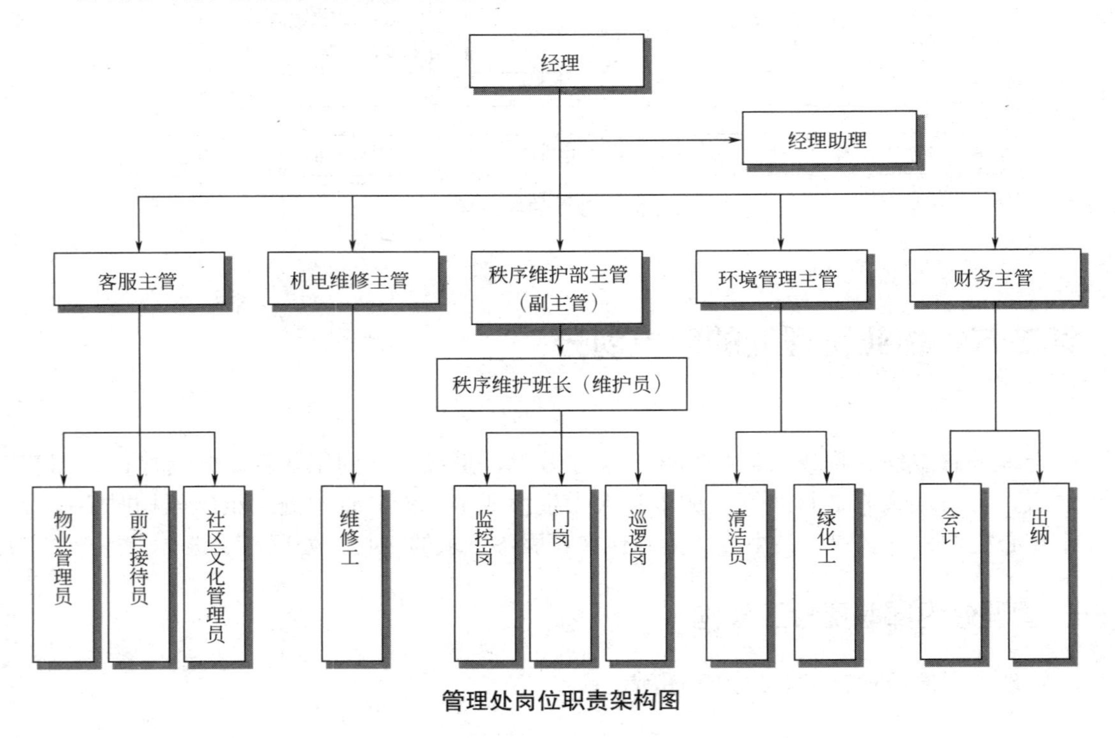

管理处岗位职责架构图

三、管理处各岗位的职责

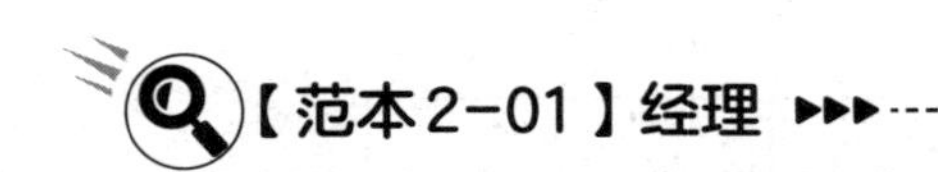

岗位名称	经理	所属部门	
岗位职责	（1）在公司领导和公司主管部门的领导下，对管理处实施有效的管理，全面负责管理处的管理工作，带领员工完成预定的管理任务，对公司负责，对小区客户负责 （2）建立富有活力、高效率的组织机构，按照管理要求配备高素质的管理人员队伍 （3）认真执行公司的管理、监督和考核体系，确保政令畅通，信息反馈及时，管理工作高效。在工作中不断根据管理计划、目标和工作成效，调整管理体系 （4）对小区的服务质量、公共秩序、环境管理负责		

续表

岗位名称	经理	所属部门	
岗位职责	（5）负责编制管理处月度、年度工作计划，并组织实施和完成 （6）安排做好日、周、月检工作并记录，接受公司上级部门的指导和监督 （7）对不合格服务做好及时的纠偏、指导、处理、改进和实施并进行跟踪到位 （8）负责小区物业管理服务费的收缴 （9）负责重大客户投诉的解决与反馈 （10）组织编制小区内公共设施设备的维修计划和保养计划，并负责组织实施 （11）负责处理和协调管理处与政府相关部门、居委会、股份公司及社会各方的公共关系 （12）关心员工生活，做好思想工作，定期对员工进行职业培训、岗位考核，做到奖罚分明，主持并召开管理处周例会		

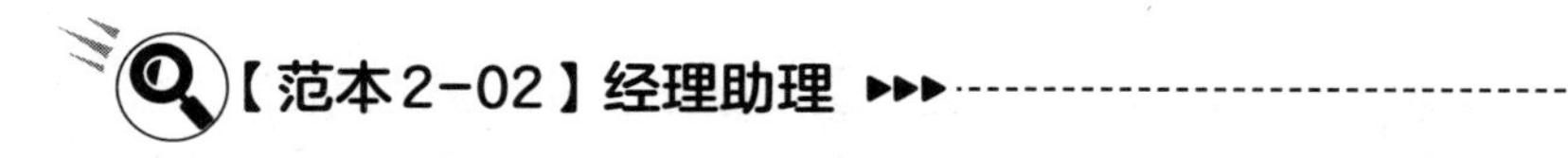

【范本2-02】经理助理

岗位名称	经理助理	所属部门	
岗位职责	（1）对上级下达的有关职责范围内的决策和指令的实施负责，对管理处经理下达指令的实施负责 （2）负责组织实施管理处经理下达的各项指令，协助管理处经理制定并落实管理处工作人员的工作职责，督导管理处工作人员有序开展各项管理服务工作 （3）管理处经理不在时，代为行使管理处经理的职权 （4）负责管理处的内部协调，协助管理处经理开展其他工作		

【范本2-03】客服主管

岗位名称	客服主管	所属部门	
岗位职责	（1）熟悉岗位职责，积极参加业务学习，严格执行公司的各项制度 （2）熟悉所管辖物业的基本情况，包括楼栋户数、居住人员情况、物业服务费和有偿服务的收费标准和计算方法等 （3）根据部门分工及岗位作业规范对所分管的事务进行管理、监督、协调，做好各项日常工作记录，定时上报 （4）热情接待业主/住户和来访客人，对客户提出的建议、意见、投诉要认真倾听、详细记录、耐心解释、及时处理 （5）与业主/住户保持友好联系，定期上门征求意见与建议，按照要求组织业主/住户进行意见调查测评，达到指定标准的客户满意率 （6）团结同事，积极协助并参与各项社区文化活动，协助开展各项多种经营业务 （7）以不同形式向业主/住户宣传相关物业管理法规及政策，及时传达政府和公司的各项通知、规定，安排做好业主/住户资料的登记、管理等工作 （8）负责安排好人员，做好管理处的行政、人事及后勤工作 （9）处理各类突发事件并及时上报管理处经理 （10）完成管理处经理交办的其他任务		

【范本2-04】物业管理员

岗位名称	物业管理员	所属部门	
岗位职责	（1）检查督促清洁绿化工作，巡查小区情况，对管理处客服主管负责 （2）负责根据小区清洁、绿化管理工作程序及标准，通过清洁、绿化的日、周检并记录，监督相关人员的工作实施情况 （3）对不合格的清洁、绿化日常工作进行及时的纠偏、指导、跟踪 （4）在客服主管安排下，负责对小区进行巡查、对客户进行回访、开展客户意见征询等活动 （5）在客服主管安排下，协助上门催缴及收取物业服务费等费用 （6）负责管理处的行政、人事及后勤管理工作 （7）完成上级领导交办的其他临时工作任务		

【范本2-05】前台接待员

岗位名称	前台接待	所属部门	
岗位职责	（1）熟悉有关物业管理法律法规及社区物业管理的有关政策的内容，熟悉小区房屋和业主/住户基本情况 （2）负责业主/住户来访、投诉、报修的登记和接待工作 （3）负责管理处各类公文处理和档案管理工作 （4）完成领导交办的其他工作		

【范本2-06】社区文化管理员

岗位名称	社区文化管理员	所属部门	
岗位职责	（1）在客服主管安排下，负责开展社区文化及社区宣传等工作 （2）熟悉国家和本地有关物业管理法规、政策，熟悉小区业主/住户和文体配套设施的基本情况，熟悉各种文娱、体育活动的特点 （3）制订年度社区文化活动计划，报上级批准后负责实施 （4）采取多种方式向业主/住户宣传社区物业管理政策法规，宣传管理处各种管理措施及服务项目，促进业主/住户了解在社区推行物业管理的积极意义 （5）根据业主/住户的特点，因地制宜地组织各种聚会和文体娱乐活动，活跃小区的气氛，使业主/住户与管理处建立良好的关系 （6）负责及时记录管理区域内发生的事件及管理处组织的各种活动，采用笔录、拍照、摄像等手段，将反映小区的有关历史资料存入档案，以备查阅 （7）通过开展联谊茶话会、座谈会，登门拜访、致感谢信等形式与物业主管部门、工商、税务、物价、居委会、派出所等单位建立信息流通网络和良好的协作关系，为小区物业管理工作创造宽松的外部环境 （8）完成领导交办的其他工作		

【范本2-07】财务主管（会计）

岗位名称	财务主管（会计）	所属部门	
岗位职责	财务主管（会计）一般由公司在一个区域设一名，负责本区域各管理处的会计工作，其职责如下 （1）根据国家会计制度规定的会计科目设立账户，按照确定的会计制度和会计核算形式处理各项经济业务，做到手续完备、内容真实、数字准确、账目清楚。月终编制总账目余额试算平衡表并与有关明细账核对，保证账账相符 （2）及时反映和清理各项会计业务的往来结算情况，对内部往来单位的各项往来挂账，要及时核对，适时核对，适时结清；对外部往来单位的各项预收、预付、应收、应付款项，要严格按对象设置二级科目，准确、及时地给予结算。对于长期挂账，应查明原因，向公司领导反应并进行清理 （3）按照会计报表的编制规定，按时、按质、按量地做好年度、季度、月度的资产负债表、损益表和其他报表的编制工作，并及时向税务局报税 （4）按照国家会计制度的规定，对会计凭证、账簿、报表和其他会计资料要集中妥善保管，分类排列，以便查阅 （5）在处理各项经济业务过程中，要自觉遵守、宣传、维护国家财政制度和财经纪律 （6）参与企业经营管理，执行现代化企业管理制度，当好领导的参谋 （7）每月将收支情况、费用收缴情况及时报管理处经理 （8）对公司上级财务领导负责，对管理处经理负责 （9）做好每季度向辖区业主公示的物业费收支报表 （10）完成公司交办的其他工作任务		

【范本2-08】出纳

岗位名称	出纳	所属部门	
岗位职责	（1）熟悉有关物业管理法律法规及社区物业管理各项政策等，了解财务知识，熟悉公司财务管理制度，并严格执行 （2）收取业主/住户物业服务费等费用，按财务要求开具收款凭证 （3）负责管理处内部费用报销的管理 （4）负责制订管理处的财务计划 （5）负责管理处的物品申购、采购、领用等管理 （6）负责管理处领导安排的其他工作		

【范本2-09】环境管理主管

岗位名称	环境管理主管	所属部门	
岗位职责	（1）根据管理处的要求，负责开展清洁保洁工作，对小区环境卫生负责 （2）熟悉小区内布局和每日垃圾生成情况及卫生重点区域，并能根据情况采取措施 （3）检查清洁员工的到岗情况，察看是否全勤工作，对缺勤情况及时采取补救措施，合理安排人员工作		

续表

岗位名称	环境管理主管	所属部门	
岗位职责	（4）主动检查小区的清洁卫生状况，发现问题及时处理；对管理处的检查积极配合，并对提出的不合格现象及时整改 （5）随时检查员工的工作状况，及时调整各种工具及人力的配置 （6）编制清洁工作人员安排计划、清洁用品购买计划 （7）关心员工生活，掌握员工的工作情绪，指导好员工的思想工作，增强班组的凝聚力 （8）带头工作，以身作则，调动员工的积极性，认真完成责任区的清洁工作 （9）对一些专用清洁设备进行使用指导，并定期检查和保养清洁机械 （10）对小区的消杀服务进行现场监督、跟踪检查 （11）对小区的绿化工作进行管理 （12）完成上级领导交办的其他临时工作任务		

【范本2-10】清洁员

岗位名称	清洁员	所属部门	
岗位职责	（1）在管理处清洁主管的直接带领下，负责责任区内的清洁保洁工作 （2）熟悉责任区内布局和每日垃圾生成情况及卫生重点区域，班前留意清洁班长的提示及工作要求。 （3）负责小区道路、绿化带、宣传栏、公共设施、公共场地、沟渠等的清扫、清洁 （4）负责小区房屋外墙面、围墙墙面违章张贴物的清除 （5）负责垃圾中转站、垃圾箱内垃圾的清运，并定期进行清洗 （6）负责将各责任区垃圾拖运到垃圾中转站装车，并对中转站进行清洁 （7）保管好各自所使用的工具 （8）完成上级领导交办的其他临时工作任务		

【范本2-11】绿化工

岗位名称	绿化工	所属部门	
岗位职责	（1）根据绿化管理工作流程及标准开展工作。保持绿地清洁，保证不留杂草、杂物、不缺水、不死苗、不被破坏，使花草生长茂盛 （2）负责小区公共部位绿化的日常维护管理，对花草树木定期进行培土、施肥、除杂草和病虫害防治，并修剪枝叶、补苗、淋水，草屑垃圾自清自运 （3）接受管理处管理员的工作监督和工作安排，坚守工作岗位，按时上下班，上班佩戴工作牌、穿着工作服，做到服装整齐、干净 （4）完成绿化管理的其他工作		

【范本2-12】机电维修主管

岗位名称	机电维修主管	所属部门	
岗位职责	（1）在管理处经理的直接领导下，组织本部门开展专业维修工作，对管理处经理负责 （2）负责制定小区维修保养的工作程序及标准，定期对辖区设施设备情况做出评价 （3）负责制订小区公共设施设备的月度、年度维修保养计划，并组织维修人员实施 （4）直接组织小区房屋公共部位和公共设施大、中、小修计划，以及改建、扩建计划项目的施工，现场监督质量，办理竣工验收和预决算工作 （5）熟悉公用设施设备的种类、分布、安全要求，掌握地下各类管线的分布、走向、位置和使用状况，开展定期检修工作 （6）监督维修工作计划的实施，对不合格的维修作业进行及时的纠偏、指导、跟踪 （7）负责定期对维修工进行技术技能、业务素质培训，指导解决有关技术问题 （8）对小区公共设施设备及房屋公共部位安全负责 （9）负责拟定小区维修工程的外委合同 （10）完成上级领导交办的其他临时工作任务		

【范本2-13】维修工

岗位名称	维修工	所属部门	
岗位职责	（1）根据管理处的工作需要，开展相关维修工作 （2）熟悉区内供水、供电等控制位置及交通管理系统、消防监控系统的性能，会安全用电操作，会使用消防设备，会排除故障 （3）负责处理业主/住户维修申请，及时提供服务，核定收费项目和标准 （4）定期巡查公用设施，走访、回访业主/住户，发现问题要及时处理，把维修工作做在投诉之前 （5）完成上级领导交办的其他临时工作任务		

【范本2-14】秩序维护部主管

岗位名称	秩序维护部主管	所属部门	
岗位职责	（1）在管理处经理的直接领导下，负责小区安全、消防、车辆、监控中心的管理工作 （2）负责督导秩序维护员熟悉管理处规章制度，熟悉小区建筑及设施设备情况，掌握各自岗位职责规程等情况 （3）负责协调、处理、跟进有关秩序维护队的业主投诉的问题，做好回访记录 （4）定期检查安全工作及各项管理制度的执行情况，发现问题及时处理 （5）负责主持召开秩序维护班长会议，及时传达贯彻上级指示 （6）每周组织召开一次会议，总结每周安全管理工作并对下周工作做出安排 （7）对秩序维护队各岗位秩序维护员的工作进行巡查、督导，并负责处理秩序维护员执勤中遇到的疑难问题 （8）协助处理小区内各种违章行为、突发事件，调解小区内的纠纷，配合派出所开展各项工作		

续表

岗位名称	秩序维护部主管	所属部门	
岗位职责	（9）对秩序维护员玩忽职守、违反规章制度、遭业主/住户投诉或造成重大损失负直接领导责任 （10）负责拟制安全工作计划及培训计划，并组织具体实施，对管理区域内发生的重大火灾事故和刑事案件负责 （11）完成上级交办的其他任务		

【范本2-15】秩序维护部副主管

岗位名称	秩序维护部副主管	所属部门	
岗位职责	（1）协助秩序维护主管管理秩序维护队 （2）在主管的安排下负责完成交办的任务 （3）主管不在时履行队长的职责		

【范本2-16】秩序维护班长

岗位名称	秩序维护班长	所属部门	
岗位职责	（1）主持召开班务会议，准确传达上级工作安排和指令，带领本班人员做好安全保卫工作 （2）坚持每天不定期地巡视、检查本班秩序维护员值班、值勤情况，并有权对玩忽职守、违纪违章人员进行处理，及时向秩序维护主管及管理处经理汇报本班秩序维护员的思想动态和工作情况，客观、公正评价、检查秩序维护员的工作，负责对日常班务工作的处理，解决本班工作中的疑难问题 （3）当班期间负责管理责任区内的火灾和治安事故的应急处理，并指挥队员随时参加各项应急工作 （4）负责对本班人员的岗位培训和军体训练并做好相关记录 （5）负责本班人员请销假、考勤、考核等管理工作，对不称职者上报秩序维护主管处理 （6）严于律己，敬业爱岗，以身作则，在本班起模范带头作用 （7）熟悉保安队各岗位职责，掌握小区安全保卫工作的规律和特点 （8）负责协调本班与其他班人员的关系，搞好团结，及时与其他班之间联络沟通，保证安全工作的信息畅通和连续 （9）负责检查和纠正本班人员值班中的违规行为，督导本班人员的日常工作，并对因管理不力造成的本班人员工作失误及重大责任事故承担连带责任 （10）带领本班人员坚决服从上级指令，积极主动地完成各项工作任务		

【范本2-17】秩序维护员

岗位名称	秩序维护员	所属部门	
岗位职责	（1）维护小区内的安全、生活公共秩序，协助进行公共区域设施设备、卫生、绿化巡检，负责消防和车辆管理等工作 （2）服从班长、主管、管理处经理的管理；严格执行各项规章制度，具备良好的服从意识和服务意识，严于律己，积极工作 （3）上班着装整齐并佩戴工作证、上岗证，交接班要准时规范，各种记录要详细、完整 （4）小区内如发生治安、刑事案件时，发现后立即报告班长，同时保护现场，做好事件记录，协助相关部门调查取证。文明执勤，乐于助人，积极负责 （5）履行职责时必须遵纪守法 （6）工作中处理问题时应遵循逐级上报的工作原则，严禁超权限擅自处理 （7）严守岗位，保持高度警觉，注意发现可疑人员、车辆、物品，预防各类事故、治安案件、刑事案件和消防事故发生 （8）制止违章，防止破坏，不能解决的问题及时向班长报告（制止违章要先敬礼） （9）熟悉和爱护小区内公共设施设备、消防器材；熟悉重要通道的分布；熟悉小区房屋及住户等基本情况；熟悉各类突发事件的处置方法；熟练掌握灭火器材的操作方法 （10）积极参加各项培训和训练，不断提高业务素质能力，积极向住户宣传防火、防盗基本知识 （11）按时完成上级交办的各项工作		

【范本2-18】门岗

岗位名称	门岗	所属部门	
岗位职责	（1）上班时间着装整齐，保持良好仪容仪表、仪态，尊重业主/住户、领导和来访人员，注意言谈举止，注意礼仪、礼貌，文明上岗，充分体现保安队伍形象 （2）开展微笑服务，积极为业主/住户排忧解难，及时反馈业主/住户提出的意见和建议，做好记录、上报工作，在任何情况下，不得与业主/住户发生争执等行为，做到以人为本，以客为尊 （3）熟悉大门的地形、地物，熟悉各种防范设施及人员活动情况，严格把关，提高警惕，牢记安全应急程序和分工，处理好日常工作事宜 （4）负责门岗区域的安全防范工作，发现工作中存在卫生、安全方面等问题，应及时上报解决 （5）车辆进出场时，敬礼致敬，严格登记，禁止漏记或不登记现象发生 （6）熟悉本小区业主/住户车辆和常停车辆（月卡、临时卡），以人对车，落实一卡一车制度 （7）车辆进场时，必须仔细检查车辆状况，查看外表有无损伤，并及时向车主提出，做好登记、上报工作（必要时可让车主签字） （8）发现司机可疑立即关闭道闸，不让车辆离开，并报告班长寻求协助 （9）发现问题，及时处理，既不违反原则，又让车主满意 （10）实施来访制度（询问），严控闲杂、无关人员进入，严禁不符合要求的机动车辆进入小区，严禁违禁品进入小区 （11）严格落实物品进出管理规定，大件物品运出时，必须出具有业主、管理处签发的放行单。核实记录与实物相符后，方可放行		

续表

岗位名称	门岗	所属部门	
岗位职责	（12）保证道口畅通，指挥规范，严防交通事故，正确引导车辆停放，禁止机动车辆停放在大门外人行通道上 （13）认真执行车场收费制度和相关免费规定，严禁出现以公谋私等贪污行为 （14）保持通信畅通，做好各岗位之间的协作工作 （15）严格执行交接班制度，做好设备、物品、车辆以及岗位情况的登记、移交工作，做到清楚、明了，并签字确认 （16）工作中严禁一切超越本职工作权限的行为，如遇解决不了的问题，必须通知班长逐级上报 （17）上班期间，严格遵守岗位纪律，禁止做一切与工作无关事宜 （18）禁止一切人员在大门区域内高声喧哗、进食及宠物逗留，保持大门范围良好秩序 （19）及时完成领导交办的其他工作		

【范本2-19】巡逻岗

岗位名称	巡逻岗	所属部门	
岗位职责	（1）着装整齐、仪容端庄、举止大方，实施微笑服务 （2）尊重业主、领导和来访人员，注重言谈举止，做好礼节、礼貌工作，文明上岗，充分体现整体队伍形象 （3）熟悉巡逻路线及附近岗位的地形、地物、建筑和安全设施，掌握小区物业管理范围内的基本情况，包括住户的基本情况，楼宇结构、防盗和消防设备、主要通道的具体位置以及车辆停放情况。做到及时、快速、不漏点、不漏死角，并签到 （4）勤于巡逻，对巡逻中发现的异味、异响要查明原因，随时做好对可疑、闲杂人员的清理工作；维持室内外围秩序，制止不文明、不卫生行为；在巡逻中发现可疑人员、车辆、不明物品和不符合进出管理规定的物品应及时报告 （5）加强对停车场的巡逻，对脏、污、漏油、损伤、未关门窗的机动车辆，及时汇报记录并处理 （6）巡逻中，对要出场的物品、车辆实施检查，禁止不符合规定的物品出场，严禁一切易燃、易爆、剧毒危险品带入车场 （7）认真对待客户的求助，并及时协助；认真记录客户的投诉内容，及时与客户服务中心联系处理 （8）迅速处理突发事件/事故，并在第一时间报告上级领导 （9）巡逻发现卫生、绿化和设施损坏、安全等方面问题，做好记录，及时报告班长，协同相关部门处理，并负责跟进工作 （10）协助班长、消防监控中心，及时处理各类事件，并熟练掌握各类突发事件的应急程序 （11）按时完成上级交办的其他任务		

【范本2-20】监控岗

岗位名称	监控岗	所属部门	
岗位职责	（1）熟练掌握本监控室内各设备的工作原理、性能和常规的维护保养工作 （2）负责监控室24小时值班、运行操作、监控、记录，通过监控图像密切注视监视屏的运行情况，发现异常情况立即通知值班班长或巡逻人员前往查看 （3）如实记录值班期间的各种情况 （4）按时完成上级交办的其他任务		

【范本2-21】志愿消防队长

岗位名称	志愿消防队长	所属部门	
岗位职责	（1）小区志愿消防队长由各小区秩序维护主管担任 （2）小区志愿消防队长在管理处防火责任人和消防机关的业务指导下进行工作 （3）开展防火宣传教育，管理小区志愿消防队 （4）按既定消防训练方案，对志愿消防队进行实战训练或演习，使小区志愿消防队做到防火工作常抓不懈 （5）随时检查辖区内消防情况，发现隐患及时报告安全员或部门负责人，发现违章及时制止纠正 （6）配合维修人员做好消防器材、设备管理，保证消防设施不受损坏 （7）随时检查志愿消防队员对消防器材使用及掌握的实际情况，提高“志愿消防队”的实战能力 （8）接到火灾信号后，在安排报警时，迅速组织志愿消防队，按既定方案或临时制定的方案进行灭火、抢救 （9）9.定期向管理处经理汇报志愿消防队培训及消防工作情况		

【范本2-22】志愿消防员

岗位名称	志愿消防员	所属部门	
岗位职责	（1）认真落实“预防为主、防消结合”的方针，做好小区的消防安全工作 （2）熟悉小区的重点消防部位，掌握各种消防设施设备的性能和使用方法，以及分布的位置和数量 （3）做好各种消防设备的维护保养工作，实行专人管理、定期保养，保证各类消防设备处于良好工作状态 （4）积极参加小区组织的各项消防培训，不断提高业务技能和扑救火灾的能力，开展消防宣传，普及消防知识，推动消防安全制度的贯彻落实 （5）熟悉报火警的程序和方法，具备扑救初期火灾的能力 （6）火灾（火警）发生后，应积极参加扑救工作，及时疏散、抢救人员和物资，保护好火灾现场，划出警戒线，防止人员再次进入火场，禁止哄抢和被盗事件发生 （7）积极配合公安消防部门调查火灾发生的原因 （8）负责处理消防中心发出的各类火警指令，第一时间报告现场勘察情况（起因） （9）按时完成上级下达的各项工作任务		

第三章 物业公司综合管理制度

03

公司的经营是一个完整的系统工程，要保证这一系统的高效运转，就要对此系统的各个环节建立起行之有效的协调联系机制、相互制约机制，同时辅之以奖惩机制和保障机制，因此公司应当建立一套完善的制度体系，使公司的运转有章可循、有迹可查，保证公司对外是一个整体形象，对内充满生机、活力。

第一节 物业公司人力资源管理制度

物业管理是一个典型的以人力资源及劳动力输出为特征的服务性行业，更需要采用科学的、规范的方法对人的思想、行为进行有效的管理，充分发挥人的主观能动性以达到企业的目标。人力资源管理是为实现物业公司的战略目标的组织，利用现代科学技术和管理，通过不断获取人力资源并对其进行整合、调控和开发，并给予他们报偿而有效地开发和利用，其基本功能主要有规划、甄选、考评、激励、开发和调配等。

一、招聘、录用、调配及解聘管理办法

1.目的

为规范和完善公司员工招聘、录用、调配及解聘工作流程，加强员工队伍建设和培养，特制定本管理办法。

2.适用范围

本管理办法适用于公司总部及属下公司一切招聘、录用、调配及解聘活动。

3.组织架构和定岗定编

3.1 组织架构调整

属下公司及各物业管理中心每年12月上旬须根据业务发展要求，结合人力资源配置需要，提出本单位下一年度的组织架构调整计划。属下公司组织架构的调整须报公司总部审批；各物业管理中心组织架构调整经属下公司审核后，报公司总部审批。

3.2 定岗定编

（1）公司总部各部门每年12月中旬根据部门规划提出本部门下年度定岗定编计划，经公司总部行政与人力资源部审核，报公司总部总经理办公会讨论审定、批准。

（2）属下公司及各物业管理中心每年12月上旬根据调整的组织架构提出本单位下年度的人员规划、定岗定编计划。属下公司的人员规划和定岗定编须报公司总部审批；各物业管理中心的人员规划和定岗定编经属下公司审核，报公司总部审批。

（3）属下公司及各物业管理中心须在批准的岗位编制内依据任职资格要求和工作说明书进行招聘，未履行岗位增编审批手续的，不得进行编制外的招聘。因业务发展需要增加岗位编制，须按有关审批程序履行增加岗位编制报批手续。

（4）每年7月属下公司及各物业管理中心须根据实际运作情况，对当年人员规划和定岗定编计划进行检讨和修订，并履行有关审批手续。

3.3　增加编制

3.3.1　公司总部各部门增加编制

各职能部门如需增加岗位编制，须向行政与人力资源部提出书面形式申请，经审核后报公司总部总经理办公会讨论。书面申请须包含但不限于以下内容。

（1）拟增加岗位编制及数量。

（2）说明增加岗位编制人员的工作安排及工作量预测，同时分析不能通过调配现有人员或提高工作效率/增加工作量等手段解决问题的原因。

（3）拟增加岗位的工作说明书。

3.3.2　属下公司增加岗位编制

属下公司以书面形式向公司总部行政与人力资源部提出增加岗位编制请示报告，请示报告中必须说明增加岗位编制的详细原因及相应岗位的工作说明书，具体包括以下内容。

（1）拟增加岗位编制及数量。

（2）增加岗位编制人员工资标准及成本预算。

（3）说明增加岗位编制人员的工作安排及工作量，同时分析不能通过调配现有人员或提高工作效率/增加工作量等手段解决问题的原因。

（4）拟增加岗位的工作说明书。

公司总部行政与人力资源部根据属下公司实际情况对增加岗位编制报告进行初审和核实，提出意见后报公司总经理办公会讨论审议。

3.3.3　属下公司物业管理中心增加岗位编制

物业管理中心以书面形式向属下公司提出增加岗位编制请示报告，请示报告中必须说明增加岗位编制的详细原因及相应岗位的工作说明书，具体包括以下内容。

（1）拟增加岗位编制及数量。

（2）增加岗位编制人员工资标准及成本预算。

（3）说明增加岗位编制人员的工作安排及工作量，同时分析不能通过调配现有人员或提高工作效率/增加工作量等手段解决问题的原因。

（4）拟增加岗位的工作说明书。

属下公司根据物业管理中心实际情况对物业管理中心增加岗位编制的报告进行初步审核，提出审核意见，报公司总部审批。

4.招聘

4.1　招聘原则

4.1.1　计划原则

（1）公司总部、属下公司及物业管理中心根据业务发展需要增加人员时，须提前15个工作日填写《招聘申请表》，提交拟增加岗位人员工作说明书，经所在单位行政与人力资源部审核，报所在单位负责人审批后组织实施。

（2）如属于岗位编制外增加人员，除履行上述手续外，还须同时履行增加编制审批手续。

（3）所有管理人员的引聘须严格按照《人事管理权限规定》执行。

4.1.2 本地化原则

（1）为降低人力资源成本，充分利用和发挥各地区人力资源优势，稳定员工队伍和便于管理，如无特殊情况，各属下公司原则上在当地招聘员工，尽量实现人员本地化。

（2）在实行人才本地化同时，可根据工作需要通过岗位轮换、岗位交流等形式实现系统内人力资源共享。

4.1.3 先内后外原则

（1）当公司总部、属下公司及各物业管理中心产生招聘需求时，各单位行政与人力资源部首先应进行内部筛选，考核现有员工中是否有合适人员进行调配，当内部无法满足招聘需求时，即组织进行外部招聘。

（2）在现有人员进行配置过程中，必须确保达到岗位任职资格要求，坚决杜绝任人唯亲和因人设岗，保证配置合适人选到合适岗位上工作。

4.1.4 公正原则

（1）招聘中应对所有应聘人员一视同仁，做到任人唯贤，行政与人力资源部及用人部门在招聘过程中必须严格遵守公司招聘制度，不得有任何徇私行为，坚决杜绝任人唯亲和因人设岗，保证配置合适人选到合适岗位上工作。

（2）各级管理人员不得利用职权或关系强行推荐不合格人选，或对正常的招聘工作施加影响。

4.1.5 回避原则

（1）在招聘过程中如遇家属、同学、亲友或以前同事时，须主动回避，做到举贤避亲，为公司招聘创造公平、公正的竞争环境。

（2）公司总部及属下公司内如有配偶、亲属、子女等关系的员工，相互间应回避从事业务关联的工作岗位，公司有权进行相应的工作安排和岗位调整。

4.2 招聘方式和途径

（1）公司内部选拔、晋升和竞聘。

（2）组织社会公开招聘。

（3）招聘应届毕业生。

（3）公司内部员工举荐等。

4.3 内部招聘程序

4.3.1 内部招聘

公司总部及属下公司根据工作需要，实现内部人力资源合理配置，做到人尽其才，充分挖掘公司内部人力资源潜力，为员工提供良好的发展空间，激发员工工作积极性，增强员工的竞争意识和企业的凝聚力，在必要时可通过内部调配来满足部分人员需求，内部调配须事先征得员工本人及所属部门负责人的同意。内部招聘分公开竞聘和直接调配两种。

4.3.2 公开竞聘

（1）根据审批后的招聘计划，当公司总部及属下公司有新增或空缺岗位时，在公司系统内或所在公司范围内发布内部招聘信息，员工可根据自身条件参与竞聘。

（2）参加竞聘人员要求如下。

① 竞聘上岗采取个人自愿和所在公司推荐的形式，即首先由个人提出申请，所在公

司填写推荐意见，体现员工具有主动向上、不断接受挑战的勇气和信心，同时由所在公司推荐可以保证不影响竞聘上岗者所在部门正常工作开展。

② 参与竞聘上岗人员须是公司正式员工，但不受原所在公司、工作部门和岗位限制。

③ 参与竞聘者在原工作岗位表现良好。

（3）根据竞聘要求，由招聘单位行政与人力资源部负责组织成立临时考核小组，考核小组由所在单位领导、竞聘岗位部门领导、行政与人力资源部负责人以及其他相关人员组成。

（4）内部招聘流程。

① 公司总部、属下公司、物业管理中心行政与人力资源部根据招聘要求公布内部招聘的岗位、任职资格以及竞聘时间安排。

② 有意参与竞聘的员工根据通知要求在规定时间向招聘单位行政与人力资源部提交申请材料，经所在部门及公司履行推荐手续后报名。

③ 招聘单位行政与人力资源部根据竞聘岗位任职资格对竞聘者进行资格审查，签署意见并将符合条件的竞聘者推荐给竞聘岗位主管领导，同时对不符合任职资格的竞聘者做好解释和说明工作。

④ 竞聘岗位主管领导签署意见，每个岗位挑选三个候选人向考核小组推荐，由考核小组组织考核工作。

⑤ 考核小组通过组织笔试和面试对候选人进行考核，确定初步人选，笔试由综合素质题和专业试题两部分组成，面试将由竞聘考核小组成员进行评估。

⑥ 招聘单位经营班子根据考核小组的考核情况确定最终上岗人员（如果没有合适人选将另行组织面试考核）。

（5）竞聘岗位试用期考核。

竞聘上岗获选者将有1个月的岗位试用期，试用期间待遇为原工作岗位待遇，试用期满后接受考核小组的集中评议，试用合格后公司将正式聘用，试用不合格者将回原岗位工作。

4.3.3　直接调配

根据工作需要，公司可按照“6.调配”中的要求调动和重新安排员工工作岗位。

4.4　外部招聘程序

（1）公司总部、属下公司、物业管理中心根据审批后的招聘计划，依据岗位任职资格和工作说明书，结合岗位特点，选择适当的招聘方式和途径，从公司外部组织招聘活动。

（2）行政与人力资源部根据任职资格对应聘人员资料初步筛选后，再向用人部门负责人推荐，共同确定面试人选，应聘人员面试前须填写《求职申请表》。

（3）为了确保招聘人员符合用人部门的基本要求，行政与人力资源部负责对应聘人员进行初试，并核实其有关资料和证件的真实性。若初试合格，通知用人部门按下列程序进一步面试。

（1）主管以下岗位，行政与人力资源部初试后，对符合基本要求的应聘人员，将其资料提供给用人部门进行第二次面试，并决定是否录用。

（2）主管、主任岗位，除用人部门面试合格外，还须由分管领导进行第三次面试，并决定是否录用。

（3）经理助理以上岗位，用人部门面试合格、分管领导面试合格后，须由总经理面试，并决定是否录用；或用人部门面试合格后，由经营班子集体面试，决定是否录用。

（4）将对应聘人员的评价及意见填写在《面试考评表》上，用人部门负责专业知识和专业技能考评。所有干部聘任须遵守公司《人事管理权限规定》的有关条款。

（5）对于一线秩序维护员、保洁员和临时工的招聘，各单位可根据自身实际情况制定相应的招聘程序。

4.5　招聘效果反馈

（1）为了解新员工试用期的工作表现，使得新员工更快熟悉公司、了解公司、融入公司，同时也便于公司不断评估招聘的效果，健全招聘制度，完善招聘流程，有必要建立招聘效果反馈机制。

（2）招聘效果反馈包括三部分。

① 行政与人力资源部定期与用人部门沟通，了解新员工的工作表现。

② 用人部门负责人或新员工的直接上级定期与新员工面谈。

③ 行政与人力资源部定期与新员工进行面谈。

5. 录用

5.1　外部招聘人员录用

（1）应聘人员面试合格后，由行政与人力资源部根据聘用情况，与用人部门协商新进员工到岗时间后，向录用者以书面或电话形式发出《录用通知》，并要求其在报到时提供以下材料。

① 身份证、暂住证复印件（交验原件）。

② 毕业证、学位证复印件（交验原件）。

③ 暂住人员须提供《流动人口婚育证明》。

④ 职称证书、岗位资格证书复印件（交验原件）。

⑤ 近期体检合格的体检报告。

⑥ 一寸及二寸彩色近期免冠正面照片5张。

⑦ 其他需要提供的资料。

（2）凡有下列情形之一者，不予办理录用手续。

① 个人资料不真实，弄虚作假，严重隐瞒者。

② 曾被开除或未经批准而擅自离职者。

③ 体检报告不合格者。

④ 尚未与原工作单位终止劳动关系者。

⑤ 在以前所任职单位出现过职业道德问题者。

⑥ 年龄未满18周岁者。

⑦ 其他不予录用情况。

5.2　新员工报到

（1）录用员工带齐相应资料和证明，在规定的时间内到行政与人力资源部报到，填写《员工登记表》，提交相关个人资料，领取考勤卡、办公用品、工作服等相关资料或物品。

（2）签订一式两份《劳动合同书》，公司与员工本人各持一份，公司正式员工的签订合同期限一般为1年；返聘人员和临时工视具体情况而定。

（3）行政与人力资源部由专人对新入职员工的《员工登记表》《求职申请表》、毕业证复印件、学位证复印件、身份证复印件、体检报告等资料进行归档管理，建立员工个人档案。当员工的姓名、婚姻状况、生育状况、健康状况、培训结业或进修毕业、家庭地址和联系电话、出现事故或紧急情况时的联系人等信息有更改或补充时，须在员工个人档案中予以相应变更。

（4）与用人部门负责人见面，接受工作安排，并与负责人指定的入职引领人见面。

5.3 试用

（1）试用期一般为3个月，试用期间表现突出者可予以提前转正。在试用期内，甲乙双方可提出解约，并按规定办理离职手续。试用期内员工享受试用期工资及福利待遇，转正工资标准自转正之日起执行。

（2）培训部门安排、组织新员工入职引导培训，用人部门组织上岗前培训。

（3）新员工须于试用期满前1周填写《员工转正审批表》，并提交试用期个人总结。

（4）试用部门负责人根据工作态度、工作能力、业务水平等对试用员工进行鉴定和考核，并将考核意见填写在《员工转正审批表》中，由行政与人力资源部签署意见，经分管领导审核，报总经理审批。

（5）如在试用期内请假超过5天，员工的转正时间将会被顺延；若请假超过1个月，将做自动离职处理。

5.4 续聘

对于有固定期限的劳动合同，公司与员工双方同意在劳动合同期满后续签劳动合同的，应在原合同期满前30日内重新订立劳动合同，并办理有关续签劳动合同的审批手续，填写《续签劳动合同审批表》。

6.调配

（1）公司根据工作需要，可以调动和重新安排员工工作岗位，这其中包括在公司总部和属下公司范围内的员工晋升、岗位轮换、调动、岗位交流、降职等。

（2）公司内部调配。

① 公司总部或属下公司内部调配。

a.如公司有岗位空缺，同时公司内部又有合适人选，可由需求部门负责人提出申请，或由公司行政与人力资源部根据人力资源需求及人员编制状况提出调配意见，并与相关人员和部门负责人进行协商。

b.协商同意后，由需求部门负责人填写《员工内部调动审核表》，说明调动的原因、理由，经过调出部门负责人同意（若晋升或降职还需附上员工最近的工作表现材料），交行政与人力资源部审核。

c.公司总部部门经理级（含部门经理、副经理、经理助理）以上员工及属下公司主管级（含主管）以上员工由所在单位行政与人力资源部负责人审核后，报分管领导和总经理审批执行。

d. 公司总部部门经理级以下员工及属下公司主管级以下员工由所在单位行政与人力资源部负责人批准后执行。

e. 审批同意后，由行政与人力资源部发出《员工内部调动通知单》，通知调动员工、调出部门和调入部门，并知会公司其他相关部门。

② 公司总部及属下公司之间调配。

具体流程参照《岗位轮换和交流管理办法》。

7. 解聘

7.1 解聘的种类

员工与公司聘用关系的解除分为员工主动辞职、公司辞退员工、劳动合同期满终止、员工退休等。

7.2 员工主动辞职

（1）员工主动辞职，应填写《辞职申请表》，由部门负责人批准，行政与人力资源部审核。公司总部部门经理级（含部门经理、副经理、经理助理）以上员工及属下公司主管级（含主管）以上员工辞职须报分管领导和总经理审批。

（2）试用期内员工辞职，应确保工作交接无误，否则公司有权追究其责任。

（3）如员工在劳动合同期内辞职（含劳动合同期满不再续签者），应提前30日以书面形式通知公司或以1个月工资作为对公司的经济补偿。员工解除劳动合同未能提前30天通知公司，给公司造成经济损失的，除以1个月工资作为对公司的经济补偿外，还应根据国家劳动法有关规定承担违约责任。

（4）员工辞职获得批准后，应在规定时间内填写《离职交接单》，做好工作交接；在工作未交接完成前，员工不得先行离职，否则须赔偿由此给公司造成的经济损失。

（5）由员工提出辞职的，公司不支付任何经济补偿金。如给公司造成经济损失的，应赔偿公司经济损失，否则，公司保留追究其法律责任的权利。

7.3 公司辞退员工

（1）公司辞退员工，应由部门负责人填写《辞退审批表》，行政与人力资源部审核。公司总部部门经理级（含部门经理、副经理、经理助理）以上员工及属下公司主管级（含主管）以上员工的辞退须报分管领导和总经理审批。

（2）辞退员工获得批准后，由公司行政与人力资源部发出《解除劳动合同通知单》给被辞退员工本人及所在部门负责人。被辞退员工在接到《解除劳动合同通知单》后，应在规定时间内填写《离职交接单》，做好工作交接；在工作未交接完成前，员工不得先行离职，否则须赔偿由此给公司造成的经济损失。

（3）员工有下列情形之一者，公司可随时解除合同且不支付任何经济补偿金。

① 在试用期内被证明不符合录用条件的。

② 严重违反劳动纪律或公司规章制度的。

③ 严重失职、营私舞弊，对公司利益造成重大损害的。

④ 连续旷工超过3天（含3天）或1个月内累计旷工达6天。

⑤ 被依法追究刑事责任的。

⑥ 有其他违法违纪行为，按公司规定可以解除劳动合同的情况。

⑦ 员工在下列情形下，如出现上述六种情形之一者，公司也可随时解除劳动合同且不支付任何经济补偿金。

a. 患职业病或者因工负伤并被确认丧失或部分丧失劳动能力。

b. 患病或非因工负伤，在规定的医疗期内。

c. 女员工在孕期、产期、哺乳期内。

（4）员工因造成公司经济损失而被辞退，应赔偿公司经济损失，公司保留追究其法律责任的权利。

（5）有下列情形之一的，公司可以解除劳动合同，但应当提前30日以书面形式通知员工本人。

① 员工患病或非因工负伤，医疗期满后不能从事原工作也不能从事由公司另行安排的工作的。

② 员工不能胜任工作，经过培训或者调整工作岗位，仍不能胜任工作的。

③ 劳动合同订立所依据的客观情况发生重大变化，致使原劳动合同无法履行，经当事人协商不能就变更劳动合同达成一致协议的。

④ 公司经营困难，发生经济性裁员的。

7.4　劳动合同期满终止

（1）员工劳动合同期满，公司或员工不再续签劳动合同者，均应在合同期满前30日内书面通知对方。劳动合同期满终止劳动关系，公司无需向员工支付任何经济补偿金。

（2）如公司不与员工续签劳动合同，由公司行政与人力资源部向员工及所在部门负责人发出《终止劳动合同通知单》，并按规定办理离职手续。

（3）如员工不与公司续签劳动合同，由员工填写《离职申请表》，经部门负责人批准，行政与人力资源部审核。公司总部部门经理级（含部门经理、副经理、经理助理）以上员工及属下公司主管级（含主管）以上员工辞职须报分管领导和总经理审批。

7.5　员工退休

参照国家及所在地区政府有关规定执行。

7.6　离职手续

（1）双方终止或解除劳动合同，员工在离职前必须完备离职手续，未办理完离职手续而擅自离职，公司将按旷工处理。

（2）离职手续包括以下内容。

① 工作交接事宜。

② 交还公司所有资料、档案、合同、各种文件及其他物品。

③ 报销公司账目，归还公司欠款和备用金，待所有离职手续办理完后，领取离职当月实际出勤天数工资。

④ 离职员工人事档案关系在公司的，应在离职日将档案、人事、组织关系转离公司。

⑤ 员工违约或提出解除劳动合同时，员工应按合同规定，归还在劳动合同期限内应缴纳的有关费用。

⑥ 如员工与公司签订有其他合同或协议，将按照其他合同或协议的约定办理。

重要岗位管理人员除按照上述要求办理离职手续外，公司将根据情况安排离职审计。

（3）离职员工按公司规定程序办妥离职手续后，可向公司申请开具《终止/解除劳动合同证明》。

二、绩效考核制度

1.考核的目的

（1）通过对各级人员在一定时期内担当职务工作所表现出来的能力、努力程度及工作实绩进行分析，做出客观评价，把握各级人员工作执行和适应情况，确定人才开发的方针政策及教育培训方向，合理配置人员，明确各级人员工作的导向。

（2）保障公司有效运作。

（3）给予各级人员与其贡献相应的激励以及公正合理的待遇，以促进组织管理的公正和民主，激发员工工作热情和提高工作效率。

2.考核对象

（1）公司总经理、副总经理、总经理助理、管理处经理、部门经理、部门主管、公司总部操作层员工参加季度和年度考核。

（2）管理处操作层员工参加月度和年度考核。

3.考核的用途

人员考核的评定结果主要有以下几个方面。

（1）合理调整和配置人员。

（2）职务升降。

（3）提薪、奖励。

（4）教育培训、自我开发、职业生涯。

4.考核周期

考核分为月度考核、季度考核和年度考核。

（1）月度考核：月度考核的主要内容是本月度的工作业绩、工作能力和工作态度。月度考核结果与本月度的绩效工资直接挂钩。

（2）季度考核：季度考核的主要内容是本季度的工作业绩、工作能力和工作态度。季度考核结果与本季度的绩效工资直接挂钩。

（3）年度考核：年度考核的主要内容是对本年度的工作业绩、工作能力和工作态度，进行全面综合考核。年度考核作为晋升、淘汰、评聘以及奖励工资、培训或其他福利的依据。

5.考核机构、考核时间与考核程序

5.1　考核机构

（1）考核人员。

考核人员负责对所有直接下级人员的考核评定。

① 总经理：董事长。

② 副总经理、总经理助理、管理处经理、部门经理：总经理。

③ 部门主管：所属部门经理。

④ 操作层员工：所属部门主管（无主管的由部门经理直接考核）。

（2）公司行政人事部是其日常执行机构，负责考核的组织、培训、资料准备、政策解释、协调、申诉和总结等工作。

（3）公司总经理对各级人员的所有考核和评定进行确认，行使最终决定权。

5.2　考核时间

月度考核于次月初5日内完成；季度考核于次季度初5日内完成；年度考核于次年1月15日前完成。

5.3　考核程序

（1）相关考核者对被考核者提出考核意见，管理处操作层员工考核结果由管理处各部门主管汇总，报管理处经理审核，管理处经理将审核合格的考核结果报行政人事部审核、备案。

（2）总部操作层员工的考核结果由各部门经理汇总，并将考核结果报行政人事部审核，行政人事部将考核结果报总经理审批，审批后备案。

（3）管理处中层管理人员的考核结果由各管理处经理汇总，并将考核结果报行政人事部审核，行政人事部将考核结果报总经理审批，审批后备案。

（4）公司副总经理、总经理助理、各部门经理的考核结果由行政人事部进行汇总，并报总经理审批。

（5）由被考核者的直接上级将审批后的考核结果反馈给被考核者，并就其绩效和进步状况进行讨论及指导，最后行政人事部将考核结果归档，同时用于计算绩效工资和奖励工资。

5.4　月度考核程序

5.4.1　月度考核指标的确认

根据公司阶段性发展目标和操作层员工岗位职责，直接上级确定本月考核标准及指标权重，确定后双方各执一份，作为本月度的工作指导和考核依据。

5.4.2　评价

月度结束后，次月3日前，考核者从工作业绩、工作能力、工作态度方面对被考核者进行评价，并与被考核者面谈考核结果，双方确认签字后，直接上级对被考核者的考核结果进行汇总折算得分，按规定确定被考核者的综合评定等级，报被考核者隔级上级审核，由隔级上级转送行政人事部复核。行政人事部将最终审核后的考核结果报总经理审批，并根据审批结果计算绩效和奖励工资，送财务部。

5.5　季度考核程序。

5.5.1　季度初制订季度目标计划

（1）直接上级于季度首月5日前就季度主要工作任务、考核标准、指标权重等项内容，与被考核者进行面谈，共同讨论制定任务绩效目标（“直接上级绩效考核评分表”中任务绩效部分），确定后双方各执一份，作为本季度的工作指导和考核依据。

（2）考核双方每个月月末就本季度计划任务进行一次回顾与沟通。计划执行过程中，若出现重大任务调整，需重新制定工作任务。直接上级须及时掌握计划执行情况，明确指出工作中的问题，提出改进建议。

5.5.2　员工自评及述职

季度结束后，次季度首月3日前，被考核人对照“岗位说明书”和其相应的任务绩效目标，从工作业绩、工作能力、工作态度方面进行自我评价，填写“直接上级绩效考核评分表”中的完成情况部分交直接上级。

5.5.3　评价

（1）直接上级就工作绩效与被考核者面谈，共同确认任务目标完成情况，同时确定下一季度目标。

（2）直接上级对被考核者的工作业绩、工作能力、工作态度提出评价意见，在“直接上级绩效考核评分表”中填写考核评分部分内容。

（3）有同级和下级的被考核人员，行政人事部组织其同级和下级的考核人员提出评价意见，并及时将被考核者的考核结果转送其直接上级。

（4）直接上级对被考核者的考核结果进行汇总折算得分，按规定确定被考核者的综合评定等级，报被考核者隔级上级审核，由隔级上级转送行政人事部复核。

（5）被考核人隔级上级对考核结果进行审核后转送行政人事部，由行政人事部进行技术性审核。行政人事部将最终审核后的考核结果报总经理审批，并根据审批结果计算绩效和奖励工资，送财务部。

5.6　年度考核程序

（1）年度考核程序同5.5。

（2）年度考核内容根据各级管理人员所签订的年度“目标责任书”中的相关内容确定年度绩效任务部分。

（3）公司全体员工均参加年度考核，所有员工每年度首月10日前，制定本岗位“绩效考核评分表”中的有关项目。

（4）年度考核评定要求于下一年度首月15日前完成，并汇总到行政人事部。

5.7　考核打分

考核打分表均分为A、B、C、D四级打分，对应关系如下表所示。

考核打分表

等级	A	B	C	D
定义	远超出目标	达到目标	接近目标	远低于目标
得分	100	75	50	0

5.8　结果分级

（1）各类人员日常考核及年终考核打分结果换算为得分。直接上级根据结果提出考核等级。考核等级分为五级，分别为优、良、中、基本合格、不合格（见下表）。

结果分级标准

等级	优	良	中	基本合格	不合格
定义	超越岗位常规要求；完全超过预期地达成了工作目标	完全符合岗位常规要求；全面达成工作目标，并有所超越	符合岗位常规要求；保质、保量、按时地达成工作目标	基本符合岗位常规要求，但有所不足；基本达成工作目标，但有所欠缺	不符合岗位常规要求；不能达成工作目标
得分	90分以上	80～89分	70～79分	60～69分	60分以下

（2）直接上级根据所管部门人员数作综合考虑，确定考核等级。直接上级在考虑分管范围内考核等级时，“优”不得超过分管总人数的35%，“优”与“良”之和不超过分管总人数的70%。

6.考核结果的使用

（1）人员日常考核结果作为年度考核的重要参照因素。季（月）度考核中一次不合格的，年终考核结果不得为优。

（2）考核结果对应不同的考核系数。行政人事部根据考核系数计算绩效工资和奖励工资。

人员考核结果与相应的考核系数对照如下表所示。

人员考核结果与相应的考核系数对照

考核等级	优	良		中		基本合格		不合格
考核系数	90以上	85～89	80～84	75～79	70～74	65～69	60～64	60以下
月、季度考核系数	1.5	1.3	1.2	1.1	1	0.8	0.7	0.5
年度考核系数	2	1.6	1.4	1.2	1	0.7	0.5	0.2

7.考核方法及主体、考核维度、考核权重、考核对象分类

（1）考核方法及主体。

考核方法是指针对被考核者所采取的考核方式、考核人员、考核维度、考核权重，考核人员是指参加对被考核者进行考核的人员。

由于在日常的工作中被考核人接触的人不同，了解被考核人工作业绩、能力、态度的人不同，因此对于不同的被考核者，考核方法和主体也应不同。

（2）考核维度。

考核维度主要有绩效维度，指被考核人员通过努力所取得的工作成果；能力维度，指被考核人员完成各项专业性活动所具备的特殊能力；态度维度，指被考核人员对待事业的态度和工作作风。每一个主要考核维度又是由相应的测评子指标组成的，对不同的被考核人采用不同的考核维度。

①绩效维度包括以下内容。

a.任务绩效：体现的是本职工作任务完成的结果。

b.周边绩效：体现的是对相关部门服务的结果。

c.管理绩效：体现的是管理人员对部门工作管理能力的结果。

②态度维度包括以下内容。

a.考勤：是否符合公司规章制度。

b.工作纪律性：工作过程是否服从分配，是否符合公司规章制度。

c.服务态度：在服务过程中对相关人员的态度。

d.合作精神：工作过程中与相关人员的合作情况。

③ 能力维度包括以下内容。

a. 交际交往能力。

b. 影响力。

c. 领导能力。

d. 沟通能力。

e. 判断和决策能力。

f. 计划和执行能力。

g. 客户服务能力。

为了保证对考核者公平、公正的评价，考核者只对被考核者熟悉并有密切关系的部分进行考核。考核维度设计见“考核维度、权重分布表”。在能力指标中，对不同的被考核人员，其能力指标的内涵也应不同。

（3）考核权重。

权重是一个相对的概念，是针对某一指标而言，是指该指标在整体指标中的相对重要程度，以及该指标由不同的考核人员评价时的相对重要程度。权重的作用如下。

① 突出重点目标：在多目标决策或多指标（多准则）评价中，突出重点目标和指标的作用，使多目标、多指标结构优化，实现整体最优或满意。

② 确定单项指标的评价值：权重作用的实现，取决于评价指标的评分值。每项指标的评价结果是它的权数和它的评分值的乘积。

（4）考核对象分类。

① 根据物业公司的特性，结合本公司机构设置、人员级别和岗位职能，不同的考核人员对不同的被考核人员评分的权重不同，见“考核维度、权重分布表”。

② 各类人员的范围如下。

a. 总经理：公司总经理。

b. 副总经理：公司副总经理、总经理助理。

c. 经理：各管理处经理、副经理、各部门经理（副经理）。

d. 中层管理人员：各部门主管。

e. 操作层：专员、接待员、监控员、收费员、内业、客服助理、成品保护员、食堂厨师、食堂服务员、司机、安全员、保洁员、维修员。

考核维度、权重分布表（管理处经理）

考核维度		考核人员	权重/%
绩效	任务绩效	考核委员会	80
	管理绩效	考核委员会	10
能力	能力素质、技能	考核委员会	5
		直接下级	5

考核维度、权重分布表（副总经理、经理）

考核维度		考核人员	权重/%
绩效	任务绩效	直接上级	70
	周边绩效	直接上级	5
		同级相关部门	5
	管理绩效	直接上级	10
能力	能力素质	直接上级	5
		直接下级	5

考核维度、权重分布表（中层管理人员）

考核维度		考核人员	权重/%
绩效	任务绩效	直接上级	60
	周边绩效	直接上级	10
		同级相关部门	10
	管理绩效	直接上级	10
能力	能力素质	直接上级	5
		直接下级	5

考核维度、权重分布表（操作层）

考核维度	考核人员	权重/%
任务绩效	直接上级	60
态度	直接上级	20
能力	直接上级	20

（5）依据考核结果的不同，公司对每个员工给予不同的处理，一般有以下几类。

① 职务晋升：年度考核为优或者连续两年年度考核为良的员工，优先列为职务晋升对象。

② 职务降级：年度考核一次不合格或连续两年基本合格的员工给予行政降级处理。

③ 工资晋升：年度考核评为优或者年度考核连续两次为良的员工在本工资岗位级别内晋升档次。

④ 维持原档：年度考核评为良、中和基本合格的员工维持原工资岗位级别内档次。

⑤ 降档：季度考核连续两次不合格的员工进行工资降档；年终考核结果不合格或连续两年年度考核基本合格的员工进行工资降档。

考核仅作为职务晋升、降级和工资调整的参考依据之一。工资年度调整的具体方案由公司考核委员会根据当年和今后经营状况最终确定。

（6）对新入职员工、调动新岗位的员工、在公司全年工作时间不足6个月或有其他特殊原因的，经考核委员会批准可以不参加年度考核，考核结果视为中。

8.申诉

（1）被考核人对考核结果持有异议，可以直接向行政人事部申诉。

（2）行政人事部在接到申诉后，1周内必须就申诉的内容组织审查，并将处理结果通知申诉者。

附录：

考核评分填表说明

第一条　“直接上级绩效考核评分表”中重要任务完成情况的指标和权重，在考核初期，由被考核人和直接上级在协商的基础上确认，行政人事部备案。在考核期间出现的重要任务的变化，必须重新协商并填写指标和权重，行政人事部重新备案。其他指标及权重参照被考核人职位说明填写。完成情况由被考核人在季（年）度末同直接上级共同讨论完成情况后由其直接上级评分。

第二条　考核人在对被考核人评分时必须参照对应的职务说明书中考核指标描述部分和“直接上级绩效考核评分表”中考核项进行评分。

第三条　考核评分一般分为A、B、C、D四级，每一级含意如下。

1.定量指标说明

（1）经营指标（例如物业收费率等）。

（2）时间指标（例如工程进度、完成某项工作的时间）。

（3）质量指标（例如合格率、重大安全事故等）。

（4）其他类指标（例如市场占有率、客户满意度）。

（5）定量指标打分说明如下。

①A：远超出预定指标量。

②B：达到预定的指标量，提前或按期完成工作。

③C：完成预定指标量90%以上，短时超期完成工作。

④D：完成预定指标量90%以下，长时超期完成工作或未完成工作。

2.定性指标说明

（1）定性指标是指对岗位主要工作职责完成效果的评价。

（2）定性指标打分说明如下。

①A：超过目标完成任务，达到非常满意的工作效果。

②B：完成任务，达到预定的工作效果。

③C：未完成任务，但接近预定的工作效果。

④D：远未完成任务，未达到预定的工作效果。

第四条　有否决性指标的（如重大事故、重大投诉或发生诉讼），如果否决性指标未达标则此项考核指标得分为0，其整体绩效考核为不合格。

三、外驻职工管理办法

1.目的

保障外驻职工的生活福利，进一步规范外驻职工管理工作。

2.适用范围

公司总部、分公司所有外驻职工。

3.外驻职工定义

外驻职工是指因工作需要，并经公司总部或分公司批准，派往原工作城市以外连续3个月以上的职工。

4.外驻职工待遇

外驻职工待遇由正常待遇、驻外津贴、驻外租房补贴及驻外探亲假四部分组成。

4.1 物业咨询师

（1）外驻分公司管理处或顾问项目（小区）工作的职工，在外派之前，需进行物业咨询师资格等级评定；外派之后，享受物业咨询师系列相应工资福利待遇。

（2）物业咨询师资格评定由新用人单位申报，公司人力资源部审核，报公司经营班子会审后确定。

4.2 正常待遇

（1）外驻分公司管理处或顾问项目（小区）工作的职工，经资格评定后享受物业咨询师系列对应原单位等级工资标准福利待遇。

（2）外驻分公司职能部门工作的职工，享受新岗位对应原单位工资标准福利待遇。

4.3 驻外津贴

（1）已婚且配偶仍在外派职工原工作城市的外派职员，享受全额驻外津贴。

（2）其他外派职工，享受相应驻外津贴的50%。

（3）本市外派驻外津贴标准如下表所示。

本市外派驻外津贴标准

单位：元/月

驻外地点 职务类别	省内	省（直辖市）外
分公司总经理	1500	2000
分公司副总经理	1300	1800
分公司总经理助理	1200	1600
职能部门经理	1000	1500
职能部门副经理	800	1000
高级物业咨询师	1000	1500
中级物业咨询师	800	1000
初级物业咨询师	600	700
物业咨询员	500	600
一级（主管）职员	400	500
其他职员	300	300

（4）由其他地区外派的职工驻外津贴标准，按本市驻外津贴标准的50%计算。

（5）外派职工配偶的居住情况，由外派职工本人提供，经用人单位核实，公司人力资源部复核后办理。

4.4　驻外租房补贴

（1）外驻分公司且主持全面工作的职能部门（或管理处）负责人以上的外派职工，同时分公司没有提供免费住宿条件而另行租住的，享受全额驻外租房补贴。

（2）外驻顾问项目（小区）的外派职工，若甲方或公司已提供住宿条件的，不享受驻外租房补贴，否则，享受全额驻外租房补贴。

（3）外驻分公司其他情况的职工，原则上由分公司统一安排住房。分公司确实不能解决住房条件的，可由分公司提出意见，报公司人力资源部审核，并经公司经营班子会审后，享受驻外租房补贴。

（4）外派驻外租房补贴标准如下表所示。

外派驻外租房补贴标准

单位：元/月

职务类别	补贴标准
分公司总经理	1500
分公司副总经理、总经理助理	1000
职能部门经理、副经理	800
高级、中级物业咨询师	800
初级物业咨询师	600
物业咨询员、其他职员	500

（5）外派其他地区的驻外租房补贴标准按外派驻外租房补贴标准的50%发放。

4.5　驻外探亲假

（1）派往省（直辖市）外（并满足距离派出地500千米以外条件）且属两地分居的已婚外派职工，可享受驻外探亲假。

（2）驻外探亲假标准：外派职工配偶在外派职工原工作城市的，每4个月1次，每次1周；其他已婚外派职工，每年1次，每次10天。

（3）外派职工可报销往返家属居住地与外驻城市的机票或火车票，其他费用由个人承担。

5.职工管理

外驻分公司职工行政编制归属所在分公司；外驻其他工作地点职工行政编制归属物业咨询部。

四、物业公司年度培训计划

根据物业公司对公司培训的部署和要求，人力资源部在向各项目和各部门广泛征求意见和需求后，根据公司实际情况和发展需求，制订年度培训计划，请各项目、各部门参照执行。

1.培训目标

通过培训，进一步提升物业公司品牌形象，统一服务标准，增强员工的服务意识、操作技能，提高员工综合素质和公司整体管理、服务水平，实现公司健康、可持续和领先发展的目标。

2.培训原则

（1）统一原则：从公司总体部署和管理要求出发，统一计划、统一组织、统一部署、统一考核、分散实施。

（2）实效原则：注重实效，理论联系实际。

（3）及时原则：根据公司和项目需求，及时开发和安排相应的培训。

（4）绩效原则：采用积分形式，与绩效挂钩。

（5）持续原则：所有培训持续跟进。

3.培训体系和制度

3.1　培训职责

培训职责表

项目或部门	职责	依据
各项目或各部门	负责本项目或本部门培训计划的编制、开展和效果评估等	相关法律、法规；行业规范；公司作业指导书；相关流程；相关制度；会议纪要；备忘；年度、月度培训计划和公司培训计划等
人力资源部	负责公司级培训计划的制订、组织实施和效果评估；负责对各项目和各部门培训计划的审核、监督、抽查和效果评估等	相关法律、法规；行业规范；公司作业指导书；相关流程；相关制度；会议纪要；备忘；各项目、各部门、公司的年度、月度培训计划和培训需求等
行政部	负责公司级培训考察、外联、专家聘请及对各项目和各部门培训效果的监督	相关法律、法规；行业规范；公司作业指导书；相关流程；相关制度；会议纪要；备忘；各项目、各部门、公司的年度、月度培训计划和培训需求等
客服总监	负责物业客服区域制度、流程和培训课件的开发、审核、修订，以及培训工作的监督执行和效果评估	相关法律、法规；行业规范；公司作业指导书；相关流程；相关制度；会议纪要；备忘；各项目、各部门、人力资源部的年度、月度培训计划和培训需求等
秩序维护总监	负责物业秩序维护制度、流程和培训课件的开发、审核、修订，以及培训工作的监督执行和效果评估	相关法律、法规；行业规范；公司作业指导书；相关流程；相关制度；会议纪要；备忘；各项目、各部门、人力资源部的年度、月度培训计划和培训需求等
保洁总监	负责物业保洁制度、流程和培训课件的开发、审核、修订，以及培训工作的监督执行和效果评估	相关法律、法规；行业规范；公司作业指导书；相关流程；相关制度；会议纪要；备忘；各项目、各部门、人力资源部的年度、月度培训计划和培训需求等

续表

项目或部门	职责	依据
工程维保总监	负责物业工程维保制度、流程和培训课件的开发、审核、修订，以及培训工作的监督执行和效果评估	相关法律、法规；行业规范；公司作业指导书；相关流程；相关制度；会议纪要；备忘；各项目、各部门、人力资源部的年度、月度培训计划和培训需求等

3.2 培训档案的建立

各项目（或部门）和公司分别建立并推行每位员工的培训档案制。从每一位员工入职开始，各项目（或部门）、公司人力资源部和综合部就建立培训档案卡，完成入职培训后，转所在部门。

3.3 培训档案的填写

培训档案中，综合部负责记录新员工入职前接受培训的情况，以电子文档形式转发人力资源部，人力资源部组织进行公司级的专业培训，完成后以电子文档形式转发综合部和新员工所在部门，各项目和各部门组织进行的员工培训由各项目和各部门填写。

3.4 培训档案的存放和管理

培训档案的存放和管理由人力资源部负责监督，综合部统一管理。各项目和各部门组织的培训，每月汇集整理1次，在每月底前3天以电子版形式报人力资源部和综合部，人力资源部根据部门所报培训记录情况及公司开展的培训参加及考核情况进行统一整理并报存综合部。

3.5 培训积分分值

（1）参加各项目和各部门组织的培训每次积1分；参加公司级的培训每次积2分。

（2）各项目或各部门每次授课积2分；参与公司级培训课件开发的，每次积3分；公司级授课每次积5分。

（3）公司提倡行业交流和外出踏盘活动，对于公司委派外出考察或学习，每次积3分；对于每次自我主动外出踏盘考察，并进行转训或交流的，每次积5分。

（4）公司倡导业余学习和自学教育，取得物业专业或关联专业知识或技能后可到综合部变更学历，综合部通知人力资源部予以加分（5分）。

（5）对于各项目和各部门组织的培训，须向人力资源部报年度和月度培训计划，并有培训记录（培训人、培训课题、时间、地点、参加人、课时），培训发生变化时须提前2小时知会人力资源部，人力资源部进行随机抽查。

3.6 新员工入职和在岗培训

新员工入职必须有3天的脱岗培训，由人力资源部进行专业培训；新员工当月要有在岗培训，由部门经理或主管亲自指导并进行在岗评估。

3.7 转正、晋级和晋升

员工转正、晋级必须积分达标，达不到标准积分的，不予转正或晋级；管理人员晋升须进行不少于5课时的管理技能及相关专业岗位培训，由人力资源部组织。

3.8 培训考核

（1）人力资源部每半年公布1次培训积分。

（2）对于各项目和各部门的培训积分要求：员工积分不能低于20分；部门领班和主管不能低于30分；二级部门副经理以上管理人员（含部门副经理）不能低于40分。

（3）公司级的培训积分要求：员工积分不能低于10分；部门领班和主管不能低于15分；项目二级部门副经理以上管理人员（含部门副经理）不能低于20分。

（4）对于少于基础（必修得分）分的，取消各种评先资格，当月绩效工资下浮10%，直到补齐积分为止。对于培训效果较好的部门或岗位，人力资源部组织其他部门或岗位观摩学习，并对其进行奖励（30～50元/次）。

3.9　培训档案保存

综合部、人力资源部和各部门的培训档案电子版持续保存（含离职员工，但须另外建档存放）。

4.培训形式

××××年物业公司培训将改变过去枯燥的、单一的集中理论授课的培训形式，根据实际需要，倡导和推行情景、现场、拓展和一对一等形式多样的培训形式。

培训形式

序号	培训形式	适用课件
1	集中培训	普及政策法规，统一公司管理和服务规范、规定和制度，新员工入职，新政策出台，专家专业讲座，专业技能讲座，案例讨论等
2	影像培训	专业人员培训、案例分析、先进经验介绍、服务和标准化推进等
3	现场培训	交接班管理、形象、制度落实、实操技能、消防演练、设施设备操作和现场管理、节能降耗管理等
4	情景培训	服务意识、沟通、协调、技能、效率、时间管理、案例等贴近实际工作和生活的情景培训
5	拓展培训	企业团队凝聚力、沟通、协作训练等
6	一对一培训	晋升、案例、监控等特殊岗位

5.培训计划

培训计划表

序号	培训课题	参加人	培训形式	时间	课时	备注
1	物业服务创新	客服全员	拓展培训	1月23日 16:00～18:00	2课时/次	由人力资源部进行抽查
2	团队凝聚力训练	全员	拓展训练	1月、6月、9月下旬	2课时/次	各项目分别进行
3	饮食及营养健康	全员（选修）	集中授课	2月初	2课时/次	物业员工，主修营养医学
4	物业工作计划管理	领班以上人员	集中授课	2月下旬	2课时/次	节后推进计划管理

续表

序号	培训课题	参加人	培训形式	时间	课时	备注
5	物业法律法规知识	全员	集中授课	3月上旬	2课时	品质部、综合部考试
6	如何提升业主满意度	管理处人员	情景培训	3月下旬	2课时/次	
7	物业景观常识	保洁全体	现场说明	3月下旬	2课时/次	
8	社区文化开展和建设	客服全体	集中授课	4月上旬	2课时/次	
9	一级物业服务标准	全员	集中授课	4月下旬	2课时/次	
10	消防演习	全员	现场演练	“五一”劳动节前	2课时/次	注意加强现场安全防范
11	赢在执行	领班以上人员	集中授课	5月上旬	2课时/次	××小区开盘
12	管理技能提升	领班以上人员	集中授课	5月下旬	2课时/次	××小区开盘前
13	职业礼仪	全员	影像	6月上旬	2课时/次	由各项目或各部门自行组织，品质部抽查
14	物业人员职业规划	全员	现场模拟培训	6月下旬	2课时/次	待定
15	物业服务应知应会	全员	3个服务中心竞赛	7月上旬	2课时/次	由人力资源部进行抽查
16	物业服务设计	领班以上人员	集中授课	7月下旬	2课时/次	
17	物业营销	主管以上人员	集中授课	8月上旬	2课时/次	
18	物业节能降耗技术和管理	工程全体，其他人员选修	现场说明	8月下旬	2课时/次	夏日节能重点及控制
19	物业公共区域卫生管理常识	保洁全体，其他选修	现场说明	9月上旬	2课时/次	夏秋卫生
20	物业安全管理	全员	集中授课	9月下旬	2课时/次	“十一”国庆节前安全培训
21	物业设施设备管理	工程全体，其他选修	现场说明	10月上旬	2课时/次	
22	物业职业安全操作	全员	案例培训	11月上旬	2课时/次	
23	管理技能培训	全员	影像	11月下旬	2课时/次	由各项目或各部门自行组织

续表

序号	培训课题	参加人	培训形式	时间	课时	备注
24	如何有效沟通和交流	全员	现场模拟培训	12月上旬	2课时/次	
25	培训者的培训	领班以上人员	现场模拟培训	12月下旬	2课时/次	
26	其他					
合计					54课时	

注：上述时间为参考时间，具体培训时间按短信或电话通知为准。

上述全员是指非在岗人员的其余人员，包含休息人员；对于因在岗或特殊事项无法参加的，由部门经理进行补课（部门经理无法参加时，须指定专人记录并对未参加人员进行补课），经人力资源部检查和考核后，予以记分。

上述预算为估算参考，实施时应尽可能控制成本支出；外出考察和委托外培未记入。

培训纪律：公司组织的上述培训如有特殊事项须请假，须提前1小时向组织者请假，以现场签名和签退为准；培训迟到、早退和影响培训现场（手机响）处以10元罚款，对于必修课程而无故不参加培训的人员，通报批评，并每次处以30元罚款。

第二节　市场拓展业务管理制度

物业管理的市场非常广阔，商机无限，市场前景乐观。但是，由于物业管理行业是一个利润相对低微的行业，以规模化发展来克服成本因素是行业内较为普遍的做法。只有扩大规模，才能使成本相对更低，企业才能获得相对可观的利润，所以，要使物业公司做大做强，只能不断地拓展业务。

一、物业项目承接与管理方案控制程序

1. 目的

为规范公司对物业管理项目策划、承接过程的操作，使整个策划、承接过程能顺利、有序进行，特制定本程序。

2. 适用范围

适用于公司对外物业项目的策划、承接活动。

3. 职责

3.1　总经理负责项目承接的审批及总体控制。

3.2　市场拓展部负责项目承接的全流程策划、管理及控制。

4. 工作程序

4.1　前期策划

（1）市场拓展部负责收集各种资料、市场信息、行业动态等，并做好资料、信息的采编归档工作。

（2）市场拓展部根据市场信息选择合适的物业项目，由市场拓展部经理接洽物业委托方，收集相关的资料，了解委托方的要求。

（3）市场拓展部负责组织相关工作人员前期策划准备工作，并制定《可行性分析》。

（4）总经理或董事长根据《可行性分析》及其他方面的信息做出是否参与该项目竞争的决策。

4.2 编制物业管理投标书

（1）市场拓展部根据《可行性分析》，进一步收集整理资料，明确委托方的要求，特别是质量方面的要求。

（2）市场拓展部经理根据《可行性分析》、物业管理的法规以及委托方的具体要求，结合公司的实际情况编制《物业管理投标书》或《物业管理方案》。

（3）《物业管理投标书》或《物业管理方案》大体应该体现以下内容，可以根据实际情况进行删减。

① 物业项目的概况及公司简介。

② 物业管理目标及承诺文件。

③ 物业管理的组织机构及职责。

④ 物业管理主要服务项目及程序。

⑤ 物业管理支持性文件及程序。

⑥ 需要整改的项目及办法。

⑦ 物业管理收支预算。

4.3 物业管理投标书的修订

（1）委托方提出新的要求时，市场拓展部在总经理授权的范围内与委托方协商，如能达成一致，则市场拓展部负责修订《物业管理投标书》或《物业管理方案》，并填写《文件更改申请表》报总经理审批。如不能达成一致或无法满足委托方要求的，则报总经理处理。

（2）总经理或董事长根据具体情况做修订方案或放弃竞标等决策意见。

4.4 签订物业委托管理合同

（1）委托方接受《物业管理投标书》或《物业管理方案》，确定本公司承接该项目的物业管理权后，市场拓展部负责制定《物业委托管理合同》，经过合同评审后（详见《供应商/服务分包商管理与评审程序》）报总经理审批，再交委托方审议，并请委托方在一定期限内回复本公司。

（2）市场拓展部负责组织签约仪式，由总经理和委托方法人代表在《物业委托管理合同》上签字盖章。

二、物业项目策划与承接程序

1. 目的

为确保公司对外承接项目的物业管理服务得以实施，特制定本程序。

2.适用范围

适用于公司对外承接物业项目的控制和洽谈及招投标管理。

3.职责

（1）市场拓展部代表公司对外联系、洽谈、承接物业管理业务，扩大公司物业管理范围。

（2）由总经理牵头成立项目工作小组，市场拓展部组织顾问部、工程维保部和品质部等部门成立工作小组，工作小组成员到现场进行实地考察，对照图纸、设计说明书等相关资料仔细分析，策划投标文件或物业管理方案。

（3）财务部配合项目工作小组根据拟承接物业的管理服务范围、类型、档次、标准等进行专题分析，核算费用测算。

（4）如需招投标的项目，由市场拓展部负责招标文件收取和投标资格文件送审，会同项目工作小组编制正式投标书；如不需要投标的项目，市场拓展部负责洽谈文件收取和公司资格文件送审，会同项目工作小组编制物业管理方案。

4.作业程序

作业程序

步骤	负责部门/人	支持性文件及记录
接受客户需求	（1）通过媒体等各种渠道接受潜在客户的物业项目委托管理需求信息，根据潜在客户需求，明确物业项目承接形式，即投标或协商形式 （2）根据本公司特点、优势把客户信息报总经理审批	《项目承接信息登记表》 《项目承接信息审批表》
交总经理审批	市场拓展部将潜在客户信息以《项目承接信息审批表》的形式提交总经理审批，以确定是否进行后续的承接工作	《项目承接信息审批表》
投标、洽谈准备	（1）总经理负责成立项目工作小组，由工作小组组长进行责任分工并报总经理审批 （2）物业项目为投标项目时，投标小组应确保以下项目的实施 ① 对委托方的招标文件进行必要的会审，确保招标要求明确，填写《招标文件会审记录》 ② 市场拓展部组织对拟承接的物业项目进行现场考察，全面了解物业项目特点和现状，填写《项目考察表》 （3）物业项目为洽谈项目时，市场拓展部负责全面了解项目信息，并根据委托方要求对拟接项目进行策划	《项目工作小组分工表》 《招标文件会审记录》 《项目考察表》
编制管理方案或标书	市场拓展部及时提交最新信息，供项目工作小组参考，投标小组根据分工表编写方案或投标书，并由组长组织人员进行修订、校核，投标文件或物业管理方案应包括以下内容 ① 物业项目概况 ② 物业管理质量目标 ③ 物业管理的组织机构及职责 ④ 物业管理主要业务及流程描述 ⑤ 物业管理支持性业务及流程描述 ⑥ 物业管理质量评价和改进 ⑦ 物业管理收支预算	《物业管理方案》或《物业管理投标书》（根据要求设置格式）

续表

步骤	负责部门/人	支持性文件及记录
投标、协商	（1）经确定后的方案或标书由投标小组提交总经理审查 （2）根据招标要求在相关处签字盖章，最后进行现场投标、洽谈	
签订合同	（1）委托方对投标或洽谈项目确认后，市场拓展部依据投标或议标文件内容进行合同草案准备，并负责对最终合同进行评审，以确保以下项目的实施 ①最终合同各项条款内容明确 ②最终合同中的各项管理要求明确 ③符合行业相关法律法规 ④在投标或洽谈过程中的意见已经解决 ⑤公司确认可以实现合同规定的各项要求 （2）对委托方直接委托的项目（根据相关法律法规），由市场拓展部根据客户的需求信息按上款编制及评审物业服务合同或前期物业服务合同执行 （3）经评审后，双方签订《物业服务合同》或《前期物业服务合同》	《合同评审管理程序》 《物业服务合同》或 《前期物业服务合同》

三、市场拓展业务运作流程规范

1. 目的

为了理顺市场拓展的业务流程，并规范流程中的关键环节的事项，特制定本规范。

2. 适用范围

适用于本公司物业项目的拓展业务。

3. 管理规定

3.1　业务信息获取

3.1.1　物业项目信息的搜集

物业项目信息的搜集有以下途径。

（1）实地收集新建、在建或已建物业的项目信息。

（2）参观各类房地产交易会。

（3）收集项目在报纸、杂志、网络信息及电视、广播等各类媒体上的广告宣传。

（4）物业管理主管部门及政府相关机构的推介。

（5）中介机构及房地产相关行业等各类企业单位的推介。

（6）公、私关系的熟人、朋友及已签约发展商的推介。

（7）主动上门联络的发展商。

（8）参加项目的公开招投标或邀请招投标。

（9）其他途径。

3.1.2　物业项目实地考察要素

（1）物业类型、规模及其定位（通过实地或模型、效果图、销售价格等了解项目档次定位等）。

（2）所在区域及其地理位置。

（3）开、竣工时间及其开盘、入伙时间。

（4）发展商联络方式、背景资料及其物业管理合作意向。

（5）对于新市场，须充分调查当地物管情况，包括配套法规、收费状况、物管消费心理、发展前景等。

（6）其他可于第一时间收集到的信息。

（7）如需要公司其他部门专业人员配合考察及测算、编写专业方案的，需填写《公司总部问题转呈单》《项目考察人员申请表》，经部门经理批准后确定相关人员。

3.1.3　项目信息的分析

将搜集到的项目信息的各类要素进行整理分析，与发展商作进一步接洽，尽可能多地承接高档次、大规模楼盘或较好的商业、写字楼等能为公司带来经济效益及社会效益的项目。

3.2　有效联络及跟踪洽谈

3.2.1　联络方式及联络人

可通过面谈、电话、传真、电子邮件、邮政速递等方式与发展商的销售主管、物业主管、高层人士联络。

3.2.2　联络洽谈内容及有效记录

（1）了解项目具体情况，索取项目总平面图及其相关图纸、资料。

（2）了解项目发展商的实力背景、以往业绩，发展商对项目物业管理的合作意向等。

（3）向发展商推介本公司的发展规模、实力背景、管理业绩。

（4）在项目跟踪过程中如发生部门内部工作调整或公司人事变动等情况，原项目负责人及接手的员工必须认真做好项目移交工作（采取书面形式交接），原项目负责人必须提供项目文字资料、完备的有效联络记录等全套资料及发展商有效联络人员的联络方式，并和接手人与发展商有效地联络1次。

3.3　物管方式的确定

本公司现有四种物业管理方式，分别为全权委托管理服务型、代管管理服务型、顾问管理服务型、咨询策划管理服务型，应从为本公司争取最大利益的角度出发，并结合物业的实际情况、发展商的合作意向等确定建议发展商采纳的物业管理方式。

3.4　合同评审

（1）部门员工根据与发展商的洽谈意见，根据标准合同范本拟制合同稿，经自审后与项目资料一并提交部门负责人。

（2）部门负责人就与标准合同中有改动或可商谈的条款进行审查（包括文字和内容），签字确认，再送交公司法律顾问进行审查，最后提交公司主管领导进行审查。

（3）公司主管领导就合同中有关重要条款进行审查（着重于内容），签字确认后返回。

（4）合同经评审后由部门员工根据批复意见修订合同稿并负责及时报发展商。

3.5　签约

（1）签约合同必须按照合同中约定的份数用公司统一的标书纸打印，并确保在每份合同的每页右下角处盖上公司小圆章，然后将此份合同随对外经济合同会签单（附：对外经济合同会签单）交公司各级领导签字认可。

（2）签约时甲、乙双方须随合同交换的文件包括加盖公司公章的营业执照复印件及法人代表证明书（如非本公司法人签署该合同，则需再准备法人代表授权委托书）。

（3）甲、乙双方按合同上约定份数保留合同原件。本公司一般保留3份合同原件，届时分送部门档案管理责任人、办公室、财务审计部。主管领导、全委项目主管领导或顾问管理部、品质部等分送合同复印件。

3.6 项目资料移交

（1）与发展商的资料移交。签约当日或次日即发函通知发展商本公司工作移交事宜（详见《签约项目工作交接函〈全委项目发展商〉》及《签约项目工作交接函〈顾问项目发展商〉》）。需要的话，在发文中提醒发展商及时支付合同近期款，并告知本公司银行账户及财务审计部相关人员的联络方法。

（2）与办公室的资料移交。签约当日或次日即把一份签约合同原件、发展商的主要联络人及联络方式交办公室签收（详见《签约项目资料移交记录》）。

（3）与全委项目主管领导或顾问管理部的资料移交。

① 签约当日或次日即以项目交接会的形式正式移交。公司片区领导、全委项目接手负责人、顾问管理部、市场部参加并填写《签约项目交接会议记录》，交接工作完成后由项目接收负责人、顾问管理部负责人签字认可。

② 把一份签约合同复印件、发展商的主要联络人及联络方式、项目相关资料如宣传册图纸等交全委项目主管领导或顾问管理部签收。

③ 向公司片区领导、全委项目接手负责人、顾问管理部介绍该项目前期工作过程及以后工作注意事项，有需要的话，引荐双方认识。

（4）与财务审计部的资料移交。

① 把一份签约合同原件、发展商的主要联络人及联络方式交财务审计部签收。

② 要求财务审计部做好收款跟踪事宜，并配合其工作。

（5）与品质部的资料移交：将签约合同复印件、发展商的主要联络人及联络方式各交一份给品质部签收。

3.7 办理结案工作

（1）将一份合同原件移交公司主管领导。

（2）填写《项目档案交接清单》并向部门档案管理责任人交接全套资料（包括一份合同原件）。

四、物业项目投标程序规范

1.目的

规范公司对外参与物业管理的投标工作，确保投标书的编制质量，为通过市场竞争拓展公司物业管理的规模打好基础。

2.适用范围

适用于公司对外承接物业时的投标书的编制工作。

3.职责

各级人员、各部门的职责如下表所示。

各级人员、各部门的职责

序号	人员/部门	职责
1	公司总经理	（1）负责确定投标项目的人员编制，主要管理人员的人选及薪资标准 （2）负责项目测算的预算、管理费、维修金标准的最终核定 （3）负责决定是否参与招标项目的投标决策 （4）负责投标方案的最终审核、签发
2	分管领导	（1）参与投标工作的全面组织与协调 （2）参与投标方案的编制并负责投标书的审核
3	市场拓展部	（1）负责投标项目信息的全面收集、跟踪 （2）负责投标工作的具体操作 （3）负责项目投标方案的汇编
4	品质部	参与投标前期项目现场的察看，提出主要管理人员编制及管理建议并参与项目预算的编制
5	工程维保部	（1）参与投标前期项目现场的查看，根据项目的实际情况提出工程方面的管理建议 （2）提出工程维保重点并提出工程人员编制 （3）提出公共维修金的费用测算及运作方式
6	秩序维护部	（1）参与投标前期项目的现场查看，根据项目的实际情况提出安全管理意见 （2）提出安保人员的配置
7	财务部	根据项目的客观情况、管理要求及人员配置做出项目财务测算
8	人力资源部	根据项目的要求确定人选及员工招聘工作
9	投标小组	（1）负责投标工作的组织、协调 （2）负责投标方案的编写、审核 （3）负责参与开标答辩会

4.投标工作规范

4.1　信息采集

4.1.1　信息采集渠道

（1）市场信息。

（2）报纸、网络等各类媒体信息。

（3）其他渠道信息。

4.1.2　信息分析、跟踪

（1）市场部根据项目信息的具体情况分类填写《信息登记表》，确定跟踪方式，并填写《项目跟踪表》。

（2）未建项目原则上每月进行1次跟踪，并根据实际情况调整跟踪次数。

（3）短期内要求招标的项目，根据招标单位的要求，报送公司简介，进行资格预审，取得正式招标文件。

4.2　上报信息

市场部将招标信息报送总经理及投标项目小组。

4.3　项目信息调查

4.3.1　调查方式

（1）对于建成项目，由投标小组及相关人员（秩序维护部、品质部、市场拓展部）到项目现场采集，或从招标单位获取详细的项目情况。

（2）对于未建成项目，向相关人员取得工程图纸。

（3）从其他途径获取项目信息。

4.3.2　调查内容

（1）项目的地理位置、环境、占地面积、建筑面积、栋数、楼宇结构特点、功能、住户基本构成、楼宇基本设施、设备等，并按要求填写《项目基本情况调查表》。

（2）项目产权单位对项目管理的特殊需求。

4.3.3　调查要求

（1）现场察看后，各责任人在当天将信息反馈到投标小组。

（2）秩序维护部：提出项目的安全防范重点、难点，并提出工程人员的编制、项目管理的运作方式、岗位描述、工作标准。

（3）工程维保部：提出项目的工程维保重点，并提出工程人员的编制、项目运作方式、岗位描述、工程设备管理要求。

（4）品质部：提出项目的管理建议，并提出管理人员的编制、项目的运作方式、岗位描述、管理标准、服务承诺、质量控制方式、日常的运作管理费用。

4.4　财务预算

（1）投标小组分析、汇总调查信息，确定人员编制及薪资标准预算，报总经理审核。

（2）审核通过后，将项目信息、人员配置及工资标准报送财务部，做出项目预算。

（3）投标小组根据财务部提供的项目预算及市场的行情，提出管理费及公共维修金的标准。

（4）当收费标准低于行情价时，由投标小组讨论提出调整意见，按财务预算的作业规程，重新测算项目的预算。

（5）当收费标准高于行情价时，由投标小组讨论是否有调整的空间，如有则按财务预算的作业规程，重新测算项目的预算。

（6）投标小组向总经理报送参与项目投标的综合意见。

（7）总经理做出项目投标决策，如同意参与投标的，则进入标书编制；如不同意，则中止项目的跟踪。

4.5　投标书编制

（1）市场部组织编写投标方案。

（2）投标书的内容、结构及编制要求。

① 投标项目的概况：要求详细列出项目的地理位置，环境，占地面积、建筑面积，栋楼、层楼、楼宇结构特点，基本设施、设备，住户基本构成，验收移交情况等。

② 公司简介及管理优势：要求列出公司简介的性质、资质等级、注册资金、获得荣誉、企业管理理念、公司现有楼盘类型、管理规模、目前已承接的项目、公司的专项管

理优势等。

③ 针对管理的难点、重点采取针对性措施：要求针对项目的特殊性，列出公司的管理重点和对项目的特殊性投入。

④ 公司接管后准备采取的管理方式：要求针对投标项目的自身特点编制出总体管理方案和分项管理方案，包括项目的运作方式、管理要求、工作标准、质量控制体系。

⑤ 为开展物业管理所配置的人力、物力资源：要求列出投标项目的组织机构、人员编制和岗位设置、岗位描述、主要管理人员的配置及其个人简历、为开展工作前期投入的设备、设施。

⑥ 开展物业管理一段时间后所力争达到的管理目标：要求列出明确的总体目标和详细分项目标。目标要求可操作性和可考核性。

⑦ 为有效地提高物业管理水准所必要的服务承诺：要求针对业主的要求和物业管理服务的特点列出鲜明特色的服务措施，服务承诺要具有可实施性。

⑧ 费用投入和成本测算：要求针对小区的现状和管理要求、难度逐项测算出前期投入及管理成本。

⑨ 需要招标单位协助解决的问题。

⑩ 原有工作人员的接管安排计划。

⑪ 物业接管后的工作进度安排。

（3）如中标后需短期内进驻的项目，人力资源部需在编写标书的同时确定主要管理人员（主任、工程维保主管、秩序维护主管）的人选，报总经理审核。

（4）如招标单位对主要管理人员有特殊要求，人力资源部需将已确定的人选履历送市场部，编入投标书，项目部主任必须参与投标方案的制定。

（5）投标书由投标小组报送分管领导审核，由总经理进行最终的审核、签发。

4.6　送达投标书

由市场部按招标单位的要求送达投标书。

4.7　开标答辩会

（1）由投标小组组织参与开标答辩会。

（2）如招标单位要求投标项目的主要管理人员参与开标答辩会的，由投标项目主任参与开标答辩。

（3）对参与开标答辩会项目主任的要求如下。

① 参与项目的投标方案的编制、费用的测算，熟悉项目各岗位的运作。

② 编制开标答辩的方案。

③ 在投标小组内部进行模拟演示投标答辩方案。

第三节　物业公司财务管理制度

财务是指企业为达到既定目标所进行的筹集资金和运用资金的活动。在物业管理经营过程中，各类管理服务费、特约代办服务费、各种兼营性服务的收入和相应的开支等，构成物业管理公司的资金运行。物业财务管理就是物业管理公司资金运行的管理，在资金运行过程中，包括整个物业经营出租、管理服务收费等资金的筹集、使用、耗费、收入和分配。

一、物业集团财务管理制度

1. 目的

为规范物业公司内部一切财务活动，全面发挥财务管理在公司经营中的能动性，提高公司的财务管理水平，建立规范的财务管理制度和会计核算体制，特制定本制度。以期在保证社会效益的前提下实现经济效益最大化，维护和增强××物业的品牌效果。

2. 适用范围

适用于本物业管理公司框架下的所有公司。

3. 定义

集团物业管理部，指××地产集团物业管理部，是所有的××物业公司的上级管理机关。

××物业管理公司，指集团为加强对物业的专业化管理而建立的内部管理机构。

项目分公司，指每个项目均注册设立为××物业管理有限公司的分公司，作为该项目的法律主体和实际经营者。

中心项目分公司，指为加强管理，整合各项目公司的资源，加强项目公司的横向联系，一个地区以一个项目公司为中心来管理本地区所有项目公司的业务。

4. 财务管理系统架构和岗位责任

（1）财务管理系统架构及岗位职责。

① 公司实行总经理负责制，总经理在权责范围内全面管理公司的一切重要财务活动。

② 财务总监负责财务系统的管理工作。

③ 公司设财务管理部负责具体的财务工作，向总经理和财务总监汇报工作。公司财务管理部经理在总经理和财务总监授权范围内行使职权，包括审核重大财务事项、贯彻国家有关财务政策、参与重大经营决策、组织财务核算、审核财务报告及各项预算的审核等。

④ 各中心项目分公司根据公司规模和工作需要可设财务经理、副经理各1名。

（2）原则上公司的所有费用支付必须经总经理审批，基于××物业管理公司的特殊性（跨地域），费用审批权限授权给地区分公司总经理及项目公司总经理。除集团物业部（××××年）第××号文件《关于调整管理处费用审批权限及报销具体规定的通知》中规定的项目公司具有的审批权限外，其他全部归属于地区分公司。

5. 基础会计核算工作

5.1　会计核算工作规范

5.1.1　明确公司核算主体关系，准确划分核算对象，正确反映各核算主体的经营成果和其他会计信息。

5.1.2 会计核算的一般要求：遵照中华人民共和国《会计法》和统一的会计制度的规定建立会计账户进行核算，及时提供合法、有效、真实、准确、完整的会计信息，保证会计指标和前后各期的可比性。

5.1.3 会计核算以人民币为记账本位币。

5.1.4 会计凭证、账簿、报表和资料应按规定建立档案。

5.2 支付及报销

公司各项对外付款及部门报销，要由经办人填写借款或报销单，按分公司会计→分公司负责人→地区公司部门负责人→地区公司财务部审核→地区公司总经理批准→出纳付款的程序逐步办理。具体审批权限见《物业费用审批权限表》。

5.3 审核会计凭证

（1）审核原始凭证的真实性和合法性。原始凭证必须具备以下要素：填制日期、填制单位、经济内容、数量、单价和金额及公章等。原始凭证大小写金额必须相符，原始凭证不得涂改。对不真实、不合理、不完整、不准确的原始凭证，财务管理部拒绝受理。

（2）原始凭证审核通过后，制单人统一按公司的要求进行填制记账凭证。记账凭证除结账和改错外都应附有原始凭证。记账凭证必须具备填制凭证日期、编号、摘要、科目、金额、附件张数、填制人员、记账人员、稽核人员和主管人员签章。

（3）记账凭证要连续编号。记账凭证发生错误应重新填制，已入账的可用红字对应原内容冲销，再按正确的重新填制；如只是金额错误，也可将其差额另编一记账凭证。

（4）记账凭证连同其原始凭证，按编号顺序装订成册，加具封面，注明单位名称、年度、月份和起止日期、起止号码，由装订人盖章。

（5）原始凭证不得外借，其他单位因特殊需要经财务部经理同意后，可提供复印件，并由提供人员和收取人员登记签名。

（6）外部原始凭证如有遗失，应取得开具单位存根联复印件加盖财务专用章（发票专用章）或原开具单位盖有公章的证明，注明凭证的金额、号码、内容等。如无法取得的，由经办人写出详细情况，单位负责人、财务负责人签字，代为原始凭证。

5.4 打印装订会计账簿

（1）按统一会计制度的规定和业务需求设置会计账簿，包括总账、日记账、明细账、辅助账等。

（2）现金账、银行存款账必须采用订本式账簿，用计算机打印的账簿必须连续编号，并装订成册，由主管会计和具体经办人签章。总账和明细账、现金日记账、银行日记账应定期（通常为年底）打印存档。

（3）各单位财务人员在打印账簿前应核对账簿，保证账证之间、账表之间、账账之间、账实之间相符。

5.5 出具财务信息管理

5.5.1 资金信息

（1）出纳在周末和月末要编制《库存现金盘点表》，账面现金结存额与库存现金盘点额要一致。库存额按现金、借据、未入账单据等分列，严禁白条抵库。月末的《库存现金盘点表》要报财务部经理审核。

（2）每周末编制《资金存款周报表》，并按时上报集团物业部。出纳每月末与会计核对银行存款余额并编制各账户《银行存款余额调节表》，经财务经理审核签字后存档。

5.5.2 出具财务报表、编制财务报告

根据上级公司的要求按月编制《资产负债表》《利润表》《现金流量表》《主营业务成本明细表》《人工成本明细表》和《会计科目余额表》，主要要求如下。

（1）财务报表数据必须做到真实、准确、及时。

（2）各种报表报送时间见公司有关文件及上级要求。各单位应按月、季、年编制财务报告，财务报告包括报表及财务情况说明书。

（3）对外报送的财务报表应按国家统一规定的会计制度和格式编制，做到数字真实、计算准确、内容完整、说明清楚。

（4）会计报表之间、各栏目之间凡有对应关系的数字，应相互一致，本期报表与上期报表之间有关数据应相互衔接。不同会计年度，各项目内容及核算方法发生变化的应在报表中加以说明。

（5）会计报表应按有关规定的期限对外报送。报表应加具封面，装订成册，加盖公章。封面还应注明单位、地址、报表所属年、季、月、报送日期、单位负责人、会计机构负责人、会计主管、编表人签章等。

（6）年度会计报告需要审计的，编制前应先委托会计师事务所进行审计，将会计师事务所出具的审计报告连同会计报告按规定期限报送有关部门。

5.5.3 统计信息

每月5日前按要求填报《物业管理情况统计表》，汇总后上报物业部。

6.计划管理

（1）计划管理包括利润计划、资金计划和费用开支计划，计划分为中长期计划和年度、季度、月度计划。

（2）计划按照上级公司有关部门统一要求编制。

（3）编制计划时要本着积极稳妥、留有余地的原则，既要发挥主观能动性和积极性，又要切实可行，实事求是，量力而行。

（4）每年的11～12月由财务部牵头组织编制下年度收支预算，此预算的收支结余应与上报集团的利润计划基本一致，作为各个项目的经营指标，定期考核。各项目部应将各项收支指标责任到部门或个人，在源头控制成本费用。

（5）建立动态计划管理系统，及时反馈计划执行情况，接受上级公司考核。

7.会计监督和内部会计管理

7.1 会计监督

（1）公司的会计机构、会计人员依法对本公司的经济活动进行会计监督。

（2）应当对原始凭证进行审核和监督，对不真实、不合法的原始凭证不予受理；对不准确、不完整的原始凭证予以退回，要求更正、补充。

（3）对财产物资的监督：各单位要建立账簿、款项和实物核查制度，保证账账相符、账款相符、账实相符。会计人员对账实不符的情况要及时做出处理，如无权自行处理的，应当及时报请单位领导处理。

（4）对财务收支的监督：对违法收支不予办理，应当制止和纠正；制止、纠正无效的，应当向单位领导人提出书面意见，要求处理。对违法收支不予制止和纠正，又不向单位领导人提出书面意见的，应当承担责任。对严重违反国家利益和社会公众利益的财务收支，应当向主管单位或者财政、审计、税务机关报告。

（5）对单位制定的预算、财务计划、经济计划、业务计划和执行情况进行监督。

7.2　内部会计管理

公司财务部依据国家统一的法律、法规，结合公司实际情况和内部管理的需要，建立健全内部会计管理制度，主要包括以下内容。

（1）会计人员岗位责任制。

（2）财务处理流程。

8.资金管理

8.1　权益的管理

（1）实收资本按国家有关法规进行管理。

（2）未分配利润（商业物业目前仅限于此）应按集团董事会的决议进行处置和分配。

8.2　投资管理

未经上级公司批准不得进行证券投资，其他长期投资按批准权限、申报程序上报上级公司批准。

8.3　融资管理

融资必须经上级公司批准。

8.4　担保管理

未经上级公司批准，严禁对本公司及以外任何单位和个人提供担保。

8.5　债权、债务的管理

对各项应收款、预付款、存出存入保证金要及时入账，明确责任人，按季核对，及时催收。对确实无法收回的，如属经办人责任，则由经办人承担全部或部分赔偿责任。

8.6　资金管理原则

（1）基本原则：根据物业管理行业特点，公司财务部统筹安排使用自有资金，实行资金计划管理。

（2）任何单位和个人未经上级公司批准，不得将资金借给外单位或个人；也不得向外单位或个人提供公司银行账号。

（3）银行贷款必须向上级公司申报，经批准后实施。

① 加强外币汇兑的核算，汇兑损益计入当期财务费用。

② 公司严禁私人调汇。

③ 银行账户管理按中国人民银行有关规定执行，银行账户档案资料由财务部指定专人保管，账户管理按中国人民银行有关规定执行。

9.资产管理

9.1　现金、银行管理

9.1.1　现金管理

（1）根据账款分开的原则，出纳与会计岗位不能由同一人兼任，出纳也不得兼管现金凭证的填制和稽核工作。

（2）严禁私设“小金库”，一旦查出，对违者进行严肃处理。

（3）现金管理应按照中国人民银行《现金管理暂行条例》规定的使用范围支付和收取，接受有关主管部门的监督。对外币的管理须按国家外汇管理局《外汇管理暂行条例》的有关规定执行。现金主要用于日常零星支付，包括差旅费、交际应酬费、医药费报销、汽油费、停车过桥费、修理费、临时工资等。

（4）库存现金限额：人民币10000元，超出部分应及时送存开户银行。

（5）出纳员应妥善保管好现金、支票、发票、原始凭证、发票专用章等，保证安全完整。

（6）收费员在收取业主管理费等现金收入时应明确告知业主尽量采用银行托收，收取现金时应注意防范识别伪钞。同时严格保守保险柜密码。

（7）支付现金时出纳员凭经办人填制的借款单或报销单，按规定的审批权限经经办人、财务稽核人员、审批人签章后方可支付现金。

（8）出纳员、财务稽核人员应分别审核现金原始单据，保证票据的真实、合法、有效。

（9）现金报销应做到及时。市内办事借款报销，事毕不超过3天，外埠办事借款报销事毕不超过5天，严禁拖欠占用公款。

（10）出纳员依据现金支付凭证，按时间顺序登记现金日记账，做到日清月结，账款相符。

（11）财务经理应不定期地核查出纳员库存现金与现金账余额是否相符，如不符，应查明原因。

（12）及时清理离职人员或工作变动人员的备用金。

9.1.2 备用金管理

为方便工作，简化手续，因工作需要周转资金的部门和个人经公司总经理批准、财务部经理审批后借备用金。每季度末25日前交回财务部，需要继续使用的，下季度初重新办理借款手续。

9.1.3 支票管理

（1）支票由出纳员专职管理。

（2）购入支票要建立登记簿，做好登记，填写购入日期、行名、支票类别、起止号码、经办人签字等。

（3）领用支票应凭领导签批、经办人签名的借款单办理领用手续。

（4）出纳员在签发支票时应填写日期、大小写金额、用途、收款单位名称等。对事前难以确定收款单位和金额的须填写限额，领用人要在支票存根上签字备查。

（5）出纳员对逾期（超过5天）未结的支票要督促经办人结账，对无正当理由拖延不结的有权停发支票，并向上级反映其情况。

（6）未经财务经理同意，支票不得背书转让。

（7）支票印鉴管理：商业物业各项目公司按上级要求银行预留印鉴由“财务专用章”、地区公司负责人名章及地区财务负责人名章构成。银行预留印鉴分开保存，地区公司负责人名章由其本人或指定人员保存，地区财务负责人章由其本人保存，财务专用章由财务负责人根据工作需要合理指定人员保存。

（8）支票书写的收款单位名称必须与发票或收据所盖印鉴名称相符。委托付款必须由原收款单位出具委托付款书。

（9）现金支票不得交于非财务人员代提现金。

（10）各种原因作废的支票应由出纳员加盖“作废”戳记，妥善保管。

9.1.4 银行账户管理

（1）公司银行账户管理。在公司总经理直接领导下，由财务部经理全面负责，承担日常运作和监管的直接责任，各运作环节由经办人承担具体责任。

（2）银行账户的开设。公司开设银行账户，由财务部提出申请，按照“公司开设/变更/注销/银行账户（银行预留印鉴变更）申请表”中的流程审核批准。公司开设的银行账户，采用银行预留印鉴办法，由公司财务专用章、公司法人代表（或负责人）名章和财务负责人名章共同组成。

（3）银行账户的运作。银行支票、汇票、储蓄存折、财务印鉴由专人保管，保管人应认真履行自己的职责，承担相应的责任；严格支票的签字程序。根据审核无误的原始单据（报销付款凭证或借款单）签发支票；一般不得签发空白支票，如因实际需要（如招待费和材料采购）领用空白支票，须经财务主管领导批准，只可领用限额空白支票，并要加强控制，明确规定领用人责任，及时补记支票内容和金额；发出支票必须核实支用金额，并及时取得收据正本，保证实付款项与收据相符。银行预留印鉴必须分开保管。对于重要凭证、财务专用章及负责人私章，保管人发生工作变动、离开公司时，应及时办理交接手续。账户有效签字人如因工作变动，离开公司或变换工作环境时，由开户申请单位及时办理更换签字人手续。

（4）银行账户撤销。银行账户长期不使用，且以后也不再使用；或专门为某一单项业务开设的账户，该业务已完结的，应及时办理银行账户撤销手续。

（5）银行账户监控。要认真核对每笔款项收支是否正确，每月按账户编制银行存款余额调节表。

（6）银行账户档案资料保管。银行账户档案资料包括开设银行账户申请表、银行开户资料（如董事会纪要、账户协议等）、银行账号、有效签字资料或银行印鉴及银行销户资料。所有银行账户资料都要及时存档、妥善保管，银行账户档案资料视同会计档案的一部分，保管年限、销毁程序均按会计档案的有关规定执行。

9.2 固定资产管理

9.2.1 固定资产的标准和分类

（1）固定资产的标准。为经营管理而持有的、单位价值较大、使用年限在1年以上的房屋及建筑物、运输工具、机械、器具工具等。

（2）固定资产的分类。公司的固定资产按自然属性和经济用途分为五大类：房屋及建筑物；运输设备；电器设备；办公设备；机械设备。

房屋及建筑物是指产权属于公司、用于公司办公及员工生活的永久性房屋及建筑物。运输设备是指汽车和摩托车等机动车辆。电器设备包括电视机、照相机、电冰箱、洗衣机、空调机和音响设备等。办公设备包括计算机、打印机、通信设备、复印机、保险柜、传真机和对讲机等。机械设备包括清洁机具、绿化机具、维修机具等。

9.2.2　固定资产的实物管理

（1）公司各部门使用的固定资产实物主管部门为行政部；财务部负责价值审核和摊销。主管部门的主要责任：审核固定资产的采购申请表；计算机、对讲机、大型机具等固定资产由公司主管部门集中采购；固定资产主管部门应建立固定资产卡片，建立固定资产台账。

（2）固定资产的保管。在用的固定资产由使用单位负责保管，使用单位应对主管部门负责。未使用的固定资产由主管部门负责保管。

（3）固定资产的配置。固定资产使用部门根据实际需要填写《固定资产配置申请表》报主管部门审批；主管部门根据固定资产的内部配置情况，给出处理意见，并将《固定资产配置申请表》送交财务部门。财务部门根据审批权限呈报上级审批。财务部门将批复后的《固定资产配置申请表》转主管部门；主管部门按批文执行，申请未获批准时，主管部门将结果通知使用部门。申请获批准后，主管部门负责购买；固定资产购入后，主管部门应建立固定资产卡片，登记《固定资产明细表》，填制《固定资产验收单》，并将固定资产移交使用部门，办理领用手续；固定资产由财务部统一按上级公司要求的编制原则编码。

9.2.3　固定资产的使用和日常维护

使用部门应正确使用固定资产，并妥善保管，应做好日常的维护和保养工作。固定资产因使用或保管不善而发生的毁损或损失，有关责任人应负担赔偿责任，违章驾驶车辆造成的罚款由当事人负责。

9.2.4　固定资产的保险

固定资产的保险、续保工作一律由行政部负责。固定资产被盗或丢失，或遭受不可抗力的原因毁坏，主管部门应及时报案追查并负责索赔，同时办理固定资产的清理手续，财务部协助主管部门完成此项工作。

9.2.5　固定资产的修理

固定资产发生故障，不能正常使用时，在经济合理的情况下，应尽可能修复使用。使用部门应及时通知主管部门，不得擅自修理，主管部门接到通知后，应及时到现场查明原因，指定有关部门或单位负责修理。固定资产修理产生的费用，由负责修理的部门填写报销单。

9.2.6　固定资产的清理报废

（1）固定资产因出售、转让或因正常和非正常原因不能继续使用时，主管部门应查明原因，并办理固定资产清理报废手续。

（2）固定资产清理报废手续：主管部门填写《固定资产报废申请表》，一式两份，详细说明报废原因及处理意见并交财务部；财务部根据审批权限，呈报公司领导或上级公司审批，经批准后的《固定资产报废申请表》返回财务部门；财务部门将已作批复的申请表一份转发主管部门，另一份留作固定资产报废账务处理的凭证。

9.2.7　固定资产清查

公司定期或不定期地对固定资产进行盘点清查。年度终了前，必须进行一次全面的盘点清查。主管部门日常应不定期地对所管固定资产进行抽查，检查固定资产的使用情况和完好程度，发现问题要及时反映并按照规定进行处理。固定资产年终全面清查工作根据集团公司要求每年10月份进行，具体工作由财务部牵头，会同行政部有关部门对固定资产进行全面清点。清查盘点后，填写《固定资产清查盘点表》，对账实不符、有账无物、有物无账的情况，必须查明原因，主管部门领导提出具体处理意见，填制《固定资产盘盈表》《固定资产盘亏（报废）表》，按照固定资产的审批权限，上报公司领导或上级公司审批。主管部门根据审批结果办理有关手续。

9.2.8　固定资产的核算

（1）固定资产核算的内容：正确及时地登记《固定资产明细表》，以反映固定资产增减变动、结存以及清理报废情况，并定期进行清查，协助主管部门合理调配固定资产，提高固定资产利用率；正确计算固定资产的入账价值，及时做出账务处理；正确计算和合理分配固定资产折旧。

（2）固定资产的计价应当以原价为准。固定资产的原价，按照下列规定确定。

① 购入的固定资产，按照实际支付的买价或售出单位的账面原价（扣除原安装成本）、包装费、运杂费、保险费和安装成本等记账。

② 自行建造的固定资产，按照建造过程中实际发生的全部支出记账。

③ 投资转入的固定资产，按照评估确认或者合同、协议约定的价格加运杂费、包装费、安装成本、保险费和安装成本等记账。

④ 融资租入的固定资产，按照租赁协议确定的价款、运杂费、安装成本、保险费等记账。

⑤ 在原有固定资产基础上进行改建、扩建的固定资产，按照原有固定资产账面原价，减去改建、扩建过程中发生的变价收入，加上由于改建、扩建而增加的实际支出记账。

⑥ 接受捐赠的固定资产，按照同类资产的市场价格，或根据捐赠方所提供的有关凭证记账。接受固定资产时发生的各项费用应当计入固定资产价值。

⑦ 盘盈的固定资产，按重置完全价值记账。为取得固定资产而发生的借款利息支出和有关费用，在固定资产尚未交付使用或已投入使用，但实际价值尚未确定前发生的各项费用，应当计入固定资产价值；在此之后发生的各项费用，应当计入当期损益。已投入使用但尚无法确定实际价值的固定资产，可先按估计价值记账，待确定实际价值后，再进行调整。购建固定资产交纳的各项税费，计入固定资产价值。

（3）固定资产账面价值的调整。已经入账的固定资产价值除发生下列情况外，不得随意变动。

① 根据国家规定对固定资产价值重新估价。

② 增加补充设备或改良装置。

③ 将固定资产的一部分拆除。

④ 根据实际价值调整原来的暂估价值。

⑤ 发现原记固定资产价值有错误。

9.2.9　固定资产折旧

（1）计提折旧的固定资产：房屋及建筑物；季节性停用和大修停用的其他固定资产；以经营租赁方式租出的固定资产，以融资租赁方式租入的固定资产。

（2）不计提折旧的固定资产：房屋及建筑物以外的未使用、不需用的固定资产；以经营租赁方式租入的固定资产；账面已提足折旧但仍继续使用的固定资产；提前报废的固定资产。

（3）固定资产的折旧方法：固定资产的折旧方法一律采用平均年限法，净残值率为零。计算公式如下：年折旧率=1/折旧年限×100%；月折旧率=年折旧率/12×100%；月折旧额=固定资产原价×月折旧率。

（4）固定资产的折旧年限：房屋地产20年，运输设备、办公设备、电器设备、机械设备等5年，不得随意变更。

（5）固定资产折旧的计提。固定资产折旧按月计提。月份内开始使用的固定资产，当月不计提折旧，从下月起计提折旧；月份内减少或者停用的固定资产，当月仍计提折旧，从下月起停止计提折旧。提足折旧的逾龄固定资产不再计提折旧，提前报废的固定资产其净损失计入营业外支出，不再补提折旧。按照规定提取的固定资产折旧，应根据不同的使用部门，计入相应的成本、费用。

9.2.10 固定资产的修理

发生的固定资产修理支出，计入有关费用。

9.2.11 固定资产的清理

固定资产的清理，应设固定资产清理专户进行核算。固定资产有偿转让或者清理报废的变价净收入以及保险公司或者责任人的赔偿收入与其账面净值的差额，计入营业外收入或支出。固定资产变价净收入是指转让或者变卖固定资产所取得的价款减清理费用后的净额。固定资产净值是指固定资产原价减累计折旧后的净额。

9.2.12 固定资产的盘盈、盘亏

盘盈的固定资产，按照重置完全价值减估计折旧后的差额计入营业外收入。盘亏及毁损的固定资产按照原价扣除累计折旧、变价净收入、责任人以及保险公司赔款后的差额计入营业外支出。

9.3 低值易耗品管理

（1）单位价值在2000元以下，使用年限在1年以内的生产资料或使用年限在1年以上的高值非生产资料均列入低值易耗品。

（2）主管部门：行政部负责低值易耗品的采购、登记、调度、清查、处置等工作；财务部负责低值易耗品的价值登记、摊销工作。

（3）低值易耗品因老化无修理价值需更新时，由使用部门向主管部门提出申请，交还原物品并办理相关手续。低值易耗品因故障或自然磨损需维修的，应提出申请，由主管部门负责或委托专人维修。低值易耗品丢失、损毁的应及时报告原因，主管部门提出处理意见，凡属使用人直接责任的，应按原物品原值的10%～50%赔偿，报公司主管领导审批后执行。

9.4 存货的管理

该项目核算的是单价在2000元以下、使用年限在1年以内的生产和经营材料。

（1）凡外购的材料必须先办理进仓手续，然后再领取。

（2）在财务部办理材料报账的，必须有仓库保管员签发的进、出仓单。

（3）月末由仓库保管员统计进、出仓情况并与财务部核对，无误后报主管部门。

（4）材料成本按主管部门核准的材料出库汇总表及出库单进行核算。

（5）材料的发出按先进先出法核订单价。

9.5　结转

在建工程项目核算建设中固定资产的实际支出；对于已完工项目，应及时决算验收，并在账上作相应结转。

9.6　摊销

递延资产按入账价值3年摊销完毕，其他待摊费用一次摊销完毕。

10.负债管理

严格、正确地划分流动负债与长期负债，根据各项负债性质以及合同协议规定将一年期以上的负债列为长期负债，包括长期贷款、应付债券、长期应付款项等；将一年期内偿还的债务列为流动负债。

（1）预提费用：核算正常的1年内费用已发生但尚未付款的预提项目。

（2）长期应付款：主要核算本体维修基金的收支。

（3）负债的到期偿还必须履行严格的审核手续，首先由业务部门提出偿付申请，再由财务部门会同有关经办人员依照合同协议的规定及账面记录情况，进行全面审核，最后由总经理审批支付。

（4）押金的管理：以总账控制为主，但必须设立明细表作为辅助账。押金的退还必须经过相关业务部门的审核认定。

（5）往来账结算：由会计负责与地区公司的往来账，负责填制转账单和相关原始凭证，定期对账，往来对账每月进行1次。

（6）应付职工薪酬：支付给职工和为职工支付的工资、奖金、职工福利、社会保险、住房公积金、工会经费、职工教育经费等均通过此科目下设明细进行核算。

（7）代收代付费项结算：付款时收取的发票和收据应同收款时开出的发票和收据内容相符。

11.成本费用核算管理

11.1　核算科目与核算内容

公司成本包括公司运营所发生的安全秩序维护、设备设施维护、能源消耗、清洁卫生、园林绿化、社区文化、综合管理等成本。具体核算科目遵照上级公司的规定。

11.2　成本费用的控制

（1）员工工资：由人力资源部负责制定标准。

（2）工程维修：有合同的，按合同程序办理；属零星工程的，由工程部负责审查确认。

（3）清洁、绿化：公共部分清洁及绿化养护、租摆费根据合同完成情况，由相关部门按分判合同办理审批手续后支付。

（4）水、电：公共部分用水用电，扣除代收业主（用户）水电费，剩余部分结转为公共用水电费。

（5）材料供应商、工程分包商的确定和签订合约由有关部门按照“货比三家”的原则选择供应商，报总经理批准。

（6）交际应酬费。

①在宴请应酬活动中，陪同人员应本着精简及必要的原则进行安排，根据客人身份

和业务需要安排适当地点，尽量不到高级酒楼消费。任何单位和个人，只要不是来公司公干的，均不得安排宴请。

② 交际应酬费应取得合法发票、凭证，按规定权限逐级审批报销。

③ 交际应酬活动应事先请示总经理，经批准后进行。

④ 财务部要定期（半年）向领导汇报交际应酬费支出情况。

（7）差旅费报销。

① 异地出差，乘坐交通工具标准：公司总经理助理以上人员，火车可乘坐软席，轮船可乘坐二等舱，夜间乘火车可购同席软卧。其他员工，火车乘坐硬席，轮船可乘坐三等舱，夜间乘火车可购同席硬卧。因工作需要经公司总经理批准，员工可乘飞机经济舱。

出差的路径应是出发地与目的地之间最近距离，因私绕道，其费用自理。

② 员工出差，顺路休探亲假，应严格划分两者的起止时间界限。

③ 异地出差应尽量住普通招待所和宾馆。如陪同贵宾或经公司总经理批准，可住星级宾馆；对方提供住宿的不予报销。

（8）市内交通费的管理。

因公市内办事乘坐公共汽车车票报销必须注明日期、事由，由所在部门领导和总经理审批后方可报销。因公务紧急或携带笨重物品和贵重物品（含大量现金），公司领导交办的紧急事宜并同意乘坐出租车的，必须注明每次乘车的时间、事由、金额，经总经理批准后方可报销。

（9）探亲费的管理（由人事部制定，参见员工手册）。

（10）食堂餐费的管理（由行政部制定，参见行政管理制度）。

（11）员工医疗费开支的管理（由人事部制定，参见人事部门管理制度）。

（12）员工活动费用的管理。

① 公司组织参加的社会活动及娱乐活动，由公司领导指定的部门做好活动费用计划，报领导审批。财务部按批准的开支计划拨付资金。

② 工会组织的有关娱乐活动应指定专人负责有关费用的开支计划审批及报销。因个人原因未参加娱乐活动的，不得变相发放费用。

（13）手机话费标准。公司总经理的手机话费按实报销；公司副总经理、总经理助理每月报销最高额度400元；其他人员不能报销手机话费。

（14）员工其他福利制度见公司各相关福利制度。

11.3　成本费用控制原则

（1）公司管理人员应该严格办公制度，提高效率，节约开支，减少浪费，尽力从办公、能源等各方面节约开支。

（2）公司总部的管理费开支在保证正常需要的基础上合理制定，对于比较敏感的重点费用如薪金、交际应酬、福利、出租车费等严格审核，根据年度计划合理分配使用，财务部定期统计管理费开支，并同当年编制的预算进行比较分析，及时向领导汇报，以便根据实际情况做出相应调整。

12.收入管理

（1）范围：按收付实现制确认收入，包括公司发生的管理费、维修费、服务费、代办手续费等项目。

（2）公司按月计算应收费项及金额，同时编制《应收费用明细汇总表》。所有收款必须由财务部收款员经手并开出相关凭据，收款员将当天所有收款编制日实收表，同发票和收据及银行进账单核对，相符后交财务出纳员审核。

（3）严格财务管理，建立健全稽核机制，加强相互监督，对私自收费或收款后不上交的部门或个人要严肃处理，绝不姑息，必要时送交司法机关，追究刑事责任。

13.税务管理

物业管理费等有关收入适用“服务业”相关税率。营业税按经营收入总额的5%计提并缴交。城建税按营业税的7%计提并缴交。教育费附加按营业税的3%计提并缴交。企业所得税按照相关法规按比例纳税。各项税种按税务局规定时间申报。财务人员应熟悉有关税收政策，把握尺度，合理纳税。

14.票据使用及管理

（1）物业公司的发票由公司财务部经办人统一购置，购置后登记发票收、发、存明细账，并由财务部统一保管。

（2）凡公司对外收款的有效凭证，开具的发票必须加盖公司“发票专用章”，收据加盖“财务专用章”，此两枚印章由专人保管，不得出借，本公司只对加盖“发票专用章”和“财务专用章”的凭证负责。

（3）发票领用前及领用后的保管工作应严格、安全、定期核查，如发现丢失、毁损等情况应及时汇报，做出书面报告，必要时应追究事故者的责任。

（4）收款员应根据不同业务性质合理开出发票，不得擅自做主改变规定，更不得开出不实发票。

15.电算化管理

（1）使用NC系统时各操作员必须遵守操作使用权限，在各自授权范围内使用财务软件，严格保密自己的操作登录口令，但该保密口令需在财务经理处备存。任何人不准对财务软件本身施加任何改动，一旦发生破坏，将严肃追究有关人员责任。

严禁在财务部门内使用外来软盘或非公司认可的软件，不得擅自拷贝财务部任何软件、文字或带出使用、传阅。

（2）年度内会计科目一经设定，不得更改；如确需增加科目，则需征得财务经理的同意后上报上级管理部门申请增加。记账凭证在未经审核确认前不得过账，过账后凭证未经财务经理批准任何人不得列印。

（3）由于统计工作的需要和会计软件的特点，收入类账户发生收入退回转出或分配、成本与费用类账户发生冲减等情况时，收入类科目在贷方用红字进行冲减，成本费用类账户在借方用红字进行冲减。

（4）收费软件系统的操作权限由财务部经理进行设置，严禁任何非财务人员进入会计软件查询资料。

16.会计档案管理

（1）核算人员将已记账的会计凭证按顺序号装订成册，加装封面，记录装订内容，装订人签章。总账和明细账按年份打印装订成册。装订成册的会计凭证、账册、报表、材料出库单、已执行完的各类合同等财务核算资料，填表入档，由财务部集中保管。同时将计算机数据备份存档。

（2）档案借阅：会计档案实行对外保密，原则上不予外借，也不允许非财务人员查阅，财务人员如需借阅历史档案，必须登记办理借阅手续，查阅完毕后由管理员复验后放归原处；非财务人员特殊情况下借阅会计档案，须经财务经理同意方可查阅，具体查阅手续同前。

（3）会计档案的销毁应严格执行国家《会计档案管理办法》。

17.会计信息管理

会计信息指与公司业务相关的一切会计资料、数据等，包括凭证、报表、账簿、合同、会计制度等。会计信息属于公司商业机密，任何员工、任何时候不得对外泄露，否则将依法追究其法律责任。会计人员离职时，不得复制、携带公司会计信息。

18.会计工作交接管理

（1）会计人员工作调动或离职，必须将其本人所经管的工作全部移交给接替人员，未办清交接手续的，不得调动或离职。

（2）会计人员办理交接手续前，必须做好以下工作。

① 已发生的经济业务尚未填制会计凭证的应当填制完毕。

② 尚未登记的账目应该登记清楚并在最后一笔余额处加盖经办人员印章。

③ 整理各项移交资料，对未了事项，作出书面材料。

④ 编制移交清册，列明移交具体内容。

⑤ 会计人员办理交接手续时，必须有监交人负责监交。一般会计人员交接，由单位会计机构负责人、主管人监交；会计机构负责人、主管人交接，由单位领导、负责人监交。

⑥ 移交人员在办理移交时，要将移交清册逐项清点，接替人员须逐项点收。

⑦ 银行账户余额须同对账单余额核对，不一致时要编制银行存款余额调节表；各种财产物资及债权债务明细账户余额要与总账户余额一致；要求对银行存款余额调节表、明细账同总账进行核对及抽查，做到账实一致、账账相符。

⑧ 移交票据、印章或其他实物时必须交接清楚；实行会计电算化的要按电子数据实际操作状态下进行。

⑨ 交接完毕后，交接双方同监交人要在移交清册上签名或盖章。交接清册上应包括单位名称、交接日期、交接人、监交人、清册页数及需说明的问题等。移交人员对所移交的会计凭证、会计账簿、会计报表和其他有关资料的全面性、真实性承担法律责任。

二、物业公司收费管理制度

1.总则

（1）为了规范本公司各管理处收费工作的管理，完善收费记录等基础会计工作，加强对管理处收费工作的会计监督，结合本公司的实际情况，特制定本制度。

（2）本制度依据《中华人民共和国会计法》《内部会计控制规范——基本规范（试

行)》等法律法规制定的强制性规定，各管理处必须执行，不得以各种理由拒绝执行，对于试行过程中出现的问题可以协商解决。

（3）收费工作是公司业务的重要组成部分，应全力配合公司业务的开展，同时也需要其他部门员工的参与和配合。

（4）管理处负责人应按本制度的规定组织、管理本管理处收费工作，并对管理处收费管理制度的建立健全及有效实施负责。

（5）收费管理制度应达到以下基本目标。

① 规范各管理处的收费行为，保证收费资料真实、完整。

② 不相容职务由不同的人员担任。

③ 建立并完善收费记录制度，保证各类相关账册的记录准确，并做到数据来源清晰、账账相符。

④ 各类数据应及时上报公司财务部，保证财务数据及时传递，为管理活动提供及时、准确的信息。

⑤ 加强对管理处财务收支活动的会计监督。

2.收费分工

（1）按照不相容职务相分离的原则，收费业务授权批准、收费业务执行、收费稽核检查等工作应由不同的人员执行，以达到明确职责权限，形成相互制衡机制。

（2）以下工作是不相容的。

① 收费金额确认工作与收费工作。

② 水、电、气等费用的抄表工作与收费工作。

③ 装修押金收取标准、押金退回的确认工作与收费工作。

④ 应收款的记录工作与收费工作。

（3）收费工作分工如下。

① 房管员

a.负责应收管理费、本体金及其他相关费用收取标准、收费起止时间的确认工作。

b.房管员负责确定押金收取标准、押金准退批准及处理工作。

② 水电工负责辖区所有由公司支付费用的水电表的抄录工作。

③ 收费员负责以上各项经确认的收付款内容进行收付款作业，编制管理处相关报表。

④ 统计员负责数据的统计工作。

⑤ 财务部负责收付款业务的稽核工作。

3.收费程序

（1）管理费及本体金的收费。

① 收费程序。

a.由房管员在当月5日前根据相关文件及管理情况确认当月应收金额，打印应收清单，经管理处经理签名确认后，报管理处收费员及公司财务部。

b.房管员依据经管理处经理签名确认的本月应收管理费、维修基金的清单填入《管理费、维修基金收费台账》的相应栏内，内容包括应收费所属时间、管理费、维修基金的小计及累计金额并签名或盖章。

c.收费员根据《管理费、维修基金收费台账》的记录情况，收取相应的管理费、维修基金。

② 除非得到董事长的授权，任何人无权减免应收款项。收费员应严格按照上报的各项收费清单收费，如有减免应收款项的，应有董事长的亲笔签名，并做好相关资料的保管工作，以备查验。

（2）水电费的收取程序。

① 水电工应在次月5日前抄录水电表，报收费员，收费员据以计算相关费用，区分代收代付和公用自用情况，并在7日前报至财务部，水电表的抄录时间应尽量与水电部门的抄表时间统一。

② 水电工应对公用区域的水电的耗用情况负责，建议管理处建立相关制度，对公用水电情况进行考核，并以此作为对水电工的考核指标之一。

（3）押金的收退程序。

① 收取各类押金时，由房管员根据相关规定收费标准，填制收费通知单，收费员根据通知单收取押金。

② 退押金时，由房管员根据具体情况确定退款金额，并报管理处经理签名，收费员据以退付押金。

③ 收费员在登记《现金收费日记账》的同时，必须建立相应的《押金收退记录本》，登记押金收、退、存情况，并每月与财务部核对。

（4）停车费的收取程序。

① 收费形式。停车费的收取分为按月收费和临时收费两种形式。

a.按月收费由车主向收费员交纳，收费员收款后书面通知制卡部门制作出入卡，制卡部门根据通知单的内容制作出入卡，交车主。按月收费的收费情况应按月编制收费清单，列明所属起止日期，报公司财务部，金额必须与上报数字一致。

b.临时停车的停车费由车管员收取。车管员交接班时先清点停车票和票款，然后双方在交接记录本上签名后，下班的车管员将所收票款及用完的停车票存根上交收费员，停车票留给接班的车管员。

② 车管员所收票款必须及时上交收费员处，不得长时间滞留。

③ 收费员应及时检查车管员的交接班记录，核查车管员的停车票和票款数量金额，及时查找出现的差错。

④ 车管员应估算停车票的使用量，不够时应及时向收费员领取，收费员应建立账本登记停车票的领用、退回情况。

（5）公司财务部与行政部将不定期地对车辆收费进行突击检查，查实车辆收费情况，如有舞弊行为将进行严厉惩罚，情节严重的，移交公安部门依法惩处。

（6）收费员收费后，将当天所收现金、支票及时交存银行，并将相应的收款收据“财务联”与交款单一并交公司财务部，收款收据“管理处联”则由收费员留在管理处，按月装订，以备查验。

4.收费记录

（1）收费员应对每笔现金收支进行记录，内容包括收费日期、单据号码、房号名称、车牌号码、费用所属期间、摘要及相关的明细金额。

（2）采用银行票据方式收取的收入，收费员应向公司出纳员落实到账情况，除上一条所列内容外，还应记录所收费用转入的银行账户名称等相关信息。

（3）收费员收取的现金应于当天送存银行，如无法在银行停止对外办公前交存银行，应最迟在下一工作日及时交存银行，对于跨月收取的款项则必须在当月交存银行。

（4）除根据管理处经理授权退付押金外，收费员无权支付现金，如临时急需可用电话报请公司负责人及管理处经理，经同意后先动用备用金，事后必须由公司负责人及管理处经理补签名。

（5）备用金不足的大额借款必须按规定办理借款手续，并在财务部的调配下支付款项。

（6）管理处应记录的账册如下。

①《管理费、维修基金收费台账》：由房管理员按月记录应收款情况，收费员记录实收情况，记录后必须签名或盖章，以备稽核、检查。

②《月卡销售记录台账》：记录月卡销售情况，记录后必须签名或盖章，以备稽核、检查。

③《现金收费日记账》《转账收费日记账》：由收费员按日分别登记，转账的收费应记录转入银行账号，与出纳员的记录一致，必须结出本日合计、本月累计发生额和余额。

④《押金收退记录账》：按不同种类的押金分别建账，及时记录押金的收、退、存情况，并每月与公司财务部核对确认。

⑤《水电费收费表》：记录代收代付水电费的收入情况，该记录应与《现金收费日记账》《转账收费日记账》的记录一致。

（7）《现金收费记录本》记录的要求如下。

① 除按规定允许使用红色墨水书写外，只能使用蓝黑墨水或者碳素墨水书写，不得使用圆珠笔或者铅笔书写。

② 每笔现金收费的收据、发票登记一行，将日期、收据（或者发票）号码、房号、摘要、合计金额、明细金额和其他有关资料逐项记入相应栏内，要求做到数字准确、摘要清楚、登记及时、字迹工整。

③ 除现金交存银行的数字记在“贷方”外，其余收付费都记入“借方”各相关栏内，如退回借款等付出现金的事项，可在“借方”各相关栏内记为负数，且借方各明细栏目之和应与“借方合计”栏金额相等（否则，该笔记录必有差错，必须查明原因，进行更正，直到平衡为止）。

④ 每一账页登记完毕结转下页时，应结出本日开始到上一行止的发生额合计数，记在本页最后一行和下页第一行有关栏内，并在摘要栏内注明“过次页”和“承前页”字样。

⑤ 所收现金送交银行时，应注明现金解款单的编号或交易流水号，并将金额记入“贷方”栏内。

⑥ 每天必须结出当天各栏目的合计数，并在摘要栏内注明“本日合计”字样，同时用红笔将该行上、下各划一条单线（本行数字实际上正是《收费周》的每日实收的数字，以后就可以用该行数字与统计表的数字相互核对）。

⑦ 注意按照现金管理条例的规定，收费员所收现金应在当天送交银行，所以“借方合计”栏内金额应与“贷方”栏内金额相等，即余额应为零；如收费员在当日将所收现金送交银行后，又收到了现金，可将其放在保险柜内，但不允许将现金带回家。

⑧ 每天结出“本日合计”后，在下一行结出本月初起至当日的累计数，并在摘要栏内注明“累计”字样，且用红笔在该行的下面画一条单线。

⑨ 每月月底，在结出“本日合计”后，不必结出“累计”，而应结出“本月合计”，即本月初至本月末的总合计数。

5.数据汇总上报

（1）收费员对所收款项必须做到日清月结，按日填列资金收支日报表，并于下一工作日上报公司出纳员，所报数字务必准确，一经上报不得随意更改，如要更改，必须说明原因。

（2）资金收支日报表应在每日结清余额后及时填列，并于月度终了后，上交公司出纳员处，出纳员将所填数字与每日上报核对，如有差错，收费员应书面说明原因，上报公司，确定处理办法。

（3）管理处产生的各项收费表单，应及时上报公司财务部，有条件的管理处尽量提供电子文件，应上报的表单及上报时间列示如下。

① 上报当月管理费、维修基金应收/预收清单上报公司财务部，内容包括栋号、房号、面积、收费标准、本月应收管理费、维修基金及总额。

②《管理费、维修基金应收及实收明细表》，次月5日前上报公司财务部，内容包括栋号、房号、期初应（预）收额、本月应收额、本月实收、期末应（预）收额，逻辑关系如下。

期初应（预）收额+本月应收额-本月实收＝期末应收（预）额

本期期初应收（预）额＝上期期末应（预）收额

③ 水电费抄表计算单及水电费欠缴清单，水电工次月5日前抄表报收费员，收费员根据抄表数量、单价等信息计算水电费，并列示欠收水电费清单，次月7日前上报公司财务部。

④《资金收支日报表》：次月7日前上报公司财务部，该表数字应与《现金收入日记账》《转账收入日记账》的每日合计数一致。

（4）所有上报必须数字真实准确，逻辑关系清楚无误，各类数字之间应能相互验证，如出现差错必须查明原因。

6.备用金管理

（1）为了应对物业管理工作中发生的，对房屋建筑及其设备、公共设施、绿化、环境整治等项目开展的维护、维修、整治及零星采购等紧急支出的需要，各管理处可向公司借支备用金5000元，作为上述紧急支出的周转资金。

（2）备用金的保管、使用，由各管理部指定的专人负责，并报公司财务部备案；指定专人不得随意变更。

（3）备用金的保管人员，必须严格按照公司规定的备用金的开支范围支付；备用金不得用于支付开支范围以外，如业务招待费、办公用品、五金材料的日常采购等费用，也不能用于虽属开支范围内，但不需要紧急支付的各项费用。

（4）当紧急动用备用金数额较大时，应在事先向公司领导请示后，备用金保管人员方可借支给经办人员；如因未经请示而产生了不能报销的费用支出，由备用金保管人员承担相应责任。

（5）费用支出的经办人员在办理完报销手续之后，应将所借款项尽快归还备用金的保管人员。

（6）备用金保管人员的工作变动时，管理部经理应督促其向财务部办理备用金的移交手续。

三、物业公司各小区财务收支管理办法

1.目的

根据集团公司对物业公司各小区实行指标管理、独立核算的要求，结合公司业务管理的需要，为了做好各小区财务收支管理工作，特制定本办法。

2.适用范围

适用于本公司各物业小区。

3.管理规定

3.1　预算管理

（1）各小区物业部所有收支以预算管理为基础，没有预算不得开支。

（2）每月末各小区物业部根据年度经济指标及下月预计情况，编制、上报下月收支预算。

（3）收支预算由小区会计负责编制，经小区物业经理初审后，报物业公司、集团财务部审核，总裁批准后执行。

（4）各月度支出计划的编制应以各小区年度经济指标为依据，可在各月之间调节，但各月总和不得超过年度指标。

（5）每月初各小区物业会计对上月预算执行情况进行总结，编制上月收支预算与执行情况比较表，报物业公司汇总后交公司相关领导。

（6）预算内支出按公司规定流程由小区物业部审核支付，超预算支出报物业公司、总裁审批后由各小区支付。

3.2　收支规定

3.2.1　收据、发票及公章使用规定

（1）收据、定额停车费发票，由物业公司统一印制（或购买）、统一管理，设专人负责，建立专门备查簿登记收据购、存、领、销数量及号码。

（2）物业各小区设专人负责收据及定额停车费发票的领用、保管和缴销。领用收据时检查无缺联、缺号后加盖物业公司财务专用章，并在登记簿上登记领用时间、数量、起止号码及领用人，同时交回前期已使用收据的存根联，以备查对。

（3）收据的保管必须专人负责。如有遗失，追究保管人员责任。领用收据的小区，如果人员变动，需在变动前到物业公司财务部交回收据并结清核销。

（4）各小区使用发票，为便于管理，应到物业公司财务部统一开具。一般情况下应以收据（第二联）换发票，所换发票的内容应与收据项目、金额完全一致，用以换取发票的收据作为发票记账联的附件，留物业公司统一保管。对于需要先开发票后付款的业主，出纳（或物业管理员）根据收费通知单开具发票，并在物业财务部做好登记，款项入账后核销。

（5）收据填写要求如下。

① 据实填写。即必须按实收金额、项目、日期如实填写，不得弄虚作假，做到准确无误。

② 字迹清楚，不得涂改。如有错误，全部联次盖“作废”章或写明“作废”字样，再另行开具。

③ 全部联次一次填开，上下联的内容金额一致。

（6）各小区的收费通知专用章只能用于催款通知，不能用作其他用途；除此公章外，小区不得再有其他公章。

3.2.2　收款规定

（1）各小区收款必须使用从物业公司领用、加盖物业公司财务专用章的统一票据。其他任何票据或未加盖财务专用章的票据不得使用。

（2）已收现金款项必须在当天交由出纳核对，办理相关手续，妥善保管，并及时入账。

（3）以转账方式收款应及时与物业公司财务、集团财务办理进账、转账相关手续，并及时做账务处理。

（4）物业公司财务部可随时检查使用票据的人员是否及时将所收款项按规定上交，定期对整本已使用完的收据核查是否交纳入账，并进行核销。

3.2.3　支出规定

（1）工资费用。各小区财务人员根据本小区当月考勤表，计算本月员工的应付工资，填制工资卡，交小区经理签字后，报物业总公司人事部审核，人事部在对员工的出勤及人员变动核对无误后，报物业公司总经理审批，总经理同意后方可发放。

（2）员工福利费。对于员工福利品的发放，如防暑降温品、节日礼品等，各小区根据自己实际情况，本着节约原则，自行拟订方案及所需资金等情况，呈报物业公司总经理，同意后方可实施。

（3）维修费用。小区工程维修费用，审批程序是物业公司总经理→预算部→总工办→总裁。

（4）差旅费、办公费、电话费、清洁卫生费、保安费、业务招待费、绿化费、社会保险费等以各小区所报支出预算为依据，预算内的此类费用由经办人填制费用报销单，小区经理批准后即可报销。会计人员应在原始票据审核方面严格把关，用于报销的原始票据应符合国家有关法律法规的规定，除特殊情况外必须是发票，单据项目必须填写齐全，特别是本公司全称、地点、费用项目等必须准确无误，票据应整洁，无涂抹修改。对于不符合上述规定的票据，财务人员应拒收。对于超出预算的上述费用项目，应呈报物业公司，说明情况，阐明超支原因，经物业公司总经理同意后，报总裁批准，总裁同意后方可实施。

（5）水电费。水电费属于小区的代收代缴项目，应遵循专款专用原则，即本月收取的水电费必须首先用于保证该期水电费的支付。小区不得以此类收款支付日常的费用开支，以免影响水电费的正常支付。

（6）对于各小区需要转账结算的各项支出，经小区经理核准签字，送物业公司财务审核后，在支票签发登记本上进行登记，加盖财务专用章及法人章进行支付。

3.3　资金报表

（1）每天由各小区出纳报资金表给物业公司财务，由物业公司财务汇总后报公司领导。

（2）报表需注明当天款项的增加、减少情况说明。

4. 会计核算

4.1　统一设置以下会计科目

4.1.1　主营业务收入

主要核算物业小区向业主（或物业使用人）收取的物业管理费。

4.1.2　其他业务收入

主要核算小区收取的停车费、装修管理费、宽带费、摊位费、特约维修费等。

4.1.3　主营业务成本

主要核算物业水电维修、保洁及绿化等部门发生的费用。下设明细科目：工资、福利费、维修费、电话费、保洁费、劳动保护费、保安费、社保费及其他。

4.1.4　管理费用

主要核算行政管理部门发生的费用。下设明细科目：工资、福利费、差旅费、办公费、电话费、业务招待费、社会保险费及其他。

4.1.5　其他应收（应付）款

主要核算代收代缴款项及装修期间的保证金等。

4.2　会计报表

（1）各小区财务结账日期为月末最后一天。

（2）小区会计人员应于次月的3日以前将各小区的会计报表经小区经理签字后报物业总公司财务部，有个人所得税的小区应将其扣缴的个人所得税的明细单附后，以便总公司统一申报。

（3）小区会计每月25日前根据年度指标上报下月费用预算，次月10日前编报上月预算执行情况报表。

5. 档案保管

（1）已使用的收据记账联由各小区财务部保管，存根联缴销后交由物业公司财务部进行保管。

（2）小区财务档案应按财政部《会计档案管理办法》规范要求进行整理、装订、归档。

（3）当年会计档案由小区会计负责保管，次年建立新账后应将上年全部财务档案移交物业公司财务人员负责保管。

6. 检查控制

（1）各小区会计每月须对小区出纳的财务工作进行检查，包括收据的填开、领用、缴销；原始单据的归档、保管；账簿登记、账证相符情况；现场盘点库存现金，账实相符情况。对检查内容以书面形式经双方签字确认后上报物业公司财务。

（2）各小区出纳应对物业管理员的收费工作进行检查监督，对于有不符合“收据发票使用规定”及“收款规定”的行为，应及时上报。

（3）各小区会计每月须与集团公司核对往来款，并签署对账单，确保双方账务清楚。

（4）物业公司财务人员应对各小区领用、缴销票据及时核检，发现问题应及时上报有关领导。

（5）物业公司财务人员和集团公司财务人员应对各小区财务收支情况进行不定期联合检查或抽查。

（6）根据公司领导安排，聘请外部的会计师事务所对物业公司各小区财务收支执行情况进行年度专项审计。

7. 相关责任

（1）物业小区各出纳对现金的收支负有直接责任，小区会计负有监管责任，小区物业经理负有管理责任。

（2）禁止私设账外账、收款不入账等，禁止不使用统一规定票据收款、私刻公章等，一经发现，直接上报总裁，严肃处理。

（3）会计档案灭失追究保管会计责任。

（4）由于不按本管理办法操作给公司造成经济损失的，由相关责任人全额赔偿。

四、物品采购及领用制度

1. 目的

为了规范本公司各项物品的采购及领用，尽量降低经营成本，特制定本制度。

2. 适用范围

适用于公司总部各部门及下属各管理单位的物品采购及领用活动，不包括固定资产及无形资产的购置行为。

3. 原则

（1）公司各类物品的采购及领用实行事前计划、集中采购、分类管理、凭单领料的原则。

（2）公司的物品采购及领用活动在单位负责人的领导下，由采购部统一管理。

4. 管理规定

4.1　物品需求计划

（1）各物品使用部门于月初按不同类别填制“物品需求计划单”，按月报采购部，“物品需求计划单”应注明所需物品的名称、规格、型号、数量、用途、质量及售后服务等内容，用途应详细具体。

（2）“物品需求计划单”由经办人制单，并经如下审批程序批准同意后，交采购部作为采购依据：经办人→部门经理→主管副总经理→财务经理→总经理。

（3）“物品需求计划单”应分部门按年连续编号，一式四联，申请单位、采购部、财务部、库房各一联。

（4）“物品需求计划单”按以下分类分别填制：维修材料类，卫生用品类，办公用品类，工具类，其他。

（5）各物品使用部门编制的“物品需求计划单”所列物品应能够应付日常使用，并能应付可以预测到的突发事件所需物品，以减少紧急采购的发生次数。

（6）“物品需求计划单”编制完后，如有迹象表明物品不够用时，应立即填写一份新的“物品需求计划单”，并按上述程序审批，报采购部组织采购。

（7）需要紧急采购物品的事件必须具有突发性，是发生前无法预测的。

（8）需要紧急采购时，经办人应尽量尝试向部门负责人或总经理请示，在得到部门负责人或总经理认可后，组织采购；如确实无法与部门负责人或总经理取得联系，经办人先行处理。

（9）紧急采购发生后，物品使用部门应在第一时间补办“物品需求计划单”，并对紧急采购的必要性进行详细、充分的说明。如果该项紧急采购是相关人员应该能够预见，但由于其工作失误造成未能及时申请购买的，应追究当事人的责任。

4.2　采购及供应商

（1）采购部综合各使用单位的“物品需求计划单”，结合库存情况，确定所需采购物品的名称、规格、型号、数量，并结合供应商的情况编制“采购订单”。

（2）“采购订单”按如下审批程序批准后，由采购部向供应商下单订购：采购员→采购部经理→主管副总经理→财务经理→总经理。

（3）“采购订单”应连续编号，一式四联，采购部、供应商、财务部、库房各一联。

（4）为保证采购工作能够顺利、有序地进行，各项物品都应选择2～3家供应商，作为物品的长期供应商。除供应商出现变更外，物品的采购都应向选定的供应商采购。

（5）供应商的选择：由采购部收集有关供应商的资料，填制《供应商确认审批表》，报各相关部门联合会审评估，经总经理批准后予以确认，确认后报各相关部门备案。

（6）所购物品出现质量问题，如属个别现象，由采购部负责退换；如果是经常出现或者出现质量问题的物品数量较大，应考虑更换供应商。

（7）采购物品时，应综合质量、服务、价格等各方面因素向供应商下单订购。首先在保证产品质量、售后服务等能够满足使用部门要求的前提下，选择价格更优惠的供应商。

4.3　物品入库

（1）采购员将所购的物品交库房，由保管员填制“物品入库单”。“物品入库单”应连续编号，一式三联，库房、采购部、财务部各一联。

（2）入库单上的物品应注明订单号，采购员在验收物品前应核对采购订单，核对并验收无误后，在入库单上签名确认。

（3）保管员依据“物品入库单”记录物品明细账，记录时应记录相应的“物品入库单”号。

（4）保管员应妥善保管财物，及时记录明细账簿，并定期或不定期地将实物与账簿核对，做到账实相符。其中，月度终了时，必须进行盘点，如账实不符，应尽快查明原因。

4.4　付款

（1）货款应采用月结的方式结算，并以银行票据为主要的支付手段，尽量避免使用现金。如情况所限必须使用现金的，应与财务部沟通，确认后予以支付。

（2）货款到期时，由采购员填制“付款审批单”，向财务部申请付款。“付款审批单”应附相应的“采购订单”“物品入库单”、供应商发票及明细清单等单据，并按付款审批程序审核。

（3）财务部依据审核批准的“付款审批单”开具支票或汇票，交采购经办人，由采购经办人向供应商办理付款结算手续。财务部不直接面对供应商。

4.5　物品领用

（1）各部门领用物品时，应填制“领料单”。“领料单”上应注明具体的用途，明确支出的性质。

（2）经常使用的低值易耗品如灯泡等应做到以旧领新。

（3）工具类物品，应按领用人分别建立领用档案，登记领用情况，以便在员工离职时，审查员工的工具领用情况，避免工具的丢失。

（4）“领料单”应按年连续编号，一式三联，领料单位、财务部、库房各一联。

（5）领用“物品需求计划单”已列范围内的物品时，由部门负责人签名即可领用。领用非“物品需求计划单”已列范围内的物品时，应另填“领料单”，除部门负责人签名外，还应由总经理签名同意方可领用，以备审查。

（6）月度终了时，保管员应将当月发出物品的财务联送交财务部，财务部据以进行账务处理。

第四节　物业公司行政管理制度

企业的行政管理体系，是企业的中枢神经系统。它是以总经理为最高领导，由行政副总经理分工负责，由专门行政部门组织实施、操作，触角深入到企业的各个部门和分支机构的各方面业务的系统、网络。行政管理体系担负着企业的管理工作；企业中除行政管理之外的工作，都是某个方面的“业务”。

一、行政公文管理办法

1.目的

为规范公司行政公文的管理，提高公司公文处理的工作效率和质量，特制定本办法。

2.适用范围

适用于公司、区域分公司、管理处各类行政公文。

3.职责

（1）公司行政事务部是公司公文管理主管部门；负责指导各分公司的公文管理工作；

负责公司公文统一归档管理。

（2）分公司综合部是分公司公文管理主管部门；负责指导各管理处的公文管理工作；负责分公司公文统一归档管理；并定期向公司档案室移交分公司及管理处对外公文。

（3）管理处文员或其经理指定人员为管理处公文管理责任人；负责管理处公文统一归档管理；并定期向分公司综合事务部移交本管理处对外公文。

4. 管理规定

4.1　种类

4.1.1　决定

对重要事项或重大行动做出安排，奖惩有关单位或人员。

4.1.2　通告

在一定范围内公布应当遵守或者周知的事项。

4.1.3　通知

发布行政规章；转发上级、同级和不相隶属单位的公文；要求下级单位办理和需要周知或共同执行的事项。

4.1.4　通报

表彰先进，批评错误，传达重要精神或者情况。

4.1.5　报告

向上级单位汇报工作，反映情况，提出意见或建议，答复上级单位的询问。

4.1.6　请示

向上级单位请求指示、批准。

4.1.7　批复

答复下级单位请示事项。

4.1.8　函

不相隶属单位之间相互商洽工作、询问和答复问题，向不相隶属的有关主管部门请求批准等。

4.1.9　会议纪要

记载、传达会议等情况和议定事项。

4.2　格式

（1）公司公文一般由发文单位、发文编号、标题、主送单位、正文、附件、附注、印章、成文时间、主题词、抄送单位、印发单位和时间等部分组成。

（2）发文单位：应写全称或规范简称，联合行文、主办单位应并列在前。

（3）标题：应当准确扼要地概括公文的主要内容。应当标明发文单位、公文种类，标题中除法律法规、规章名称可加书名号外，一般不用标点符号。

（4）主送单位：应在正文之前标题左下方顶格书写主送单位的名称；请示的公文，应坚持主送一个单位的原则；不得越级请；除领导直接交办的事项外，请示不得直接送领导者个人；批复下级请示，只能主送原请示单位。

（5）正文：紧接主送单位之后，提行空两格书写，内容应符合国家法律、法规，符合党和国家的方针、政策及有关规定；需情况属实，观点明确，条理清楚，层次分明，文字精练，书写工整，标点准确，篇幅力求简短；人名、地名、数字、引文准确；时间应写具体的年、月、日；在坚持同一公文中保持数字使用前后一致的前提下，除成文时间、部分结构层次序数和必须使用汉字的情况外，一般都使用阿拉伯数字；应使用国家法定计量单位；使用简称时，一般应先用全称，并注明简称；请示应一文一事，报告中不得夹带请示事项。

（6）附件：附于正文之后，是根据正文需要附加的公文或材料，用以对正文作补充说明或提供参考资料。

（7）印章：盖于公文右下端落款处，上不压正文，下要骑年盖月。印章要清楚、端正。公文除会议纪要外，一般需加盖单位印章

（8）签发日期：标注于正文右下方。以最后签发单位负责人的签发时间为准。会议讨论通过的公文，应以会议通过的日期为准。

（9）附注：用以说明在正文不便说明的各种事项。如需要加以解释的名词术语，或用于表示公文的阅读范围、使用方法等内容，标注于落款下另起一行空两格位置。

（10）公司公文主要文别格式为“红头文件”“日常文件”“传真文件”三种。

①“红头文件”仅适用于公司或已工商注册的分公司内部重要公文。

②“日常文件”“传真公文”适用于公司各级单位的各类公文。

4.3　编号

所有行政公文按公司行政事务部统一格式进行编号。

4.3.1　以公司名义发文

（1）×××董字[年号]年[流水号]号：用于公司董事会名义发文。

（2）×××[文类号]字[年号]年[流水号]号：用于以公司行政名义发文。

文类号如下。“函”：函。“批复”：批。“请示”：申。“报告”：报。“会议纪要”：纪。“其他”：不用。

（3）×××持股字[年号]年[流水号]号：用于公司持股会名义发文。

（4）×××股字[年号]年[流水号]号：用于公司股东会名义发文。

4.3.2　以分公司、事业部门、管理处名义发文

（1）以分公司、事业部门、管理处名义发文的编号格式为×××[分部号][管理处号][文类号]字[年号]号[流水号]号。

（2）分部号含：“深圳分公司”——深；“北京分公司”——京；“天津分公司”——津；“物业咨询部”——咨；“市场拓展部”——拓。

（3）管理处号：各分公司自行统一编号。

（4）文类号含义如下。“函”：函。“批复”：批。“请示”：申。“报告”：报。“会议纪要”：纪。“其他”：不用。

（5）流水号：本单位本年度同类文种发文流水号。

4.4　行文

4.4.1　对外行文

对外行文是指公司各级机构对公司以外的单位及个人发文的行为。

（1）已工商注册的公司分支机构（如分公司、管理处），可以本单位名义对外发文；未进行工商注册的分公司、事业部门，原则上以公司名义对外行文，但可以本部门名义

用信函文种对外交流。

（2）公司及分公司职能部门对外行文时，应以公司或分公司名义行文，但可以本部门名义用信函文种对外交流。

4.4.2　对内行文

对内行文是指公司各级机构对公司内部单位及个人发文的行为。

（1）公司各级机构均可对内行文。行文时，在正文后右下角，发文单位签发人必须手签名字，具有公章的单位还应加盖公章。

（2）公司内部行文，除重要请示、批复文种外，其他内部公文一律使用公司“OA办公系统”行文。

4.5　发文处理

（1）发文时，文稿由相关职员起草，发文单位公文专职或兼职负责人进行文字校对，并办理公文发文审签手续。

（2）发文单位负责人应对文稿进行严格把关，并在《公文发文审签表》上签署意见；需其他职员会签的，会签人需出具意见；单位负责人及会签人意见要明确、具体。

（3）公文审签手续通过并经签发人签字同意后，公文方可印发。发文时应办理发文登记手续。

（4）签发人必须是发文单位相应组织的负责人。如公司董事会公文签发人为公司董事长；公司行政公文签发人为公司总经理；公司持股会公文签发人为持股会主任；分公司行政公文签发人为分公司总经理；管理处公文签发人为管理处经理或主持工作的副经理。

（5）发文单位发文时，专职或兼职公文负责人应将《公文发文审签表》连同文件正本（含电子版）统一归档保管。

（6）需在公司内部“OA办公系统”发布公文，或以单位名义对外用电子邮件形式发送公文的，必须经上述程序办理完毕，并由发文单位公文负责人发文。

（7）对外发文时，尽量要求收文单位在正文处办理签收手续，否则承办人应在正文中注明发文时间、地点、收件人。公文发出并办理完签收手续后，将有签收手续的正文替换原存档正文。

4.6　收文处理

（1）任何公文收件人收到公文后，应识别公文指定收文单位，并及时交给收文单位专职或兼职公文负责人，由公文负责人统一进行公文处理。

（2）收文单位公文负责人收到公文后，应及时办理来文签收及收文登记手续。

（3）签收时要逐件清点，重要文件要逐页查点，如发现问题，要及时向发文单位查询并采取相应的处理措施。

（4）来文登记后，公文负责人将公文原件连同《公文收文处理表》送有关负责人阅知或者批示（见支持工具《公文收文处理表》）。

（5）需要办理的文件，在《公文收文登记簿》中“处理结果”一栏上注明“待办”字样；不用办理的文件，要在“处理结果”一栏注明“不办”字样。

（6）公文负责人应当随时掌握公文的去向：凡“待办”的文件，公文负责人要及时催办，以免漏办、延误，办理完毕后，要在《公文收文登记簿》中“处理结果”一栏注明“已办”字样；不需办理的公文及办理完毕的公文，应及时分类存档。

4.7　借阅、立卷、归档和销毁

（1）借阅公文时，借阅人必须办理登记手续后方可借阅；涉及本单位重大事项的公文，还需单位负责人批准后方能借阅。

（2）公文借阅期限一般不得超过两个星期，到期必须归还，如需再借，应办理续借手续；公文归还时，必须当面点交清楚。

（3）借阅公文的人员须爱护公文，保证公文的安全与保密。未经同意，不得擅自涂改、影印、转借或损毁。

（4）外单位借阅或摘抄公司公文，应持单位介绍信，并经公司负责人批准后方能进行；对摘抄的材料要进行审查、签章。

（5）每年1月15日前，公司各级办文单位应将上年度本单位《公文发文审签表》连同文件正本（含电子版）进行整理，移交公司行政事务部存档。

（6）公司行政事务部负责公司各类公文及公司各级对外发文（含电子版）的整理、立卷、归档。根据公文相互联系、特征和保存价值分类整理，并保证档案的齐全、完整。

（7）公文复制件作为正式文件使用时，应当加盖复制单位的印章，并与正式文件一起妥善保管。

（8）公文已到存档期限，并且没有重新归档和存查价值的公文，经过鉴别和公司相关负责人批准，登记后可以销毁。

（9）公司行政事务部每年要对公文存档进行盘点，每季度要对分公司、事业部门公文管理情况进行检查；分公司综合事务部每季度要对各管理处公文管理情况进检查。

（10）公文负责人由于工作变动或离职的，应及时报告上级公文管理部门。同时，单位负责人应及时另派专职或兼职人员接管，并办理公文交接手续。

二、行政会议管理制度

1. 目的

为加强行政会议管理，提高行政会议工作效率，特制定本制度。

2. 适用范围

适用于全公司各种行政会议。

3. 职责

（1）各级行政事务部门负责本级行政会议的审核、会议记录、决议成文和落实催办。

（2）各级行政会议由本级单位负责人审批。

（3）承办部门会同行政事务部门进行会务准备和会议召开工作。

4. 管理规定

4.1　会议类型

（1）董事会会议是公司高层决策会议，有关董事会会议的召开及议事规则参照《××物业管理有限公司章程》执行。

（2）经营班子会议是公司经营班子研究决策重大经营问题的会议，公司总经理、副总经理出席，公司行政事务部负责人列席，必要时有公司三总师（总工程师、总会计师、总经济师）、总经理助理及相关部门负责人列席参加。会议由总经理或总经理委托的副总经理主持，由总经理决定不定时召开。

（3）各级办公例会是检查本单位本月工作计划完成情况，布置下月工作计划，落实决议，解决各种问题的会议。会议由本级负责人或其授权的人主持，本单位部门负责人参加，每月1次。

（4）各级专题会议是总结、安排或研究某一方面的工作或议题的会议。会议由本级负责人或其受权人主持，必要时可委托有关职能部门负责人主持，不定期召开。

（5）项目业务技术交流会议是为提高各管理处项目组的专业技术能力而组织的经验交流、技术学习、专家培训的会议，各分公司对每个项目组（含客户服务中心）每月组织1次会议。

（6）每周例会是各级部门自行召开的例会，对上周工作进行总结以及对本周工作进行计划。

4.2　会议议题的确定

（1）经营班子会议议题由总经理确定。公司其他领导提出的议题，经总经理同意后，由行政事务部列入议程。

（2）各级办公例会议题由本级负责人确定。各部门提出的议题，经本级负责人审核后，由行政事务部门列入议程。

（3）各级专题会议议题由本级负责人确定。各部门提出的议题由本级负责人审核后，由行政事务部门或主办部门列入议程。

4.3　会议管理程序

（1）会议申请：企业经营工作产生会议需求，由相应部门填写《会议安排表》，提出会议申请。

（2）会议的编序：按会议类型，每次会议的申请召开均应对此次会议进行编序，以利于会议的管理。编序应以年度、会议序次等为顺序进行编排。

（3）审核：行政事务部门负责对提出的会议申请进行审核，确定该会议与已安排会议计划在时间、地点、与会人员上有没有冲突。如果与计划安排冲突，在考虑会议的重要性和紧急性后进行取舍选择。如果不是非常重要且紧急的会议，可退回该部门重新申请；如是紧急且重要的会议，可考虑优先安排。

（4）审批：经行政事务部门审核后的会议申请，提交到本级负责人或相关领导处进行审批。

（5）会务准备。

① 经营班子会议、工作例会的会务工作，由本级行政事务部门负责，专题会议的会务工作一般由主办部门负责。

② 具体会务工作包括场地、设施、设备、资料、场景等会议用具，以及进行会场预订安排、会议日程安排、议程设计等工作。

③ 各部门需要在会议中汇报的问题，事先必须做好调查研究和充分的准备，提出意见并准备好提交会议的材料。

④ 提交会议讨论的事项或文件，凡涉及几个部门或须向上级请示的，一定要在会前做好协调和请示工作，凡事先未经征求意见、协商的，会议原则上不予安排研究。

⑤ 凡提交会议讨论的管理制度、行政规章等内部规范性文件，会前必须由主办部门牵头，组织有关部门进行充分讨论，取得一致意见后定稿并做出说明。

⑥ 行政事务部门协助领导做好会议议题的把关工作。凡属于各部门范围内的事项，有关会议已明确规定的事情，各部门可以自行协调解决的事项或不成熟的议题，一般不予安排，以保证会议的质量和效率。

（6）会前通知。

① 通知方式：包括网络、电话、文件、信函、请柬、传真等。

② 通知内容：会议性质、目的、议题、需准备的材料、日期、地点、出席者和主持人。

③ 会议前1天通知全部参加会议者，进行初步确认，并于召开会议前1小时进行最后确认能否准时出席。如果不能则通知代替者或说明理由。

（7）会议前准备。

① 落实会场，会前1小时检查会场；准备好各种所需的材料及物品（签到本、录音器材）和会议文件与资料。

② 会议签到，派发会议资料文件，安排座位等。

（8）会议进行。

① 主持人宣布会议开始，宣读会议议题，并由相关人员进行会议汇报。

② 会议记录人进行会议记录，填写会议记录扉页，注明会议时间、名称、地点、议题、主持人、记录人及出席者和缺席者名单等，详细做好会议记录，要格式准确，内容完整，不遗漏、属实。

③ 与会人员参与会议讨论以及集中表决，最终形成会议决议。

（9）会议纪律。

① 会议开始前到会人员应将手机关闭。

② 会议开始后，主持人负责维持会场秩序，针对会议议题安排与会人员逐个发言或集体讨论，争取形成一致意见，主持人应注意管理会议，避免讨论脱离会议主题。

③ 与会人员应保持会场的肃静，避免大声喧哗和争吵，如有电话，应征求会议主持人同意后，到会场外回复电话。

④ 如与会人员有事中途退场，须向会议主持人说明事由，经同意后方可离去。

（10）会议的服务人员，应做好会议的各种服务工作。

（11）会议结束。

① 会议记录人应根据会议要求，于会后1日内形成会议纪要，按规定范围传达。

② 会议主持人指定的相关部门应对会议形成的决议按规定的程序范围来制作和传达文件。

③ 承办部门应对会议中交办的事务进行落实处理，尽快进行解决。

④ 会议组织部门应向缺席人员传达会议精神，并跟踪督办会议决议的落实情况。

⑤ 各级行政会议结束后，须形成会议记录、会议纪要，报上级行政事务部门备案。

三、印信管理办法

1. 目的

旨在规范公司印章管理，有效地协助各部门完善印章使用管理工作，保证日常工作的正常进行。

2. 适用范围

适用于公司职能部门、分公司职能部门及管理处。

3. 管理职责

（1）介绍信、证明、法人授权委托书由公司行政事务部负责管理。

（2）公司章、合同章由行政事务部负责管理。

（3）非行政事务部印章按其文件规定管理。

（4）各部室印章由各部室负责人管理。

4. 管理规定

4.1 介绍信及证明的管理规定

（1）各部室、各区域分支机构及其下属管理处或职员个人，因业务或其他原因，需要公司出具介绍信或证明时，应到行政事务部申请。

（2）公司介绍信、证明的开具由行政事务部经理负责把关，介绍信、证明的内容必须属实；并经公司总经理同意，方可出具。

（3）公司介绍信、证明一式两份，一联交申请部门或职员个人使用；另一联由行政事务部存根备案。

4.2 法人授权委托书的管理

（1）需要以法人名义对外办理业务的，必须到行政事务部开具法人授权委托书。

（2）法人授权委托书必须经公司法人代表或总经理同意，必须明确被授权人的权限和被授权的期限。

（3）法人授权委托书一式两联，一联交申请部门或职员个人使用；另一联由行政事务部存根备案。

4.3 印章管理规定

（1）印章的刻制。

① 公司所有印章由行政事务部负责统一刻制，大小及样式由行政事务部确定，任何人或部门不得自行其是。

② 公司印章的刻制和更换必须以公司有关管理机构的文件为依据，并到政府有关部门指定的单位刻制。

③ 新印章在启用前，必须留印模以备查，行政事务部根据印章的使用范围向有关单位发出启用通知。

（2）印章的保管。

① 公章和专用章的保管人统一造册登记，于行政事务部备案，保管人的工作调动或离职，必须先办理印章交接手续，否则不予办理离职手续。

② 印章保管人员必须严守职责，一丝不苟，印章设专柜保管，随用随取，用后即锁。

③ 任何人不得将印章携离办公室，特殊情况，印章携离办公室须由总经理签字批准。

（3）印章的使用。

① 使用公司印章必须申请，填写《印章使用申请单》。

② 审批：首先由申请用章人的部门经理审批，涉及人事和财务有关事项的由财务或人力资源部经理审查同意，最后分别由各种印章的最高签批人进行审批。

③ 公司印章用于以公司名义对外的一切文件资料，公司印章的使用必须经公司总经理签字同意，总经理不在时，可由总经理授权人代签。

④ 公司合同章用于以公司名义对外签订的一切合同，公司合同章必须在合同经公司法人代表或经法人代表授权的公司总经理签字后方可加盖。

⑤ 董事会章用于以公司董事会名义对外的一切文件资料，董事会章的使用必须经公司董事长的同意。

⑥ 各部室、管理处印章用于以各部室、管理处名义对外的一切文件资料，各部室、管理处印章的使用必须经部室、管理处负责人的同意，并建立台账，每次使用后进行登记。

⑦ 印章保管人审查批准程序无误后，留下《印章使用申请单》，加盖印章。

⑧ 公司公章的每次使用都必须由印章保管人进行登记，并将《印章使用申请单》归卷存档。凡加盖公司公章的发文，行政事务部必须留底存档。

（4）印章的废止：当公司情况发生变更时，涉及印章变动，则原有印章不再适用，进行作废处理。作废的印章要及时上缴，并通知有关部门。公章如有遗失，须立即上报行政事务部，行政事务部发出遗失和作废声明，办理其他善后事宜。

（5）区域分公司印章的制作、启用、注销等程序由分公司行政管理部门负责，但新印章的启用及旧印章的注销须在公司总部行政事务部进行备案，确保公司总部明确掌握所属单位印章情况。

（6）区域分公司的印信管理参照本办法执行。

四、接待管理办法

1.目的

为规范接待管理、传播公司形象，特制定本办法。

2.适用范围

适用于公司或分公司各类来访客人的接待工作。

3.职责

（1）公司或分公司总经理负责审批《接待安排表》，接待和陪同贵宾。

（2）公司或分公司分管副总经理负责接待和陪同重要客人。

（3）相关部门经理负责接待和陪同一般客人。

（4）行政事务部门负责经总经理审批的客人具体接待工作。

4.管理规定

4.1　来访类别

4.1.1 贵宾

主要指来公司或分公司进行检查的各级领导以及重要业务关系单位负责人。

4.1.2 重要客人

指政府机关或外部单位来公司或分公司进行指导、考察、交流、参观、学习、业务联系（如发展商、同行单位、新闻媒体等）的客人。

4.1.3 普通客人

指到公司或分公司办理公务的政府机关工作人员、办事人员（包括税务稽查机关、消防局、公安机关等）和进行一般业务上交流的同行业人士。

4.2 接待分类

（1）对于贵宾的来访，由公司或分公司总经理或总经理委托的副总经理负责接待并陪同，如需食宿，应由行政事务部门填写《接待安排表》，经总经理审批后，行政事务部门具体安排入住酒店、就餐、接送车辆等事宜。

（2）对于重要客人的来访，由公司或分公司副总经理或副总经理委托的部门经理接待并陪同，如需食宿，应由行政事务部门或接待人填写《接待安排表》，经总经理审批后，行政事务部门具体安排入住酒店、就餐、接送车辆等事宜。

（3）对于普通客人的来访，由相关部门经理接待并陪同，公司或分公司不负责食宿。特殊情况的，由总经理批准后可由行政事务部门具体安排。

4.3 接待申请

（1）来访接待部门初步审核接待必要性，若属必要，由行政事务部门或接待人填制《接待安排表》。

（2）《接待安排表》报总经理或总经理授权的副总经理审批。

（3）《接待安排表》经审批后，由公司或分公司行政事务部门具体落实。

4.4 接待要求

（1）行政事务部门负责按行程安排接站、食宿、交通工具和活动，回程票预订、礼品的准备以及最后阶段的送站。

（2）来访客人到达公司或分公司后，接待人应将行程安排先征询客人意见，以便接待工作的开展。

（3）接待工作中，应注意接待人员的行为语言规范，充分展现公司的良好形象，并严守公司的商业秘密。

4.5 接待结束

（1）征求宾客意见和建议，并处理对方委托的事宜。

（2）结算接待费用，并对此次接待进行记录和总结。

五、车辆管理办法

1. 目的

为加强公司机动车辆（含摩托车）管理，合理调配机动车辆，科学安排车辆使用，特制定本办法。

2. 适用范围

适用于公司、分公司机关。

3. 职责

（1）公司行政事务部负责办理公司所有机动车辆（含摩托车）的年审，养路费、维修保养费以及加油费的缴交。

（2）公司行政事务部负责公司职能、事业部门和分公司用车审批。

（3）分公司行政事务部门负责本区域内各部门用车审批。

4. 管理规定

4.1　车辆调配

（1）使用车辆必须提前申请，以便行政事务部门可以合理地、有计划地安排车辆使用，尽量不出现临时用车的情况。

（2）如果不是必要，尽量不使用公司车辆，以便车辆可以为更需要它的人服务。

（3）各部门用车，由申请用车部门向行政事务部门网上预约申请。由行政事务部门根据实际情况，具体安排。

（4）已经签订私车公用协议的部门用车，原则上由各部门自行解决，公司不再派车。如因抢修设备等特殊原因或采购较多材料需用公司车辆时，须进行网上预约申请，获得审批后由行政事务部门根据实际情况，具体安排。

（5）公司所有车辆均为公司公务用车，总经理、书记用车原则上专用，但若公司业务需要，在满足领导用车的前提下，行政事务部门可以统筹调配。

4.2　车辆使用管理

（1）使用人必须具有驾驶证。严禁无证驾驶，或未经同意擅自将车辆交给他人驾驶。

（2）公务车不得借给非本公司人员使用。

（3）使用人在驾驶车辆前应对车辆做全面检查，如发现故障、配件失窃或损坏等现象，应立即报告行政事务部门负责人，否则最后使用人要对由此引发的后果负责。

（4）驾驶人员须严守交通规则，安全行车，严禁酒后驾车，严禁疲劳驾车和开带“病”车，杜绝一切安全事故的发生。

（5）驾驶人员未经行政事务部门同意，不得擅自将公务车开回家或作私用，使用完后应停放在公司指定的地点或位置。

（6）车辆外出应于指定位置、停车场或适当位置停放，如因随意停放车辆导致违反交通规则、损坏、失窃等，由驾驶人员赔偿损失。

（7）使用人应爱护车辆，按时保养，随时保持车况良好和卫生清洁。

（8）私事用车（包括经批准的私人用车）而发生事故，全部后果由使用人承担。

4.3　车辆保养、维修规定

（1）车辆进厂维修、保养，应严格按规定的时间及里程，由责任驾驶人提出申请，报行政事务部门审核、总经理批准后方得进行。

（2）车辆应在指定的特约维修厂保养、维修，除合法的发票外，还必须要附有维保费用清单，否则修护费一律不得报销。

（3）车辆驾驶人员必须使用符合国家环保要求的油料及清洁用品，保证尾气排放检验达到国家标准。

（4）车辆于行驶途中发生故障或其他损耗，急需修复或更换零件时可视实际情况需要进行修理，但应与行政管理部门取得联系。

4.4　违规与事故处理

（1）违反交通规则所造成的一切后果也由驾驶人承担。

（2）如在公务中遇不可抗拒车祸发生，应先急救伤患人员，向附近公安机关报案，并立即与公司行政事务部门联系，协助处理。

（3）意外事故造成车辆损坏，扣除保险金额后再视实际情况，由驾驶人或公司负担。

（4）发生交通事故后，以交管局裁定责任为准，如为驾驶员责任，需向受损害当事人赔偿损失，经扣除保险金额后其差额由驾驶员负担。如完全为对方当事人责任，但需做出补偿，由公司负担。

4.5　费用报销

车辆外出办事所产生的停车费、过桥（隧道）费、高速公路费发票等均须由用车部门办事人签字。车辆加油票根据车辆大小的标准，结合当月行驶里程数按月由行政事务部门登记发放。

六、劳保用品管理规定

1. 目的

为加强劳动防护用品各环节的管理，为员工提供符合国家标准或行业标准和国家有关规定的劳动防护用品，建立劳动防护用品管理长效机制，特制定本制度。

2. 适用范围

适用于公司劳保用品的管理。

3. 管理规定

3.1　劳保用品的分类

3.1.1　一般劳动保护用品

工作制服、手套、毛巾、洗衣粉、雨鞋、雨衣、水壶、遮阳伞、电风扇、防寒装备。

3.1.2　特殊劳动保护用品

绝缘鞋、绝缘手套、防护眼镜、耳塞、安全带、防毒面具。

3.2　劳保用品配备原则

（1）凡从事对足部有灼、烫、触电、腐蚀、湿式危害及高温作业等工种，按不同作业条件和需要配给不同类型的防护鞋一双。

（2）凡从事对手部有易烧、烫、腐蚀、磨伤、触电、湿式危害及高温作业等工种，按实际需要配给线手套、橡胶手套、帆布手套、绝缘石棉手套中的一对。

（3）凡从事对眼睛有伤害的工种，配给防辐射镜（平光或有色）一对。

（4）凡从事高空作业的工种，配备必需的高空作业用具，如安全带等。

3.3　劳保用品配备标准

3.3.1　一般劳保用品配备

（1）公司所有操作层职员均配备工作制服两套。

（2）操作层职员每月配发毛巾一条，手套一双（技工）；每2个月配发洗衣粉一袋（1千克装）。

（3）所有秩序维护员配发水壶一个。

（4）秩序维护岗位每岗位配置遮阳伞一把，雨鞋、雨衣、防寒装备各一套。

3.3.2　特殊劳保用品配备

（1）所有技工配发绝缘鞋一双，雨鞋一双。

（2）在有触电可能的设备房配高压绝缘鞋和绝缘手套各两双。

（3）技工工作间配防护眼镜两副，安全带一条。

（4）各设备房、消防值班室配防毒面具不少于两套。

（5）高噪声设备房配耳塞两副。

3.4　劳保用品的购买

由分公司物料管理部门统一采购。

3.5　劳保用品的更换

（1）工作制服按公司《服装管理作业指导书》规定执行。

（2）按岗位配置的一般劳保用品损坏后可更换，但人为故意损坏需赔偿。

（3）特殊劳保用品，使用期限过后需更换。

（4）高空作业用具更换期为24个月。

3.6　劳保用品的使用

（1）职员作业时，必须按要求正确佩戴劳保用品，违规作业者，公司将按有关规定进行处理。

（2）部分复杂的劳保用品，各单位须自行组织职员学习使用方法。

3.7　劳保用品的维护与更新

（1）各单位职员须妥善保管本人的劳保用品，对于在使用期限内已确实损坏的劳保用品，填写《领料单》，到分公司物料管理部门领用。

（2）各单位公用的劳保用品，应指定专人维护及保管，未经本单位经理同意，不得外借。更新流程同上。

七、员工行政奖惩管理办法

1.目的

为规范公司对职员的奖惩行为，建立科学有效的约束和激励机制，确保公司服务品质得到持续改进，经济效益得到不断提高，特制定本办法。

2.适用范围

适用于公司聘用的所有在职职员。

3.职责

（1）职员的直接上级或间接上级均有权对其属下职员提出奖惩的建议。

（2）公司人力资源部是公司奖惩管理的责任部门，负责对各分公司的奖惩实施进行监督和指导，并负责组织对总部职能（事业）部门职员的奖惩建议进行审议，执行已批准的奖惩决定。

（3）分公司人事管理部门是分公司奖惩管理的责任部门，负责组织对分公司职能部门及物业管理处职员的奖惩建议进行审议，并执行已批准的奖惩决定。

（4）公司总经理批准总经理特别奖及总部职员的奖惩；分公司总经理批准分公司职员奖惩。

4.管理规定

4.1　原则及依据

（1）精神激励与物质激励相结合。

（2）正激为主，负激为辅。

（3）对职员实施奖惩必须事实清楚、证据确凿、定性准确、处理恰当，并以下列文件为准绳。

① 国家及地方相关的劳动及人事方面的法律法规。

② 公司的品质督导细则。

③《员工手册》。

4.2　奖励类别

（1）总经理特别奖。授予年度绩效评估为A等的公司中层以上管理职员（但不限于）；每年评选1次。

（2）最佳服务之星。授予年度绩效评估为A等的中层以下职员；每年评选1次。

（3）特别事项奖。有以下情形之一者，可授予相应的荣誉并给予适当的奖励。

① 职员见义勇为或在维护公司利益方面事迹突出者。

② 职员在提升公司的管理、品质、技术、服务、降低成本等方面事迹突出者。

③ 参加公司组织的各类技能竞赛，包括秩序维护、消防、保洁、园艺、工程、客户服务等项目，成绩优异者。

（4）奖励可采用授予荣誉称号、颁发荣誉证书、召开表彰大会、通报表扬、发放奖金、外出考察或旅游等多种形式进行。

4.3　处分类别

（1）通报批评：有下列行为之一的职员可给予通报批评。

① 多次上班迟到、早退，或不按规定时间值班。

② 上班（或值班）时间睡觉、离岗、串岗、闲逛。

③ 上班（或值班）时间聊天、看小说、听音乐、吃东西或做其他与工作无关的事情。

④ 上班（或值班）时间仪容不整、不按规定穿着制服或佩戴工卡。

⑤ 上、下班不打卡，或外出没有留言记录。

⑥ 长时间接听私人电话。

⑦ 随地吐痰、乱丢烟头、纸屑等。

⑧ 委托他人或代他人打卡。

⑨ 工作散漫，粗心大意。

⑩ 其他轻度违规行为。

（2）三级处分：有下列行为之一的职员可给予三级处分。

① 上班（或值班）时间未经上级批准处理私人事务。

② 拒绝接受直接上级或间接上级（含相关职能部门）的检查，或在检查时通风报信。讲粗言秽语或在对讲机中大声喧哗和唱歌。

③ 对客户不礼貌，导致客户投诉。

④ 拒不服从上级领导的指令。

⑤ 搬弄是非、诽谤他人、影响团结、影响声誉。

⑥ 受到过通报批评，仍有轻度违规行为，以及其他文件规定应给予三级处分的行为。

受到三级处分的职员将被扣除其当月绩效工资的20%。

（3）二级处分：有下列行为之一的职员将给予二级处分。

① 蓄意破坏或损耗公物或客户的物品。

② 非紧急情况下，未经客户同意擅自进入客户家中或私人空间。

③ 未经批准擅自对外传播公司文件或资料。

④ 未经批准擅自配置公司或客户的钥匙。

⑤ 擅自涂改、伪造单据、证明、质量记录等。

⑥ 欺上瞒下、包庇亲信、打击报复。

⑦ 违反操作规程，造成公司或客户轻度损失。

⑧ 私自从事与公司经营范围相同的业务。

⑨ 参与打架斗殴。

⑩ 拒不服从正常的工作安排，经劝阻无效的。

⑪ 连续旷工3天及以上。

⑫ 经常轻度违规，屡教不改。

⑬ 受到过三级处分，仍有轻度的违规行为，以及其他文件规定的应给予二级处分的行为。

受到二级处分的职员将被扣除其当月绩效工资的50%。

（4）一级处分：有下列行为之一的职员，一经发现可给予一级处分。

① 贪污或挪用公款、收钱不给票。

② 行贿、受贿。

③ 盗窃或恶意破坏公司或客户的财物。

④ 侮辱谩骂客户，与客户吵架。

⑤ 向客户索取小费或物品。

⑥ 利用职权从事中介活动以牟取私利。

⑦ 利用职权徇私舞弊，牟取私利，假公济私。

⑧ 采用威胁、恐吓客户或同事等不正当手段，恶意扰乱正常的工作秩序。

⑨ 怂恿、唆使或组织他人闹事、攻击同事，故意扰乱正常的工作秩序。

⑩ 玩忽职守、违反规程，导致公司或客户遭受严重损失。

⑪ 其他违反法律法规的行为。

⑫ 私设小金库。

⑬ 受到过二级处分，仍有较为严重的违规行为，以及其他体系文件规定的应该给予

一级处分的行为。

受到一级处分的职员将被扣除其当月绩效工资的100%。

（5）在给予一级、二级、三级处分的同时，可视情况给予当事人降级、降职、撤销行政职务、留职察看、解除劳动合同等形式的处分。

4.4 奖惩管理

（1）职员的奖励由人力资源部记录在当事职员个人档案之中，并在全公司范围内予以公布。

（2）职员奖励以表彰大会的形式颁发，或由人力资源部直接将奖金及奖励证书送达当事职员本人。

（3）职员的处分由人力资源部记录在当事职员个人档案之中，当事职员所在部门（管理处）必须将处分通知书送达当事职员本人，并说明具体的事由和需改进之处。

（4）处分通知书为一式两联，经当事职员签字后，一联由人事部门存档；另一联交当事职员。对管理处职员的处分，在本管理处公布；对职能部门职员的处分，在公司办公区域内公布。

（5）凡受到公司三级及以上处分的职员，不得参加该年度总经理特别奖及服务之星的评选。

（6）凡受到撤销行政职务、留职察看处分的职员，从被处分之日起一年内不得在公司内再担任行政领导职务。

（7）如职员的违规行为属于其直接上级监管不严而造成的，则其直接上级也应视情况受相应处分。

（8）如因职员失职给公司造成损失，除按本条例给予相应的处分之外，当事职员还必须赔偿相应的经济损失。

（9）对于弄虚作假、骗取奖励的职员或部门，公司将按照情节轻重对当事人给予相应的处分。

（10）对于滥用职权，利用处分对职员进行打击报复或者对应受处分的职员进行包庇的人员，公司将从严予以处罚。

八、档案管理制度

1. 目的

为加强公司文书档案管理，确保公司各种原始资料保存完好，查找及时，保密安全，特制定本制度。

2. 适用范围

适用于全公司各类文书档案的管理。

3. 职责

（1）公司各级部门及职员均有收集本职能职责相关资料的义务和报送归档的责任。

（2）公司各类文书档案集中由公司行政事务部保存，分公司各类文书档案由分公司行政管理部门保存。

（3）公司或分公司劳动人事档案由相应人力资源管理部门管理，财务档案由相应财务管理部门管理，其他文件由相应行政事务管理部门管理。

（4）各下属管理处档案管理工作由管理处行政部或文员负责管理。

4.档案管理规程

4.1 档案的归档和分类

（1）各部门每月30日前，将本部门需要归档的材料整理后，提交行政事务部门档案管理员，经档案管理员检查、核对、归档后，填写《资料归档登记表》，双方签字确认。

（2）档案管理员根据档案的性质、内容，整理立卷归档，并对档案进行分类编号，填写《档案登记卡》。

（3）公司文件和档案的密级度分为A、B、C、D四级。

4.2 档案的存档

（1）存档时，应按档案的分类编号，将档案放置在相应的位置。做好档案索引，以便于查找，保证随查随得。

（2）需送交档案管理员的资料，保证当天及时送到并归档，以免散失和积压。

（3）卷内文件包括正文和底稿、文件和附件、请示和批复，页号一律在右下角，案卷目录打印四份，卷内目录打印五份。

（4）案卷的厚度一般为1.5～2厘米，装订前要拆除金属物，做好文件材料的检查，对破损或褪色的材料要进行修补和复制；装订部位过窄或有字迹的材料要加纸衬边；纸面过大的书写材料要按卷宗大小折叠整齐；字迹难以认清的材料要附上抄件；卷宗标题要标明作者、问题或名称，文字要简练、确切，字迹要端正。

（5）根据卷内文件的联系，进行系统排列、编号、抄写案卷题目和封面、确定保管期限、装订案卷、排列案卷和编制案卷目录等。目录包括封面、全卷说明、案卷目录和卷内目录。

（6）案卷按年代、部门排列，永久案卷与长、短期案卷分开保存。

4.3 档案的整理和保管

（1）严格执行档案清理和整理制度，实行周整理、季度大整理和年度大清理，防止借阅出去的档案遗失、档案立卷不全和无效档案大量积压。

（2）档案室的门窗要坚固，做好防盗、防水、防潮、防尘、防鼠、防强光和防高温。

（3）每季度对档案材料的数量和保管情况进行一次检查，发现问题及时补救，确保档案的安全。

（4）档案室是公司的重要工作场所，任何无关人员不得入内。

（5）档案室的一切设施设备任何人未经许可不得随意使用及翻动。

4.4 档案的借阅

（1）职员借阅本人阅读权限内的文件，须经文件管理人核实登记，借阅期不可超过3天；职员如借阅非本人阅读权限内的文件，须向该文件批准人提出申请，批准后由文件管理人核实登记，借阅期不可超过1天。

（2）职员借阅文件期间，不得私自将文件带出工作场所，不允许有逾期不还或遗失的情况发生。

4.5　档案的销毁

（1）档案达到规定的保存期限后，对于失效的、没有保存价值的档案要进行销毁。

（2）档案销毁前要认真鉴定，由档案员负责清理达到保存期限的档案，经档案存入部门的负责人同意后，并经相应的行政事务部门审批后方可销毁。同时要登记造册，填写《档案销毁记录表》，再予以销毁。

（3）C级或以上密级档案销毁时，必须派专人监销，防止失密，严禁将档案作为废品直接处理。

4.6　档案的管理

4.6.1　劳动人事档案的管理

（1）公司配备专门的劳动人事档案柜，可上锁保管，由人力资源部门直接进行管理。

（2）职员劳动人事档案调入公司后，人力资源部负责对其登记编号，并将档案放置在相应的档案柜内，上锁保管。

（3）职员劳动人事档案的借阅应严格控制，一般情况下不得借阅和复印。公司总经理（书记）、人力资源部经理、授权的人力资源主管，可根据需要查阅职员劳动人事档案，其他职员不得查阅。有特殊情况需查阅时，必须有人力资源部经理或授权的人力资源主管在场监督。

（4）公司劳动人事档案的销毁按照有关规定执行。

4.6.2　财务档案的管理

（1）公司、分公司的财务档案由公司及分公司财务部门直接进行管理，配备专门的档案柜，上锁保管。

（2）财务档案应严格按照《会计基础工作规范化》的要求进行管理。

（3）财务档案除上级财务、审计部门、有关执法部门外，一般不得借阅，非财务人员也不得查阅，有特殊情况需查阅时，必须有财务稽核部经理或授权的财务人员同意，并由财务人员代为查阅。

4.6.3　管理处档案的管理

（1）管理处的档案由管理处文员负责统一负责，分类管理；档案管理员根据档案的性质、内容，对档案进行分类编号，填写《资料归档登记表》及《档案登记卡》，并按档案分类编号，将档案放置在相应的位置。

（2）管理处主管级职员可根据工作需要，随时借阅档案，但不得将档案资料用作与工作无关的其他用途；其他级职员，需借阅档案必须征得相应主管的同意。职员借阅档案资料，必须填写《档案借阅登记表》，并限期（时）归还。

（3）管理处档案的销毁：由管理处文员负责清理达到保存期限的档案，经管理处负责人同意后，填写《档案销毁记录表》，并予以销毁。

九、提案管理办法

1. 目的

为培育全员参与的管理氛围，树立和强化职员改进意识，提高效率，降低成本，持续改进，特制定本办法。

2.适用范围

适用于公司全体职员。

3.职责

（1）总经理负责在全公司范围内营造全员参与管理，踊跃提供合理化建议的氛围，并对改进提案的采用和奖励方案进行最终审批。

（2）企业发展研究室负责改进提案的初审、受理、发布和奖励。

（3）提案评审委员会负责对改进提案进行评审，确定提案是否采用，制定奖励方案，并定期进行优秀提案评选。

（4）提案评审委员会由公司管理者代表、发展研究室主任、品质管理部经理组成，必要时可邀请相关部门或提案人列席。提案评审委员会成员在对本人的提案进行评审时应予以回避。

（5）相关部门负责经采纳的改进提案的实施和跟踪验证。

4.管理规定

4.1　提案涉及的范围

（1）涉及公司中、长期发展战略、短期发展规划或投资项目策划的事项。

（2）涉及管理体系文件及工作流程改进的事项。

（3）涉及服务项目、服务手段、服务品质、工作效率改进的事项。

（4）涉及环境保护、职员健康安全改进的事项。

（5）涉及设备、机具、材料等技术改进的事项。

（6）涉及物料节省、废料利用及其他降低成本的事项。

（7）其他有利于公司发展的提案。

4.2　提案的内容

提案应着眼于过程的有效性和效率，因此改进提案应至少包括以下内容。

（1）测量和分析现状，找出薄弱环节和影响效率的关键问题点。

（2）确定改进目标，即改进的预期效果。

（3）解决问题的方案或对策。

4.3　提案的递交及初审

（1）提案人填写《改进提案表》，注明提案主题，并需清楚记载现状、主要问题调查、原因分析、对策计划、改进措施以及预期效果等。提案人认为有必要反映的其他事项也可以在《改进提案表》中注明，如有附件也可一并附上。

（2）提案人可通过当面递送、电子邮件或公司意见箱（设于公司总部）等方式，将填写完整的《改进提案表》送交企业发展研究室。

（3）企业发展研究室负责对职员递交的《改进提案表》进行初审，并决定是否受理。下列情况属于不受理范围。

① 无具体的内容或只有单纯的抱怨。

② 公知的事实及正在改善者。

③ 已被采用过或以前有过的提案。

④ 业务上被指令改善者或已由上级指示他人进行而提出者。

⑤ 非建设性的批评或夸大、歪曲事实者。

⑥ 对于个人及私生活的攻击。

（4）对于初审通过的提案，企业发展研究室负责填写《改进提案受理登记表》，并对其进行编号。

4.4　提案的评审

（1）改进提案的评审由企业发展研究室负责召集，每月进行一次，通常于月底进行。每次评审改进提案时，由企业发展研究室负责对提案进行说明并做好评审记录。必要时，可邀请提案人及其上级列席说明。

（2）提案评审委员会根据下列标准对改进提案予以打分，并根据公司现有的实际状况及能力，确定提案是否被采用。根据评审结果，改进提案被裁定为“采用”“不采用”和“保留”三种。

项目	分值/分	评分标准
现状描述	5	A：收集了与主题相关的各种证实性资料，并准确地对现状加以定性和定量的描述，数据翔实（5分） B：收集了一些相关资料，并对现状加以详细地描述，数据可靠（3分） C：没有证实性资料，只是简单地描述了问题现状（1分）
分析技巧	9	A：按照PDCA［计划（plan）、执行（do）、检查（check）、调整（action）］循环的步骤，准确地运用统计方法加以分析，系统和专业地找出问题的原因（9分） B：使用了简单的统计方法，对原因进行了较深入的分析（6分） C：没有使用统计方法，对原因分析不够透彻（3分）
改进方案	12	A：考虑了各种可能的解决方案，并经过评估后提出了最佳方案。方案责任明确、操作责任明确，操作简单（12分） B：提出了一种以上的解决方案，方案切实可行（8分） C：只提出了一种解决方案，方案责任不明确或操作程序较复杂（4分）
预期目标	6	A：提出了明确的定性及定量目标，且目标易于测量和实现（6分） B：提出了定性及定量的目标，但测量困难或烦琐（4分） C：只对预期目标进行了简单的定性描述（2分）
影响力和社会效益	12	A：对公司的发展将产生深远的影响或取得显著的社会效益（12分） B：对公司的发展将有较大的影响或取得良好的社会效益（8分） C：对公司的发展有一定的促进作用或取得一定的社会效益（4分） D：无法对公司的发展产生影响或取得的社会效益微弱（0分）
管理效果评估	28	A：对公司管理系统有显著的提高（28分） B：对公司管理系统有一定的改善或对工作流程有明显的改进（21分） C：对工作流程有一定的改进或对局部工作点有明显的改进（14分） D：对局部工作点有一定的改进（7分） E：对管理没有改进作用（0分）
经济效益预测	28	A：预计将取得10万元以上的直接经济效益（28分） B：预计将取得5万～10万元的直接经济效益（21分） C：预计将取得1万～5万元的直接经济效益（14分） D：预计将取得1万元以下的直接经济效益（7分） E：无法取得直接经济效益（0分）

（3）评审会议结束后，企业发展研究室负责将当月提案的评审结果及奖励方案及时在局域网上予以公布。对于不被采用和保留的提案，应注明具体原因。

（4）对于被采用或被保留的提案，由企业发展研究室妥善保存。

4.5　提案的实施及验证

（1）对于被采用的改进提案，提案评审委员会应当在评审会上确定其实施部门、实施时间、验证部门及验证措施等，企业发展研究室负责填写《改进提案评审实施表》并知会相关责任部门落实。

（2）成功的改进提案经验证后，需将其措施文件化，纳入公司管理体系标准化范畴。必要时，对改进提案的实施结果进行评审，以确定进一步改进的机会。

4.6　提案的奖励

（1）同一内容的提案，以先提者为准；如同日提出则视同联名提案处理，联名提案仍以一案为奖。

（2）凡改进提案被决定保留者，累积保留件数3件，发给提案鼓励金100元。

（3）企业发展研究室每月将对被受理的改进提案进行统计，对当月提案数量最多者（不管是否采用），将给予100元的提案鼓励金。

（4）被确定正式采用的改进提案，按下列标准发给提案鼓励金。

级别/级	分数/分	奖金/元	级别/级	分数/分	奖金/元
1	15～19	20	6	55～64	800
2	20～24	50	7	65～74	1500
3	25～34	100	8	75～84	2500
4	35～44	200	9	85～94	3500
5	45～54	400	10	95～100	5000

（5）被采用的改进提案，如收到预期效果，将由提案评审委员会评定和验证后，另外给予奖励。

（6）每年年底，由提案评审委员会对当年所有已采用的改进提案进行评选，评出该年度“最佳提案奖”。“最佳提案奖”分为一等奖、二等奖、三等奖各1名，若无重大成果此奖项可空缺。其中一等奖奖金1000元、二等奖奖金800元、三等奖奖金500元。

（7）改进提案如获得国家专利或政府科技进步、管理创新等奖项，其权益属于公司。公司另外按其经济价值予以特别奖励。

第五节　物业公司风险防范制度

在物业管理活动中，风险是客观存在和不可避免的，在一定条件下还带有某些规律性。虽然不可能完全消除风险，但可以通过努力把风险缩减到最小程度。这就要求物业管理企业主动认识风险，积极管理风险，有效地控制和防范风险，以保证物业管理活动和人们生活正常进行。

一、物业公司经营管理风险控制程序

1.目的

为了提高公司的经营管理水平，对公司经营、服务全过程中的各类风险进行识别、控制，以减少或避免因管理不善而发生的各种损失，特制定本程序。

2.适用范围

适用于公司各部门、分公司。

3.职责

（1）品质部为风险防控的归口管理部门。

（2）各部门、分公司负责对各自工作流程中的风险进行识别、防范和控制。

4.程序

4.1　风险的分类

（1）劳动劳务风险。

（2）技术风险和操作风险。

（3）财务风险。

（4）管理风险。

（5）法律风险。

（6）其他风险。

4.2　风险的识别

4.2.1　劳动劳务风险

因违反国家劳动、劳务相关法律法规产生的人力资源管理等方面的纠纷。主要涉及员工劳动合同的签订、员工社保和团体意外伤害保险的办理、员工岗前岗位安全及业务知识培训等风险。

4.2.2　技术风险和操作风险

因违反行业规范、标准或公司规章制度及作业规程而产生的服务、安全等重大质量问题。主要涉及员工的岗位作业培训、现场安全管理，共有设备设施运行、维护管理，共有部位的消防安防管理等风险。

4.2.3　财务风险

因违反财务管理规定而产生的风险。主要涉及物业管理行业费用收缴风险，替公用事业费用代收代缴存在的风险、财务管理及资金安全管理风险。

4.2.4　管理风险

因决策失误或管理不善而造成的资产、财产类损失，或发生安全责任事故和重大投诉等事件。主要涉及物业违规装饰装修带来的风险，物业使用带来的风险，管理项目外包存在的风险，物业管理员工服务存在的风险，公共媒体在宣传报道中的舆论风险。

4.2.5　法律风险

因法律概念不清导致的风险。主要是指在公共安全、人身财产的保险和财产保管方面。有的业主因对物业管理安全防范主体的责任认识不清，误将本应由公安机关或业主自身承担的安全防范责任强加给物业管理公司，导致物业管理公司与业主纠纷增加，从而承担为此而产生的额外责任。

4.2.6　其他风险

因重要指标偏离年度预算计划，如成本费用超出计划、收入利润下降等原因产生的风险；对业主或者第三人在物业管理区域内所遭受的财产损失和人身伤害所承担的风险。

4.3　风险的防范

4.3.1　劳动劳务风险的防范措施

（1）按照国家《劳动法》规定的必备条款完善员工劳动合同内容，并于用工之日起1个月内订立书面劳动合同。

（2）按照国家法律规定按时给员工办理社保并缴纳保险费用。

（3）对入职员工做好入职培训和安全教育培训，向员工详细讲解公司各项规章制度，并由员工签字确认后存入个人档案，以便在后期发生违规事件或劳动争议后进行妥善处理。

（4）员工到达工作岗位后部门应做好岗前业务知识培训，并安排入职引导人进行一对一培训。

4.3.2　技术风险和操作风险的防范措施

（1）特种设备、特殊作业人员应持国家认可的上岗证方可作业。

（2）部门应对作业人员进行各项操作流程、规章制度培训，考核合格后方可上岗。

（3）按照作业文件按时做好共用设备设施的日常运行、监视、维修、保养，同时做好书面和现场施工记录，并对特种设备、压力容器按照国家规定做好校验、监测。

4.3.3　财务风险的防范措施

（1）加强员工服务意识培训，妥善处理好与业主的关系。

（2）妥善处理好与市政公用事业单位及专业公司的管理。

（3）提高财务人员及收费人员工作的积极性和主动性，做好日常资金的管理。

4.3.4　管理风险的防范措施

（1）加强装饰装修管理法规知识的宣传，监管业主装修的整个过程。

（2）对于使用中容易发生损害的设施设备的区域，应建有相应的监控设备，对现场进行监控和录像，定期存储。

（3）通过业主规约、宣传栏等形式向业主宣传物业管理的有关政策、法规，帮助业主树立正确的物业管理责任意识。

（4）加强员工培训，建设一支尽职尽责、服务优良的员工队伍。

（5）在劳动合同中，应明确员工对违反规章制度的行为要承担相应责任，从而加强员工的责任感。

4.3.5　法律风险的防范措施

（1）在管理区域内通过宣传栏等多种形式，向广大业主进行物业管理法律法规知识培训，加强业主对物业管理安全防范主体责任的认识。

（2）合同签订时，应注意合同生效要件、条款是否违法，权利义务约定是否明确，是否最大限度保障我方的利益，应由各业务部门对所签合同的履行情况定期进行检查，对发现有违约风险的应及时反馈品质部进行处理或通过诉讼途径及时解决，以免延误诉讼时效，导致合法权利的丧失。

4.3.6 其他风险的防范措施

（1）购买相关的商业保险，以分担公司的经营风险，或聘请企业的法律顾问，对企业运作中的种种法律问题及时解决。

（2）做好现场的管理，同时提高员工积极面对突发事件和损害的问题，做好应对措施。

公司各部门、分公司根据本部门在物业服务全过程中所承接的职能、职责，对其中各环节逐项分析可能遭遇的风险，找出各种潜在的风险点，并提出防控措施。各部门应不断完善控制和防范本部门各类风险的质量体系文件。

4.4 事故的处置

（1）品质部应结合各项检查工作，每月对各部门风险管理情况进行监督、检查，记录并纳入月检报告，对发现的问题及时沟通、汇报，督促相关部门和责任人进行纠偏，降低风险，减少和避免各类损失的发生。

（2）发生以下风险事故按4.5的规定进行处罚。

① 预计发生的风险可能会造成20万元以上损失的（但还未实际造成损失的）：

a.合同违规、违约；

b.工作自检中发现产品或服务问题；

c.发现重大安全隐患；

d.发生劳动劳务纠纷；

e.可能会逾期还贷；

f.因资金问题不能正常支付；

g.各部门“风险防控汇总表”所列其他风险等。

② 发生损失或严重违反有关规定的：

a.出现赔偿，承担违约责任的；

b.资产、财产等出现管理原因损坏、损失的；

c.劳动纠纷赔偿；

d.安全事故责任（财产等出现被盗、被抢，生产事故、交通事故、消防事故、大型群体性活动安全责任事故等）；

e.逾期还贷造成罚息；

f.管理不负责任造成损失的；

g.出现重大投诉及群体事件；

h.对地产公司、物业公司的名誉等造成损失；

i.违反法律法规及公司相关管理规定；

j.其他违反法律、法规、公司管理规定的事件。

4.5 处罚规定

（1）各部门出现风险事故，发生损失时，应及时向分管领导和品质部报告，同时采取有效措施化解风险。如未能采取有效措施减少损失或未及时报备，在检查中发现一项，扣除部门负责人当月绩效考核分20分，在本部门年度计划任务书考核时扣除5分，可累计计算。

（2）已造成损失的部门，按以下办法处罚。

① 损失金额在2万元（含2万元）以上，5万元以内，扣部门负责人当月绩效考核分20分，扣除部门年度考核分5分。

② 损失金额在5万元（含5万元）以上，10万元以内，扣部门负责人当月绩效考核分50分，扣除部门年度考核分10分。

③ 损失金额在10万元（含10万元）以上，20万元以内，或发生1～2人责任重伤，扣部门负责人3个月绩效考核分，扣除部门年度考核分50分；对于给公司造成30万元（含30万元）以上损失，或出现其他严重违反法律法规及公司相关规定的，除扣除部门当年年度计划任务书考核分数外，视具体情况，对相关责任人做出相应处罚，对相关责任人的处罚由公司总经理办公会议讨论决定后，即可责令责任人赔偿相应损失，给予免职、解除劳动合同等处理，必要时将追究责任人的法律责任。

（3）必要时，对在各项检查中发现的，或各部门预计会发生的，或已经发生的风险类型、严重程度、处理方案不确定时，公司可组成临时风险评价小组，共同对发现的风险进行讨论、评价和确认，临时风险评价小组成员为风险发现部门分管领导、部门负责人、相关责任人和品质部，必要时包括公司总经理。

二、物业管理风险识别及管理控制指引

1. 目的

物业管理服务涉及的空间范围和时间范围非常广泛而长远，同时与千千万万的业主、非业主使用人及客户的各个方面息息相关，决定了物业管理服务风险无时不在、无处不存。随着公司管理规模的不断扩大及物业管理工作的不断深入，物业管理中各类风险不断涌现，给公司造成损失的同时，严重影响了公司战略任务的实现。为了培育公司内部动力，完善内部物业风险管理机制，提高风险应对能力，以最少的成本获得最大的安全保障，把管理服务中“不确定”的“大”损失，转化为“可确定”的“小”损失，品质管理中心对公司物业管理中风险进行了全面识别，并编制了《公司物业管理风险识别及管理控制指引》供各级管理人员应用。

2. 定义

2.1　风险

风险是指在特定的客观条件下，在特定的期间内，在物业管理过程中，由于公司内部或外部的多种不确定因素而造成的物业财产、人身伤害等无法弥补损失的可能性。根据公司物业管理现状，将公司物业管理风险分为项目运作风险、治安风险、车辆管理风险、消防管理风险、设备风险、公共环境风险、内部管理风险、收费风险和自然灾害。物业管理具有客观性和普遍性、偶然性和不确定性、可测性和可变性等特点。

2.2　风险识别

风险识别就是找出公司物业管理过程中潜在的每一个风险因素和表象，以便对风险做出准确性应对策略。

2.3 风险防范

风险防范是指在对公司物业管理中的风险进行全面识别之后，根据公司物业管理总目标和潜在风险的特点及其潜在影响等，制定和采取风险预控措施，控制或减少物业管理风险的发生和造成的损失。

2.4 管理导入

根据公司的实际情况和行业形势，将物业管理中的风险管理纳入各项目物业管理范畴，通过风险识别、风险防范、风险处置和实施与监控这几个环节，连续、反复不断地循环，以规避和防范物业管理风险的发生。

2.5 管理目标

以最低的人力、财力、时间等成本，控制物业管理过程中的各种风险或降低损失，使物业获得最佳的安全保障和保值增值的能力，使公司具有更强的竞争力，提供更令顾客满意的物业管理服务。

2.6 文件使用

作为住宅管理事业部、各子公司物业风险管理的纲领性文件，住宅管理事业部、各子公司应根据本文件的要求进行各项目物业管理风险识别，并制定相应的预控和处置措施，逐步导入物业风险管理。

3.风险识别

3.1 风险识别作用

利用物业管理风险的可预测性特点，识别出物业管理的过程中各环节的风险，通过对风险的分析，实施全面的监控，并采取相应预控措施来防范风险，进而使风险造成的损失降到最低。

3.2 风险识别根据

物业管理的过程记录资料和行业物业管理风险案例。

3.3 风险识别更新

公司物业管理识别更新采用定期更新和不定期更新两种方式，每年初公司品管中心进行集中更新一次，同时根据需要，住宅管理事业部、各子公司应进行适时更新。

3.4 公司物业管理风险具体识别

序号	风险名称	表现范围	表现形式	生命周期	发生概率	可能损失
1	项目运作风险	项目在运作阶段，由于物业本身具有的瑕疵或发展商与业主的矛盾、业主委员会等因素造成损失的风险	新建物业无合法报建手续，违章建筑，接管后造成“违法管理”	前期物业服务期	小	罚款、曝光
			发展商与业主的矛盾，造成公司腹背夹击	前期物业服务期	大	管理被动、物业管理费不能按时收取
			业主委员会成立后解除合同	后期物业服务期	中	物业管理权丧失
			业主大会或业主委员会滥用职权	后期物业服务期	中	管理被动

续表

序号	风险名称	表现范围	表现形式	生命周期	发生概率	可能损失
1	项目运作风险	项目在运作阶段，由于物业本身具有的瑕疵或发展商与业主的矛盾、业主委员会等因素造成损失的风险	业主大会或业主委员会未按法定程序成立	后期物业服务期	小	服务合同无效，管理权丧失，管理被动
			非业主滥用业主权	后期物业服务期	中	管理被动
2	治安风险	由于外界第三人的过错和违法行为，给物业管理服务范围内的业主或非业主使用人造成人身损害、丧失生命和财产损失等风险，即导致了物业管理服务的风险	入室盗窃	物业管理全程	大	赔偿、曝光
			入室抢夺、抢劫	物业管理全程	大	赔偿、曝光
			入室故意伤害	物业管理全程	大	人员伤亡，赔偿、曝光
			入室故意杀人	物业管理全程	大	赔偿、曝光
			公共区域盗窃	物业管理全程	大	赔偿、曝光
			公共区域抢夺、抢劫	物业管理全程	大	赔偿、曝光
			公共区域故意伤害	物业管理全程	大	赔偿、曝光
			公共区域故意杀人	物业管理全程	大	赔偿、曝光
3	车辆管理风险	在物业停车场经营车辆停放服务过程中，车辆发生车身受损、丢失等损坏	车内物品被盗	物业管理全程	中	赔偿
			车身受损，包括剐擦、坠物砸车	物业管理全程	大	赔偿
			车辆丢失	物业管理全程	中	赔偿
			物业内交通事故	物业管理全程	小	赔偿
4	消防管理风险	因发生火灾造成业主的公共利益受损	电器线路引发火灾	物业管理全程	大	处罚、曝光、刑事拘役
			明火引发火灾	物业管理全程	大	处罚、曝光、刑事拘役
			爆炸	物业管理全程	小	人员伤亡、赔偿
			室内浸水	物业管理全程	大	物品损坏、赔偿
			机房进水	物业管理全程	小	设备烧损

续表

序号	风险名称	表现范围	表现形式	生命周期	发生概率	可能损失
5	设备风险	物业、公共设施和设备的多样性及分布的分散性特点，随之而来产生了风险的频繁发生。物业本身主要包括房屋本体公共部位及属于物业管理服务范围的房屋建筑物的附着物、坠落物和悬挂物；公共设施和设备包括供水、供电、安全报警系统、排水和排污系统、配套的娱乐活动设施等	触电伤人	物业管理全程	中	赔偿
			房屋附着物垮塌	物业管理全程	小	人员伤亡，物品损坏，赔偿
			爆管	物业管理全程	中	业主拒交物业管理费，水资源流失
			二次供水设备损坏	物业管理全程	小	业主拒交物业管理费
			水箱污染	物业管理全程	小	人员伤亡、赔偿、曝光
			突然超负荷、短路或停送电造成电气设备设施损毁	物业管理全程	小	赔偿
			电梯困人	物业管理全程	大	业主矛盾
			设备检修、保养伤人	物业管理全程	中	人员伤亡，赔偿
			公共设施设备、娱乐设备设施伤人	物业管理全程	大	人员伤亡，赔偿
			单元门口机对讲设备故障导致业主不能进单元门	物业管理全程	中	业主矛盾
			背景音乐室外音箱遭到损坏	物业管理全程	小	设备损坏
			化粪池爆炸	物业管理全程	小	设施损坏，人员伤亡，赔偿
6	公共环境风险	物业管理单位依据法律规定和合同约定从事物业管理服务，物业管理服务的范围通常是物业的红线范围内，物业管理单位的义务是依据合同，对小区和大厦内的公共区域及场地进行管理与维护服务，维护正常的使用和功能	儿童落入水中	物业管理全程	中	人员伤亡，赔偿
			儿童戏水触电	物业管理全程	中	人员伤亡，赔偿
			游泳池内物体伤人	游泳池开放过程	中	人员伤亡，赔偿
			植物伤人（刺人或果实掉落砸人等）	物业管理全程	中	人员伤亡，赔偿
			跌落、滑倒	物业管理全程	大	人员伤亡，赔偿
			业主宠物伤人	物业管理全程	中	人员伤亡，赔偿

续表

序号	风险名称	表现范围	表现形式	生命周期	发生概率	可能损失
7	内部管理风险	由于内部管理及劳资纠纷、不安全生产及违规操作造成的风险	员工损公肥私、贪污盗窃或监守自盗	物业管理全程	大	资金损失
			“猎头”挖人		大	主要管理人员流失
			员工消极怠工，激烈冲突，集体离职		小	服务工作无法开展
			高空作业不安全生产		小	人员伤亡，赔偿
			电器设备违规操作		小	人员伤亡，赔偿
8	收费风险	由于公司收费方面出现的风险	业主长时间拖欠费用	物业管理全程	大	服务工作不能正常开展
			业主集体拒交费用		小	服务工作不能正常开展
			物业管理费标准不统一		大	业主拒交物业管理费
			水电费的拖欠		小	停电、停水
9	自然灾害	因狂风、暴雨、恐怖行径及疾病流行等造成的危机	雷击	物业管理全程	大	人员伤亡，赔偿
			暴雨		大	设备机房、停车场进水，造成设备损伤
			大风		大	物品坠落、人员伤亡
			恐怖行径		小	人员伤亡
			流行性疾病		大	人员伤亡

4. 风险防范

4.1 风险防范作用

在物业管理风险发生前，采取各种预控手段，力求消除或减少风险。

4.2 风险防范措施

风险规避、风险转移、风险自留。

4.3 公司风险防范的具体措施

序号	风险名称	表现形式	风险预控	措施
1	项目运作风险	新建物业无合法报建手续，违章建筑，接管后造成“违法管理”	风险转移	物业接管验收时严格把关，并在《前期物业服务合同》中增加相应条款，实现非保险型风险转移
		发展商与业主的矛盾，造成公司腹背夹击	风险自留	做好与发展商和业主的沟通工作
		业主委员会成立后解除合同	风险自留	准确引导业主委员会成立，形成管理服务有利面
		业主大会或业主委员会滥用职权	风险自留	建立业主委员会沟通和监测管理规程，通过沟通正确引导业主委员会的行为
		业主大会或业主委员会未按法定程序成立	风险自留	准确引导业主委员会的成立，注意监测非业主委员会委员业主的动态
		非业主滥用业主权利	风险自留	积极与业主委员会、业主进行沟通，并在物业服务手册和协议中明确业主的权利和义务，加强宣传
2	治安风险	入室盗窃	风险自留	封闭式物业对外来人员实行进入登记，经业主或非业主使用人同意后入内，巡逻人员加强巡逻，注意外来人员动向。非封闭式物业加强巡逻。监控消防中心严格监督外来人员动向和接警处理。监控报警设备正常使用，如出现故障短时间内不能修复，应采取相应的管理措施，并建立应急预案
		入室抢夺、抢劫		
		入室故意伤害		
		入室故意杀人		
		公共区域盗窃		
		公共区域抢夺、抢劫		
		公共区域故意伤害		
		公共区域故意杀人		
3	车辆管理风险	车内物品被盗	风险转移	（1）购买停车票时附带购买停车保险 （2）签订车位使用协议，明确车场管理内容 （3）在车场明显位置注明停车须知，明确车场管理内容及车主应遵守的规定 （4）加强车辆进出管理和巡视 （5）取得车场合法经营权
		车辆灭失		
		车身受损，包括剐蹭		
		物业内交通事故	风险自留	（1）设置车辆行驶标识和限速标识 （2）加强车辆行驶疏导

续表

序号	风险名称	表现形式	风险预控	措施
4	消防管理风险	电器线路引发火灾	风险转移与自留	（1）物业接管中明确要求消防已经过验收，并合格 （2）在消防维保合同中明确管理责任 （3）在治安消防安全责任书中明确业主管理责任 （4）加强消防设施设备的日检、周检、月检、季检、年检，做好记录 （5）建立预案，加强人员培训和演练
		明火引发火灾		
		爆炸	风险自留	封闭式物业对外来人员实行进入登记，经业主或非业主使用人同意后入内，巡逻人员加强巡逻，注意外来人员动向。非封闭式物业加强巡逻。监控消防中心严格监督外来人员动向和接警处理。监控报警设备正常使用，如出现故障短时间内不能修复，应采取相应的管理措施
		室内浸水	风险自留	（1）加强装修监管，禁止破坏防水层 （2）在装饰装修管理服务协议中明确责任 （3）建立预案和备用物资到位
		机房进水	风险自留	（1）加强机房巡视 （2）建立预案，并加强人员培训
5	设备风险	触电伤人	风险自留	加强对物业内配电箱、线路进行巡视，及时关闭或处理，并增加安全标识
		房屋附着物垮塌	风险自留	（1）加强装修监管，严禁增加房屋附着物 （2）加强宣传
		爆管	风险自留	（1）加强巡视和维护 （2）建立预案，并组织人员培训和学习
		二次供水设备损坏		
		水箱污染	风险自留	（1）严格办理相关证件 （2）水箱上锁并按规定定期清洗、检测 （3）加强巡视
		突然超负荷、短路或停送电造成电气设备设施损毁	风险自留	（1）加强与供电局的沟通，保证停送电信息准确 （2）加强设备巡视，保证设备运行正常 （3）计划性停电提前告知业主 （4）建立预案，并加强人员培训
		电梯困人	风险转移	（1）在电梯维保合同中明确责任 （2）加强电梯巡视，保证设备运行正常
		设备检修、保养伤人	风险自留	（1）提前告知 （2）加强标识
		娱乐设施伤人	风险自留	（1）加强设施巡视，保证设施运行正常 （2）告知娱乐要求
		单元门口机对讲设备故障导致业主不能进单元门	风险自留	（1）加强巡视，及时维修和养护 （2）物业巡逻治消人员熟悉单元门启闭
		背景音乐室外音箱遭到损坏	风险自留	（1）加强巡视，及时检修 （2）加强业主引导
		化粪池爆炸	风险自留	加强巡视，及时清掏

续表

序号	风险名称	表现形式	风险预控	措施
6	公共环境风险	儿童落入水中	风险自留	（1）增加安全标识 （2）加强巡逻
		儿童戏水触电		
		在游泳池中受伤	风险转移	（1）购买保险 （2）明显处设置游泳须知和禁止标识 （3）取得游泳池合法经营证件 （4）建立预案，并组织人员培训
		植物伤人	风险自留	（1）加强植物修剪 （2）在“尖麻”等植物处增加提醒标识
		跌落、滑倒、碰撞	风险自留	（1）易滑处增加提示标志 （2）维修和更新改造处采取隔离措施，增加明显标识
		业主宠物伤人	风险自留	（1）加强引导 （2）要求业主宠物备案 （3）加强巡视
7	内部管理风险	员工损公肥私、贪污盗窃或监守自盗	风险自留	（1）加强人员培训和思想教育 （2）加强收费控制
		“猎头”挖人	风险自留	（1）加强企业文化建设 （2）形成良好的晋升和激励机制
		员工消极怠工，激烈冲突，集体离职	风险自留	及时掌握员工思想动态和沟通
		高空作业不安全生产	风险转移	（1）外墙清洗采用外包形式，在外包合同中明确责任 （2）建立室外高空维修安全操作规程，并严格执行 （3）为员工购买工伤保险或商业险
		电器设备违规操作	风险自留	（1）建立室外高空维修安全操作规程，并严格执行 （2）为员工购买工伤保险或商业险
8	收费风险	业主长时间拖欠费用	风险自留	（1）建立物业管理费拖欠预警机制，加强预警 （2）加强住户沟通，注意重点客户监控
		业主集体拒交费用		
		水电费的拖欠		
		物业管理费标准不统一	风险自留	建立良好的控制和应对措施
9	自然灾害	雷击	风险自留	定期检测，保证防雷设施完好
		暴雨	风险自留	（1）注意气候 （2）建立预案，定期组织培训和演练 （3）保证应急物资到位
		大风		
		恐怖行径	风险自留	建立预案，组织学习和演练
		流行性疾病	风险自留	建立公共卫生事件应急预案，组织学习和演练

5.风险处置

5.1 风险处置要求

立刻做出正确反应并及时控制局势，否则会扩大风险的影响范围而引发更大的危机，甚至可能失去对全局的控制。

5.2 风险处置原则

及时性、冷静性、统一指挥、服从命令、主动出击、灵活性、安全第一、团结协作、公正客观、全面性、针对性。

5.3 风险处置依据

《物业管理应急事件处理管理办法》。

5.4 风险处置程序

风险发生后，能否首先控制住事态，使其不扩大、不升级、不蔓延，是风险处理的关键。风险发生现场人员应做到以下几点

(1) 确认发生了什么，明确风险发生的时间、地点、影响范围、业主思想波动、风险处置方向，并报告（包括向上级领导报告和报警）

(2) 马上行动

①进行隔离。风险首先在某个局部发生，隔离就是切断风险蔓延的途径

②业主思想引导

(3) 把握全局

①找出风险发生的根源

②果断行动，控制蔓延

③坚持不懈，排除困扰

④眼光长远，处理与善后修整相结合

2 解决问题

风险的处理本身具有很大的风险性，处理结果的作用有时难以预料。因此，相关层级处理人员接到汇报后应及时赶赴现场处理信息、确定处理方案和解决问题

(1) 处理信息。风险的信息具有不安全性，真正的原因很隐蔽。处理人员应在超常的情况下进行超常思维和动作，运用一切可行的手段，及时、准确地掌握大量现象和事实材料，以便做出准确决策

(2) 按照预案或确定方案解决问题。风险的原委及性质确定后，进行分析、决策，然后解决问题

3 善后修复处理

成功的风险处理，包括风险的后续处理阶段，其善后处理包括以下内容

(1) 消除消极后果，包括物质损失、人员伤亡、心理损伤

(2) 处理后的恢复，即受损对象的恢复

(3) 总结经验。包括两个层次的总结：其一，对风险本身的总结，以防止类似风险的再次发生；其二，对处理过程的总结

(4) 针对总结进行纠正

(5) 重新展示管理风貌

6.风险预防

6.1 风险预防的重要性

对人体而言，要保持健康最好的办法是预防为主，防病于未然。对物业管理来讲也是一样，预防是风险管理的一部分，也是风险管理的核心，因此物业管理风险控制显得

非常重要。

6.2　风险控制内容

6.2.1　树立风险意识

（1）公司各级基础物业管理人员应高度重视和参与风险管理，将风险管理督导列入自身职责，积极指导相关业务组的安全服务，在日常工作中落实风险管理，做好风险管理的“监督官”。

（2）将风险意识列入日常培训计划。

① 开展风险教育，让全体基础物业管理人员都了解风险的特征和危害，使全体员工都具有“居安思危”观念，形成优化自身行为、预防各种风险的思想。

② 风险案例教育，用公司和行业案例进行教育，使各级基础物业管理人员深切地认识到风险的危害性。

6.2.2　采取预防措施

（1）建立健全基础物业管理各项安全管理制度、预案和公众管理制度，如配电房安全操作规程、电梯安全操作规程、日常维修安全操作规程、治消人员自身安全管理规程等。

（2）风险转移。电梯和消防等国家强制外委设备在维保合同中明确约定责任。外墙清洗等高空作业，在合同中明确责任。与每户业主或非业主签订治安消防安全责任书。

（3）加强业主宣传教育，做好业主行业的引导和劝导工作。

（4）建立容灾机制。各子公司、住宅管理事业部应根据自身情况，建立风险识别列表，制定相应防范措施和处理预案，并培训到位。

6.2.3　对物业管理服务过程进行监控

（1）各级基础物业管理人员即是本职工作范围的风险监测人员，对自身所负责的工作进行监测，如设备管理人员应对设备运行情况进行监测。

（2）风险来源确认。各级基础物业管理人员应明确知晓自身所负责工作范围内可能发生的风险和监测对象，严格监测，并具有隐患的识别能力。

（3）各子公司、住宅管理事业部应根据自身情况定期收集基础物业过程记录资料和相关监测信息，组织人员进行分析、诊断，及时采取防范措施。

6.2.4　建立预警机制

（1）各子公司、住宅管理事业部应定性或定量制定各类风险来源的上限临界信号，达到临界信号即预警。

（2）接到预警信号，各级管理人员应采取防范措施或按照风险处置程序处理。

（3）各类预案的编制。预案必须保证与项目充分的适宜性、符合性。保证具有专业人员的参与，增强预案的有效性。

7. 物业风险管理导入

7.1　风险管理的必要性

风险的处理从管理职能上是“就事论事型”，但随着公司管理规模不断扩大的同时，各类物业管理风险不断涌现，控制风险的发生，减少公司的损失，导入风险管理十分必要和及时。

7.2　风险管理导入的阶段性

根据公司实际情况，物业风险管理采用分期导入，即导入准备期、导入试运行期、导入全面运行期。

导入阶段及内容说明

导入阶段	时间	内容
导入准备期	××××年××月××日至××××年××月××日	（1）各子公司、住宅管理事业部应明确风险管理目标、职责和工作进度 （2）根据本指引对本单位物业管理风险进行识别，编制预防措施 （3）根据本指引和风险识别完善各项安全管理制度和各类预案 （4）建立物业管理预警机制和容灾机制，确定各类风险临界信号
导入试运行期	××××年××月××日至××××年××月××日	（1）物业管理人员全员风险和风险案例、安全管理规程和预案的培训及演练 （2）试运行各类安全管理规程和预案，并在试运行工作中不断修订，保证规程和预案的充分符合性及适宜性 （3）每月月末风险管理小组应组织全体风险导入参与人员进行总结和信息交流 （4）12月对年度风险管理工作进行全面系统的诊断、改进
导入全面运行期	××××年××月××日起	全面按照公司风险管理相关文件体系运行物业风险管理

现代物业服务体系
实操系列

物业岗位设置与管理制度全案

第四章
物业项目运作管理制度

04

现在的物业公司一般来说都经营着一个或一个以上的物业管理项目，每个项目的管理经营，都是在企业统一领导下独立进行运作的，物业管理项目的服务水平直接反应了一个物业公司的管理水平，而物业项目的运作则贯穿于前期介入、接管入住及正常管理过程中。

第一节　物业项目前期运作管理制度

一、项目前期介入工作指引

1. 前期介入小组组织架构图

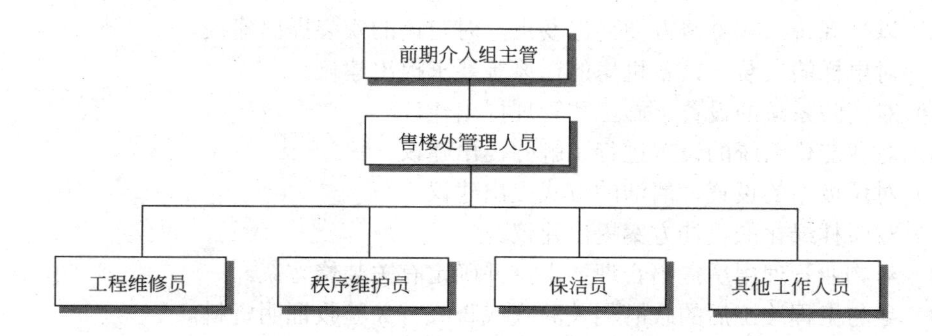

2. 前期介入小组职权与职责

2.1　前期介入小组职权

（1）物业管理委托合同签订后，市场拓展部移交相关资料，前期介入小组代表物业公司同发展商进一步接洽。

（2）组织秩序维护部、环境管理部、工程维保部等相关部门对新接项目进行考察，提出合理化建议。

（3）同发展商洽谈售楼处、样板间的接管方案，经主管副总经理同意、公司评审后促使双方总经理签订管理协议。

（4）监督检查秩序维护员、保洁员的岗位职责及其执行情况，对不合格者有权向主管部门提出更换人选。

2.2　前期介入小组职责

（1）编制项目前期介入工作安排表，在不同阶段组织相关部门对项目进行实地考察，汇总各部门意见，编制考察报告，供发展商参考。

（2）配合发展商的售楼需要，向其提供物业公司的宣传资料、入伙资料及其他需提供的材料。

（3）为新接项目建立档案，收集、保管售楼期间的宣传资料和前期介入资料。

（4）同发展商保持密切联系，跟踪项目进展情况并随时向主管副总经理汇报。每季度向发展商征询意见1次，填写《前期介入意见征询表》。

（5）起草售楼处、样板间管理协议，同发展商协商一致，在进驻前签订协议。

（6）对售楼处、样板间进行不定期巡查，检查各项目的服务质量，填写《售楼处、样板间月检记录》，对发现的问题及时进行处理。

（7）按时向发展商收取管理协议中规定的各项费用；监督秩序维护员、环境管理部门按时发放员工的各项工资福利。

（8）项目入伙前协助分公司配备人员、资源，同发展商确认物业办公室的各项设施设备，保证能够按时入驻。

（9）介绍分公司各部门人员同发展商认识，保持良好的关系。

（10）领导交给的其他工作。

3.前期介入工作内容

（1）组织公司各部门对项目进行考察，提出整体管理建议。

（2）以外观统一和维修方便为出发点，对空调的安装提出建议。

（3）对电梯的安装、设备机房的通风等要求提出建议。

（4）对消防系统的设置、施工和管理提出建议。

（5）对智能化系统的设置进行了解并提出建议。

（6）对垃圾站的设置、清洁的方式提出建议。

（7）对园林绿化的设计方案提出建议。

（8）对物业管理用房提出合理要求，并确定有关装修方案。

（9）参与工程竣工后的政府相关验收或查收有关验收证明资料。

（10）做好前期售楼期间的辅助宣传工作。

（11）协助发展商到市居住小区管理办公室审批《业主公约》

（12）为财务部报批物业管理费提供必要的资料。

（13）协助分公司编制小区入伙方案报发展商通过。

（14）做好售楼处、样板间的保安、清洁等工作。

（15）协助发展商做好成品保护工作。

（16）督促发展商收集、移交各种批文、工程资料和设备资料。

4.前期介入小组与相关部门的联系

4.1　同市场拓展部的联系

市场拓展部同发展商签订物业管理委托协议后，应将物业管理合同复印件、前期开办费复印件各1份交前期介入小组存档，并介绍该项目洽谈情况和联系人、联系方式等。

参加市场拓展部组织的招标项目及物业管理委托合同评审，为其提供参考意见。

4.2　同工程维保部的联系

按照项目前期介入时间表及发展商临时提出的要求，组织工程维保部相关人员对项目的施工方案、设备选型及设备安装等事项，从方便今后物业管理的角度出发，给发展商提供合理化建议，供其参考。

项目入伙前，由工程维保部提供分公司工程维修人员及工具配备的建议，并负责物业办公室的布置。

4.3 同秩序维护部的联系

组织秩序维护部人员对新接项目进行考察，向发展商提出有关安全保卫、消防监控及停车场管理的合理化建议。

接管售楼处、样板间的项目，秩序维护部负责为其配备秩序维护人员，并对其进行上岗培训，达到××及发展商的管理要求。

4.4 同环境管理部的联系

组织环境管理部人员对新接项目进行考察，向发展商提出有关清洁、绿化管理的合理化建议。

接管售楼处、样板间的项目，环境管理部负责为其配备保洁人员，并对他们进行上岗培训，达到××及发展商的管理要求。

4.5 同财务部的联系

对新接项目进行物业管理费的测算，并报市物价局审核批准。

建立售楼处账目，收取或支付所产生的费用。

4.6 同品质部的联系

提供公司的对外宣传资料，协助发展商及售楼人员了解××物业的管理模式，需要时可为其培训。

4.7 同人力资源部的联系

为售楼处、样板间工作人员制作工牌。

4.8 同办公室的联系

负责提供合格的供应商，及时印制评审后的入伙资料及其他宣传资料。

4.9 前期介入小组与发展商之间的联系

（1）市场拓展部办理移交手续后，前期介入小组正式同发展商接洽，开始工作。

（2）向发展商提供前期介入工作安排表，双方确定具体介入时间。

（3）根据发展商的要求，组织相关部门进行实地考察，提供合理化建议。

（4）起草《房屋使用、管理、维修公约》，协助发展商到市居住小区管理办公室审批。

（5）起草《售楼处、样板间管理协议》及《管理方案》，经双方认可后签字生效。

（6）督促发展商安排好售楼处工作人员的日常生活起居，力争为其创造良好的工作和生活环境。

（7）向发展商提供××物业宣传资料及入伙时所需要的资料样本。协助发展商售楼，保证其顺利入伙。

（8）分公司成立后，向发展商引见各部门管理人员，使他们顺利交接，保持良好的工作关系。

（9）对发展商提出的其他要求，在力所能及的范围内给予满足或经双方协商达成一致意见。

5. 售楼处、样板间

5.1 售楼处、样板间接管程序

（1）前期介入小组同发展商签订售楼处、样板间管理协议后，及时向秩序维护部、环境管理部经理发出联络单，根据实际需要配备人员，按时入场。

（2）人员进驻前，前期介入小组应负责督促发展商提供必要的住宿条件，安排好日常生活条件，解除其后顾之忧。

（3）秩序维护部、环境管理部应将配备人员名单交前期介入小组存档。凡发生人员变动的，应书面通知前期介入小组。

（4）项目派驻管理人员的，日常工作由管理人员安排；管理人员无法解决的，报前期介入小组或主管副总经理协助解决。

（5）无管理人员的项目，若发生问题应及时向各自主管部门及前期介入小组汇报，由上级领导协助解决。

（6）涉及秩序维护员、保洁员内部事宜，可直接与秩序维护部、环境管理部经理联系，但事后要向本项目管理人员及前期介入小组经理汇报情况。

（7）秩序维护员、保洁员工作标准严格按照秩序维护部、环境管理部工作手册中的基本要求执行，并根据现场情况制定出符合实际的工作手册（可参照相关部门工作手册）。

（8）秩序维护部、环境管理部负责对各自派遣的人员进行岗前培训，保证其能满足服务的要求，前期介入小组负责监督检查，对培训不到位的人员进行调换。

（9）前期介入小组管理人员每月至少对售楼处、样板间项目进行1次抽查，填写《售楼处、样板间月检记录》，若发现问题应及时纠正。

（10）若发生重大事件，前期介入小组无法解决的，由公司主管副总经理出面解决。

5.2　售楼处、样板间资源配备

为了保证售楼处、样板间的正常工作秩序及员工良好的精神风貌和生活环境，需配备以下资源。

5.2.1　秩序维护部

（1）工作服：每人2套（随季节变化更换）。

（2）工作牌：每人1个。

（3）对讲机：2～3台。

（4）宿舍：4人1间的标准（由发展商提供）。

（5）生活用品：床（每人1张）、更衣柜（每人1个）、桌子（每个房间1张）、着装镜（每房间1个），及其他公司规定可配备的日常生活用品。

5.2.2　保洁员

（1）工作服：每人2套（由分包方提供，随季节变化更换）。

（2）工作牌：每人1个。

（3）宿舍：4人1间的标准（由发展商提供）。

（4）生活用品：床（每人1张）、更衣柜（每人1个）、桌子（每房间1台），着装镜（每房间1个），及其他日常生活用品（按照分包合同规定执行，须符合××标准）。

分公司成立后，可将售楼处、样板间购置物品全部转入分公司账中继续使用。

6.前期介入期间的经营管理

建立健全经营管理机制，为每个前期项目建立收支账目，严格按照公司财务部的规定进行借款和费用报销。

6.1 支出管理规定

（1）售楼处、样板间接管前，由前期介入小组同发展商确定所需人员数量及费用，签订管理协议。

（2）前期介入小组按照××标准确定售楼处工作人员所需日常生活必需品种类、数量，编制《采购计划审批表》，上报主管副总经理审批。

（3）采购计划批准后，由前期介入小组组织相关部门或售楼处管理人员进行采购，采购人员应对采购物品的质量和及时性负责。采购物品经前期介入小组验证后在报销凭证背面签字认可，再下发到该项目。

（4）采购前的借款手续和采购后的报销手续由前期介入小组负责，采购人员应上交完整的报销凭证，并在凭证背面签字。审批权限按公司财务部有关规定执行。

（5）对分包项目（保安公司、保洁公司）的费用支付，由分包协议签订部门按照协议中有关规定支付。

（6）售楼处工作人员的各项薪金、福利等由前期介入小组填写工资、福利发放通知单，交财务部统一领取并发放。

6.2 收入管理规定

（1）按售楼处管理协议规定的收费时间，提前1周向发展商发出缴款通知书，列出付款项目、金额及时间。

（2）同发展商提前预约收款时间，到财务部准备好相同金额发票，按时到发展商处收取费用，及时交到财务部入账。

（3）前期介入小组应为每个产生费用的项目建立账目，详细记录每笔收入和支出，掌握盈亏情况，制定转亏为盈方案。

7.入伙前资料的收集与准备

（1）向发展商提供如下物业宣传资料。

①物业公司简介，包括公司概况、企业文化、管理优势、业绩回顾等内容。

②物业管理费测算明细表，帮助售楼人员向客户解释物业管理费的构成。

③《××物业管理服务内容一览表》。

④《××物业服务指南》。

⑤《房屋装修管理规定》《房屋装修管理协议书》《装修指引》。

（2）协助发展商准备好以下入伙资料（可为其提供样本）。

①《入伙通知书》。

②《业主收楼指引》《验楼指引》。

③《业主入伙会签单》。

④《住宅质量保证书》《住宅质量说明书》。

（3）物业公司准备入伙资料。

①《楼宇接管验收记录》，包括电气、土建、水暖三种。

②《入伙收楼记录》（四联单）。

③《入伙工作组织方案》。

④《项目管理方案》。

⑤《入伙物品采购计划》。

8.分公司成立后的交接工作

（1）项目入伙前3个月开始组建分公司领导班子，准备项目的入伙工作。前期介入小组负责协调分公司同发展商的联系，帮助进行入伙策划、制定入伙工作方案，并办理前期介入小组与分公司执行总经理的交接手续。

① 项目介绍：编制项目介绍报告书，包括以下内容。

a.项目位置、特点、入伙时间、设施设备、售楼情况等。

b.发展商情况介绍：公司名称、背景、负责人及物业公司联系人、联系电话、公司地址等。

c.入伙期间同发展商洽谈的主要问题（包括已解决和遗留问题），今后管理中可能存在的问题等。

② 资料交接：将物业管理委托合同复印件及其他有关资料移交给分公司执行总经理。

③ 人员交接：将前期介入人员名单及其在该项目中的工作表现等情况提交执行总经理。

④ 资源交接：将前期介入期间所购置的物品清单提交执行总经理，注明费用收支情况。

（2）将以上所有内容列入交接清单中，办理正式交接手续，双方签字确认。

二、新建项目管理处筹建工作指引

1.目的

为物业项目管理处的筹建工作提供指引，从规范机构设置、人员编制、规范建设、硬件装备、公共关系建立、印鉴证照办理及开办费测算等方面，保证新项目筹建工作顺畅、有序进行，为以后管理项目日常工作的开展打下基础。

2.适用范围

适用于筹建新物业管理项目之用。

3.职责

（1）新项目预订入伙前6个月成立相应的物业管理项目筹建组。

（2）物业管理项目筹建人员负责参照本工作指引，结合新项目的实际情况制订筹建计划并具体落实。

4.过程控制

4.1　机构设置、人员编制

4.1.1　设置依据

物业管理项目筹建人员应根据《物业管理方案》确定项目的机构设置及人员编制。

4.1.2　设置原则

根据项目经营管理的规模、复杂程度、智能配套、楼宇类型、数量、档次、功能及设施配备、周边环境，以及发展商对物业管理服务的要求等实际情况，本着利于统一领导、分级管理、精干高效的原则按需设置机构。

4.1.3　职责类型

物业管理项目根据专业需要，一般情况涵盖的主要职责如下。

（1）人事行政：负责人事事务操作、行政后勤、人员培训、绩效考核、资料管理、信息管理、公关协调等内部管理工作。

（2）客户服务：负责前台接待、社区文化、装修管理、会所管理、特约服务、投诉处理、品质监控等工作。

（3）财务管理：负责财务核算、费用收缴、经营管理等工作。

（4）保洁绿化：负责清洁消杀、绿化维护、家政服务等工作。

（5）工程维修：负责房屋本体维护、公共设施维护、工程配套完善、家政室内维修、装修监控等工作。

（6）安全管理：负责消防安全、车场管理、小区内公共区域治安防范、出入口管理等工作。

物业管理项目筹建人员应综合考虑项目的业务需求及成本状况，必要时可合并或调整部分岗位的职能，发挥机构及人员的最大功效。

4.1.4　定编程序

（1）根据市场水平确定项目的物业管理费标准，以此为基础制定管理预算及服务方案，确定人力成本构成。

（2）人力成本占总预算的比例建议控制在50%以内，具体构成如下。

项目	占总预算的比例/%	备注
人力成本	30 ～ 50	如秩序维护、保洁服务外包，则人力成本控制在30%
保洁（外包）	10	如保洁服务不外包，则相应的保洁费用隶属人力成本范畴
秩序维护（外包）	15	如秩序维护服务不外包，则相应的秩序维护费用隶属人力成本范畴

（3）根据人力成本构成，结合项目实际情况，分配项目各岗位的人员编制。

4.1.5　定编要求

（1）按需定编：物业管理岗位设置类别、场所、定编人数着重要符合现场需求。常见业务岗定编要求如下。

① 安全岗的定编应综合考虑小区特点，如出入口的多少、小区智能化程度、小区是封闭管理还是开放式管理、小区周边的治安状况等因素。常见岗位归纳如下。

岗位性质	岗位类别	工作场所	现场需求	编制方法
固定岗	门岗（或大堂岗）	人行出入口	控制行人进出	1岗1人，全天轮岗
	控制中心岗	控制中心	控制中心监控	1岗至少1人，全天轮岗
	消防中心岗	消防中心	消防中心监控	1岗至少1人，全天轮岗
	形象岗	大门或大堂	展示形象、接待引导	1岗1人，日间站岗

续表

岗位性质	岗位类别	工作场所	现场需求	编制方法
巡逻岗	楼内巡逻岗	楼内	楼内治安	工作量按楼栋设置
	楼外巡逻岗	楼外	楼外治安	工作量按地形设置
车场岗	车场门岗	车辆出入口	控制车辆进出	1岗1人，全天轮岗
	车场巡逻岗	停车场	车场巡逻	工作量按地形设置
机动岗	检查岗	现场	全程监控临时替补	班组长兼任

② 保洁岗的定编应根据物业类型、物业档次的定位等进行综合考虑，常见岗位划分如下。

岗位类别	工作场所	现场需求	编制方法
楼内岗	楼道、大堂、电梯等	楼内保洁	工作量按楼层设置
楼外岗	楼外公共区域	楼外保洁	工作量按面积设置
家政岗	住户室内	家政服务	根据业务需要设置
垃圾清运岗	楼外指定区域	生活垃圾收集、清运	按照当地情况设置

③ 绿化岗的定编应根据绿化面积及园林复杂程度确定，其工作内容包括浇水、施肥、拔杂草、修剪、消杀、绿化带卫生、补苗等，一般按人均养护面积约______平方米分配人员。

④ 维修技术岗的定编应根据项目配套设施、设备的数量和复杂程度、住户室内维修、装修需求多少综合进行考虑。

（2）合并满负：本着节省人力成本的角度出发，提倡岗位一专多能、分工不分家的模式，各编制员工工作量应尽可能饱满、效率高。

① 根据项目结构特点，行人及车辆出入口往往彼此相连，可以考虑合并门岗和车场门岗。

② 控制中心往往兼负消防控制职能，可以考虑与消防中心合并。

③ 高层楼宇或封闭院落可以考虑在大门或院落大堂处设置形象岗，兼负形象、安全、客服等职能。

④ 物业管理不同阶段对人员编制的要求不一样：集中入住期、装修期、返修高峰期，工作量大，人员定编相对较高（可考虑从其他项目调配或临时借调人员）；物业日常管理阶段，则应考虑合并满负、优化整合。

（3）按价定质：即价格决定服务品质，各岗位员工的作息时间、工作频次、服务标准应严格按照委托合同内容及管理费收费标准制定，防止服务过剩，人力成本相应增加。

（4）按量定编：根据确定的岗位工作量（包括作息时间、工作频次、服务标准等）分配人员编制。部分岗位的工作量需实地测试，并定期进行工作量评估，适时对部分岗位进行合并满负。

（5）合法定编：人员定编操作不得违反国家及当地劳动法规规定。

4.2　招聘培训

（1）物业管理项目筹建人员应根据审定的项目组织架构、人员编制、岗位需求，开展相应的人员招聘工作，并确保各岗位、各专业人员按期到位，到位期限建议如下。

岗位名称	建议到位时间	备注
服务中心经理	交楼前3个月	前期介入人员除外
普通管理人员	交楼前3个月	
维修技术员	交楼前3个月	
保洁员	交楼前1个月	
秩序维护员	交楼前1个月	
会所服务员	交楼前1个月	

（2）物业管理项目筹建人员应负责组织对新到岗人员的入职培训工作，确保其了解公司企业文化、规章制度，熟悉岗位工作内容、专业技能、服务礼仪，满足公司对其上岗的要求。

4.3　规范建设

（1）物业管理项目筹建人员应负责根据业务需要完成项目各项规章制度的起草、编制，包括以下内容。

① 公司行政制度汇编、人事操作、财务管理制度等。

② 项目组织架构、岗位职责等。

③ 项目内部运作制度等。

（2）物业管理项目筹建人员应根据项目新增业务、设施及其他情况负责相关作业指导、支持性文件的补充编写，完成项目质量管理运作体系的搭建。完整的质量管理作业指导体系应包括以下内容。

类别		内容
职能管理作业指导文件	人力资源管理作业指导文件	员工招聘、员工培训、员工考核、员工奖惩、员工意见测评、培训有效性评估、内部沟通等作业指导文件
	管理评审作业指导文件	评审输入、输出、过程控制
	合同评审作业指导文件	合同管理、评审
	物资管理作业指导文件	仓库管理和控制，固定资产管理，工作环境管理，办公设施管理，劳动保护等作业指导文件
	服务策划作业指导文件	物业接管前策划，小区改造、大型项目动工前策划，对外培训，新增服务项目策划等作业指导文件
	其他管理类作业指导文件	遗留工程问题处理，标识管理，质量事故处理等作业指导文件
业务控制作业指导文件	环境管理作业指导文件	保洁、绿化岗位管理文件，清洁工作规程和标准，绿化工作规程和标准，垃圾收倒管理方法，保洁员内部管理文件，保洁、绿化用设备、工具的使用和维修管理文件，环境消杀管理文件，环境工作检查文件等

续表

类别		内容
业务控制作业指导文件	安全管理作业指导文件	安全岗位管理文件，相关岗位工作规程，消防管理文件，安全、消防、急救用器材或器械的管理与维护，秩序维护员内部管理文件，公共预警管理，危险作业监管文件，危险品管理文件，紧急事件处理流程，安全工作检查文件等
	设备设施管理作业指导文件	房屋本体及各种设备设施日常维护、保养、维修、管理作业流程，维修员内部管理文件，检验和测量设备管理文件，设备设施工作检查文件等
	便民服务作业指导文件	家政服务，室内维修，商务服务等作业指导文件
	其他服务和管理作业指导文件	物业接管验收，入住办理，装修管理，钥匙管理，会所、泳池、商铺管理，业委会筹建及运行等作业指导文件
供方控制作业指导文件		采购管理，供方评估，供方监控等作业指导文件
顾客关系作业指导文件		顾客沟通、顾客投诉处理、顾客意见测评、服务信息分析等作业指导文件

（3）物业管理项目筹建人员应负责了解并收集有关物业管理行业的相关法律法规、行政规章等，包括以下内容。

① 国家有关物业管理的法律法规和规范性文件要求。

② 所在地方政府、行业主管部门和立法机构颁发的有关法规、条例、规定等，包括从业资质、接管验收、装饰装修管理、房屋修缮养护、住宅小区管理、服务收费、维修基金、业主委员会、房屋租售代理、绿化环境管理、消防、特种设施设备、岗位培训等。

（4）物业管理项目筹建人员应负责完成与业主/住户权利、义务、行为、活动相关的各类房屋使用及公众制度等物业管理规定的编制，包括以下内容。

① 业主公约、业主手册、业主委员会章程等。

② 住宅区及大厦公共部位使用管理规定。

③ 住宅区及大厦公共设施使用管理规定。

④ 物业装修管理规定。

⑤ 物业消防管理规定。

⑥ 停车场管理规定等。

（5）物业管理项目筹建人员应根据国家考评标准，结合当地物业管理规定、管理处管理服务需要编制管理处文档分类目录（可根据实际情况适当增删，要保证文档资料完整并易于查找和识别），作为服务中心建立各类管理文档的规范基础。

（6）物业管理项目筹建人员应统一对管理处各类文档进行编号，编号规则如下。

① 为便于迎检，编号原则上应根据国家考评标准条目进行。

② 为便于查阅，对于不同方式存档的文档资料，建议在编号后面加英文字母以示区分。

③ 服务中心日常管理文档也须按上述编号方法进行编号，但编号应接在迎检目录编

号后。

④ 原则上用二级目录名作文档标题，如无二级目录或以二级目录作文档标题时文件资料太少，则用一级目录名作文档标题。如果某些三级目录文件资料很多，不便与其他资料装在一起，也可用三级目录名作为文档标题。

⑤ 在文件夹（盒/袋）封面或侧面应有标识，上面注明目录号、文档标题等。文件夹（盒/袋）应有卷内目录，详细列明卷内的文件资料。

⑥ 文档管理员调（离）职或更换岗位前，须做好文档资料交接工作，完善交接手续，如文档资料有遗失，应追究当事人责任。

4.4 物资装备

物业管理项目筹建人员应根据制定的《物业管理方案》及项目配套确定所需的物资种类、性能、级别、数量等，制订购置计划并按相关规定经过询价、评估、报批等手续后，进行相应的采购、配置工作，包括以下内容。

4.4.1 办公用品

办公桌椅、文件柜、钥匙柜、文具、信笺、白板等。

4.4.2 办公设备

打印机、复印机、电话、传真机、保险柜、验钞机、饮水机、空调、电视机等。

4.4.3 后勤服务设施

餐具、厨具、灶具等食堂用品，宿舍桌椅、衣柜、床架、排气扇、热水器等。

4.4.4 网络设备

计算机等。

4.4.5 清洁及绿化设备和工具

洗地机、吸尘器、喷雾器、垃圾筒、剪草机、绿篱剪、高枝剪、花铲、铁锹、手推车、水管等。

4.4.6 安全设备和工具

保安岗亭、对讲机、电警棍、手电筒、消防器材及工具等。

4.4.7 维修设备和工具

电焊机、切割机、冲击钻、应急灯、管道疏通机、维修梯等设备，及相关家庭维修用工具物品。

4.4.8 工作服

秩序维护员、保洁员、维修员、会所服务人员、管理人员等工作服装，数量和配置可根据项目档次、类型拟定。

4.5 管理、后勤用房装备

（1）物业管理项目筹建人员应根据国家或当地物业管理法规的规定，结合项目规划及管理规模，与发展商协商确定管理用房面积及位置分布。

（2）物业管理项目筹建人员应科学规划、合理布置各类功能的管理用房，管理用房功能涵盖行政事务办公室、会议室、培训室、客户服务中心、监控中心、仓库、洗手间等。

（3）物业管理项目筹建人员应负责食堂和员工宿舍等后勤用房的安排、装修和配置。

4.6 现场标识装备

（1）物业管理项目筹建人员应根据项目情况系统规划现场标识，完成所有标识的设计、制作并指导安装，包括物业入口、办公室、培训室、仓库、设备房、公共设施、楼道内、地下车库、交通及停车场、会所、泳池等场地的各类标志性、提示性和景观性的标识。

（2）现场标识的规划应考虑周到、设计统一，应根据风格设计后报审批。

4.7 工作软件装备

物业管理项目筹建人员应负责指导完成财务建账、财务软件的导入、使用及管理。

4.8 公共关系的建立

物业管理项目筹建人员应积极、主动对外建立、协调各类与本项目业务相关单位、部门的公共关系。

（1）与工商、税务、物价部门建立良好的公共关系，办理项目工商注册登记、物价申报工作。

（2）与公用事业单位建立良好的公共关系，包括自来水公司、供电局、煤气公司、有线电视、电信局、邮政局、供暖公司等，办理水、电、煤气、有线电视、电话、网络、通邮、供暖等的开通手续及相应的抄表到户业务。

（3）与辖区派出所、街道办事处、居委会、市容环卫部门、交管局、消防部门等建立良好的往来联系。

（4）与消防部门取得联系，参与项目消防的验收接管，取得其日常对项目的技术支持和指导。

4.9 印鉴证照的办理

物业管理项目筹建人员应及时办理正常经营所需的各类证照，证照名称、颁证单位及相关要求见下表（供参考）。

类别	证照名称	证照主体	颁证单位	办理要求
组织机构类	营业执照正副本	服务中心、停车场	工商局注册分局	必须申办
	组织机构代码证、组织机构代码卡	服务中心、停车场	技术监督局	必须申办
	机动车停车场许可证	停车场	交通管理局	必须申办
公章印鉴类	申请刻制印章登记卡	服务中心、停车场	公安局	也可在公司印鉴卡上登记
	公章	服务中心、停车场	公安局	必须申办
税务收费类	国税登记证、登记表	服务中心	国家税务局登记分局	必须申办
	地税登记证、登记表	服务中心、停车场	地方税务局登记分局	必须申办
	收费许可证、价目表	服务中心、停车场	物价局	必须申办
设备设施类	对讲机执照	服务中心	无线电管理委员会	凡配置对讲机的部门均需申办，一机一证
	电梯安全检验合格证	服务中心	技术监督局	所有电梯均须申办，一般由电梯维护的专业公司代办

续表

类别	证照名称	证照主体	颁证单位	办理要求
环境卫生类	卫生许可证（会所或泳池）	服务中心	卫生防疫部门	必须申办
	卫生许可证（食堂）	服务中心	卫生防疫部门	根据食堂规模及外卖情况申办
	二次供水设施清洗消毒合格证	服务中心	水务局	有相关业务的部门必须申办
其他	房屋租赁许可证	服务中心	辖区租赁所	根据业务需要申办

4.10　开办费测算

（1）物业管理项目筹建人员应负责项目开办费的测算及筹措。

（2）开办费的内容、核算和操作方法按物业公司要求操作。

三、入住前工作控制程序

1. 目的

为了规范新接管物业入住前各项准备工作，提高工作效率，为顺利入伙奠定基础。

2. 适用范围

适用于公司待接管的各类物业。

3. 职责

（1）公司总经理或委托公司副总经理指定专人负责前期介入工作安排和物业前期准备工作的组织。

（2）品质部和市场拓展部共同负责委托管理合同的评审及签订。

（3）总经理办公室负责新建管理处人员编制的确定、人员招聘和培训工作。

（4）财务部负责各类收费项目及标准的核定。

（5）公司品质部负责监督入住前移交手续的办理及有关资料的准备工作。

（6）新建管理处经理负责相关管理工作的筹备和实施。

4. 方法和过程控制

4.1　新建管理处经理前期准备工作

（1）根据发展商委托，指定专业技术人员至少提前半年进行新项目前期介入工作，将工作情况记录在《________项目前期介入情况周记表》中，作为重要资料保存。

（2）负责拟定入伙工作计划时间表，并报总经理审批。

（3）编制管理处组织结构、各岗位职责，对宿舍、食堂、办公室、培训室、活动室等安排人员先期统筹，并报办公室及总经理审批。

（4）拟定《入伙流程》《入伙指南》《常规服务项目及收费标准》《住户手册》等文

件，并配合发展商与业主签订《前期物业管理协议书》。

（5）指定专人负责办公用品、办公及维修设备与工具、安全保洁用品的购置计划的制订、询价、报批及采购工作。物资采购主要包括以下内容。

① 办公用品，包括家具、各类文具等。

② 办公及维修设备，包括计算机、打印机、电话、电工工具、电动工具等。

③ 安全保洁用具，包括各类清洁工具、剪草机、对讲机、警棍等。

（6）根据工程进度制订物业接管验收工作计划，并就验收工作中发现的问题与发展商项目部建立稳定的沟通渠道，以便在入伙前解决已发现的工程质量问题。

（7）指定专人负责记录入住前后发生的清洁、返修及配套完善工程等过程所产生的各项费用，以便与有关单位结算。

（8）指定专人与政府有关部门建立良好的公共关系，包括煤气、水电、电视、电信、派出所、街道办、居委会、工商、税务等。

（9）指定专人办理管理处营业执照、企业代码、税务登记证、收费许可证等。

（10）指定专人办理停车场的验收及营业执照、企业执照、税务登记证和收费许可证等。

（11）配合发展商用水、用电指标的申请、水电抄表到户、电话、电视、煤气、通邮、网络等的开通手续。

（12）进行入伙模拟演练，检验入伙流程、资源配置等准备工作是否充分。

（13）将《入住须知》样本于入伙前10天交于发展商，以便通知业主办理入伙手续时一并发放。

4.2　公司办公室前期准备工作

（1）负责在入伙前3个月正式下发管理处成立的任命。

（2）负责新建管理处人员编制的确定，并确保管理及技术人员提前3个月到位，安全保洁员提前1个月到位。

（3）负责新建管理处人员的入职培训及对管理专业技术人才的培训考核。

（4）负责新建管理处办公用品及办公设备的审核、员工工作服的订制。

（5）负责新建管理处交通运输工具的调配工作。

4.3　品质部前期准备工作

（1）监督前期介入的相关工作，每月至少一次对前期介入工作进行检查，协助相关问题的处理。

（2）协助质量体系文件的发放及相关作业指导书的编写。

（3）协助组织新项目管理处质量体系文件及入伙流程等的培训。

（4）负责对拟接管物业项目策划及《委托管理合同》的评审，报总经理签订。

（5）负责新项目房屋租售的准备工作。

（6）负责向管理处提供有关物业管理行业的相关法律、法规、管理规定等，建立物业管理档案资料，必备的资料如下。

①《业主公约》。

②《委托银行代收款协议书》。

③《业主/住户资料卡》。

④《物品领用登记表》。

⑤ 煤气公司《委托银行代收款合同书》。

⑥ 供电局《委托代收电费合同书》。

⑦《________房屋交付验收表》。

⑧ 有线电视《委托银行代收款合同书》。

⑨ 自来水公司《委托银行代收款合同书》。

⑩《业户手册》。

⑪《入伙指南》。

⑫《房屋质量保证书》《房屋使用说明书》。

⑬ 防盗门、窗花、阳台推拉门图样（包括材料、规格、尺寸、要求等）。

⑭ 房内配送电器或其他需操作设施用品的说明书、保修卡。

⑮ 房间设计平面图（含水电走向）。

⑯ 其他与业主相关或需了解的资料。

（7）对拟定的《入伙流程》《入伙指南》《常规服务项目及收费标准》《住户手册》《前期物业管理协议书》等入伙相关资料进行审核。

（8）负责管理处所有标识的设计、制作并指导贴放。

（9）负责新项目入伙现场的策划、布置及展板的设计、制作和安放。

4.4　品质部前期准备工作

（1）负责前期介入费用及新项目管理费标准的测算，经总经理审批后纳入委托管理合同。

（2）负责新项目各项服务收费标准的审定。

（3）负责管理处前期准备阶段清洁、返修及配套完善工程各项费用的审定。

（4）负责指导管理处出纳按财务制度建立财务账册及熟练掌握××物业财务软件的运用。

（5）负责监督新建管理处的物资采购工作。

四、物业接管验收管理程序

1.目的

根据《房屋接管验收标准》，通过对物业接收的过程实施有效控制，规定了物业接管验收的具体办法，分析移交方与物业管理公司、与管理处的责任范围，合理体现业主利益，为物业顺利进入管理阶段奠定基础。

2.适用范围

本程序适用于公司根据物业管理委托合同条件下即将进驻管理的物业的接收过程。

3.职责

（1）公司总经理负责任命由公司主管领导、各职能管理负责人组建物业验收技术小组和管理处。

（2）物业验收技术小组：承接物业管理是公司的重要业务，公司将根据承接物业的实际情况成立由总经理牵头，各专业工程技术人员组成的物业验收技术小组，具体负责物业接管验收中的资料验收和设备系统及配套设施的单项部位验收，并指导及配合物业管理处完成岗位和责任交接工作。

（3）管理处作为该项物业的物业管理部门，在物业验收技术小组完成资料交接后，在其指导下按照物业管理方案，组织各岗位人员熟悉环境及设备。按规定步骤自移交方逐条接收其管理岗位及责任。

4.工作程序

4.1　物业验收技术小组的成立

（1）当公司承接新的物业管理项目时，由公司总经理确定成立物业验收技术小组，技术小组应根据物业情况选择包括下述专业人员。

① 电梯专业。

② 空调专业。

③ 消防专业。

④ 发配电专业。

⑤ 给排水专业。

⑥ 弱电专业。

⑦ 土建专业。

物业验收技术小组的成立，应由总经理签发书面的通知。

（2）物业验收计划的制订。

物业验收技术小组会同物业管理处，根据物业管理合同的要求制订相应的《物业验收计划》，验收计划应由验收技术小组组长审核，并报总经理批准。

4.2　资料的接管验收

楼宇验收技术小组会同物业管理处按验收计划进行资料的接管验收，认真审查验收移交方提供的产权资料和技术资料，并记录在《楼宇接管资料移交清单》中，对于个别一时难以备齐的资料，在不影响整个接管验收工作的进度下，可由交接双方议定，限期提交并做好记录备查。

4.3　物业的预验收

（1）物业验收技术小组分专业系统，按验收计划要求依据设计图纸进行预验收。

（2）楼宇验收技术小组依据国家标准《建筑安装工程质量检验评定标准》和《房屋接管验收标准》对物业的实物进行验收，主要验收设备和主材的规格型号、容量、制造厂并清点数量、安装位置等，填写《房屋接管验收表》及《公共设施接管验收表》。

（3）在预验收中检查出不合格项目，提出书面的整改后附《房屋接管验收遗留问题统计表》及《公共设施接管验收表》，报送移交单位，由移交单位催促工程施工单位进行整改。遗留问题整改完毕后，施工单位填写《房屋接管验收遗留问题统计表》及《公共设施接管验收表》中的“处理结果”一栏中的相关内容，并签字后返还管理处存档。

（4）对预验收的单独设备进行试运转验收，主要验收设备的安装质量和运转中设备的主要技术指标。对不符合的指标，及时提出书面意见，要求移交单位组织设备制造厂家或施工单位进行重新调试，要基本达到规定的要求。

4.4 物业的验收

（1）物业验收技术小组根据《房屋接管验收遗留问题统计表》及《公共设施接管验收表》中的“处理结果”进行验证。验收合格后，按验收计划进行正式的物业验收。

（2）楼宇的实物验收，按验收计划要求进行，做到三符合。一是图纸与设备规格型号、数量符合；二是工程的主要设备的安装位置与安装质量符合；三是设备及与设备连接的整个系统的技术性能，应与设计的功能符合。

（3）在实物验收过程中发现的不合格立即提出书面《整改报告》，限期整改，并在《房屋接管验收遗留问题统计表》及《公共设施接管验收表》中的“验收结果”栏中注明，验收小组负责跟踪验证整改的结果。

4.5 岗位移交

在完成资料交接和现场验收后，物业管理处各岗位人员进驻岗位，配合移交方岗位人员一起履行职责，在此期间不承担管理责任，仅作为一个责任过程。

各岗位移交最高时限

各岗位	移交最高时限/周	各岗位	移交最高时限/周
电梯	1	给排水	1
中央空调	2	供气	0.5
消防	1	土建	3
配电	2	其余岗位	0.5

4.6 责任移交

在岗位移交完成后，移交方人员撤离现场，全部管理责任由物业管理处负责。至此，物业接收过程完成，物业管理处出具验收总结，物业进入日常管理阶段。

4.7 验收后的工作

（1）各专业工种根据验收后的情况，整理《房屋接管验收表》《公共设施接管验收表》及《房屋接管验收遗留问题统计表》等有关资料。

（2）物业验收技术小组根据《房屋接管验收表》《公共设施接管验收表》等有关资料，做出综合性验收评定，并将验收报告呈交公司总经理。

（3）公司总经理代表物业验收的接受单位，同物业的移交单位办理相关手续。

（4）物业验收技术小组根据各专业工种整理的验收资料进行汇总后存档。

第二节　物业工程设施与设备管理制度

物业工程设施与设备管理的任务是通过对建筑物的设施设备进行精心维护、科学检修、经济运行，保障设备效能的有效发挥，在为业主/用户提供高效优质服务的基础上，为业主/用户创造安全、舒适、先进、优越的工作环境。

一、工程部值班、交接班管理规定

1.目的

规范值班与交接班管理，确保值班质量。

2.适用范围

适用各管理处机电维修部值班人员。

3.职责

（1）公司工程维保部负责收集、登记和维修设备设施。

（2）公司工程维保部经理负责监督各社区物业管理处工程维修职责的履行。

（3）管理处经理和主任助理负责制定管理处下属各类工程维修人员的岗位职责，并监督其履行。

4.管理制度

4.1　值班制度

（1）值班人员在值班期间必须坚守岗位，不得擅自离岗、干私事、酗酒、聊天等。

（2）值班人员应处理好本班报修工作，不能处理的应注明原因。发现设备故障应马上排除，如无法处理应及时向主任或值班总负责人反映。

（3）应按规定巡查设备运行情况，并巡查其他设备、设施状况，发现设备故障应马上排除，如无法处理，应及时向管理处经理或值班总负责人汇报。

（4）认真填写好各“机电设备运行日志”和“机电维修部值班交接班记录表”及其他相关记录。

（5）值班人员不得私自调班，因特殊情况要调班，必须向管理处经理申请。

（6）严禁无关人员进入值班室和机电设备房，以及检查各类工具和钥匙等。

4.2　接班制度

（1）认真听取交班人员的值班和设备运行情况报告。

（2）查看上一班的值班日志和运行日志及巡查记录等。

（3）检查仪器、工具等物品是否齐全、完好，各机房是否干净整洁。

（4）巡视各设备的运行情况，检查各参数是否正常。

4.3　交班制度

（1）交接班人员必须当面交接并签名。

（2）交班人员必须整理好本班的各种运行巡查记录和值班资料等。

（3）交班人员必须详细介绍其值班情况、机器运行情况及存在的未处理问题。

（4）所有问题记录须现场交代清楚，等接班人员确认。

4.4 不能交接班的情况

（1）上一班运行情况未交代清楚或记录不规范、操作间不整洁。

（2）正在进行倒闸操作或事故处理过程中。

（3）交接过程中发生故障，应停止交接，由交班人员负责处理事故，接班人员协助事故处理。

（4）交班人隐瞒问题不报，经查证确系其责任的。

二、标牌、标识管理规定

1. 目的

对公共物业标识进行规范管理，增强其可识别性和美观度。

2. 适用范围

适用于本公司内部及所管辖公共物业的标识。

3. 职责

（1）分管副总经理负责批准标识的制作。

（2）品质部负责公共物业标识的统一制作，以及对标识制作商的控制。

（3）各部门负责公共物业标识制作的申请，以及对标识系统的维护管理。

4. 工作程序

4.1 标识范围

对物业管理活动中须进行标识的范围如下。

（1）采购的硬件产品。

（2）设备和设施。

（3）物业必要的指示标识。

（4）各项服务过程必要的标识。

4.2 采购硬件产品标识

各管理处对所采购的硬件产品验收入库后，应对每类产品进行标识。

4.3 设备、设施标识

（1）各管理处应对下述设备和设施进行必要的标识。

① 消防设备和设施。

② 供配电系统。

③ 给排水系统。

④ 保卫设施设备。

⑤ 通风空调系统。

⑥ 电梯设备。

（2）对各类设备设施的标识可使用下述方式进行标识。

① 标识牌。

② 涂刷不同颜色。

③ 记录。

（3）在对设备设施使用标识牌进行标识时，应在标识牌中标明设备设施的名称、型号和编号。

4.4 物业指示标识

（1）管理处应根据本管理处物业的具体环境特点，明确物业的指示标识。物业的指示标识一般包括以下内容。

① 物业名称、编号、楼层、房号标识。

② 道路交通指引标识。

③ 停车场车位标识。

④ 紧急疏散指示图。

⑤ 警示标识。

⑥ 大型物业的平面示意图。

（2）对管理处所设置的指示标识可通过下述方式进行标识。

① 设置指示牌。

② 直接在规定部位做出标识指示。

4.5 服务过程标识

（1）管理处负责对物业管理服务过程进行标识，大致的物业管理服务过程包括以下内容。

① 入伙管理。

② 环境绿化、清洁卫生管理。

③ 消防管理。

④ 治安管理。

⑤ 设备、设施管理。

⑥ 车辆管理

⑦ 顾客服务。

（2）对上述各项服务过程主要通过相关的记录进行标识，在各项管理活动中所必须形成的记录在上述服务过程的书面程序中已进行了明确规定。

4.6 可追溯性要求

（1）本公司的物业管理活动要求在下述方面达到可追溯性。

① 消防管理活动。

② 设备运行、设备维护保养及设备故障维修处理。

③ 秩序维护管理。

④ 车辆管理。

⑤ 客户服务（维修安装服务）。

⑥ 客户投诉处理。

（2）对上述活动根据各程序中规定的记录进行追溯。

4.7 标识制作流程如下。

流程图	负责人/部门	过程描述	支持性文件及记录
标识制作申请	各部门管理员	（1）各部门管理员根据本部门的需求情况填写“物品需求计划”交品质部（写明标识名称、规格、色彩、数量、制作用途等） （2）标识的样式尽量采用统一格式（各部门有特殊要求的除外），统一格式	“物品采购与管理程序” “物品需求计划”
标识制作	品质部	（1）联系标识制作商，根据批准后的“物品采购计划”进行标识制作 （2）建立档案，登记各部门制作标识的情况，详见“各部门标识制作登记表”	“物品采购计划”
对标识制作商的控制	品质部	（1）固定长期制作商，按“物品采购与管理程序”进行控制 （2）临时制作商要求提供的物品合乎质量要求	“物品采购与管理程序”
标识验收	品质部负责人	（1）参见“物品验收规定”（见作业指导书） （2）不合格退货重新制作，若两次不合格，取消合格供应商资格	“物品验收规定”
标识的出入库	品质部管理员	（1）标识验收合格，品质部管理员根据“库房管理规定”进行出入库 （2）管理员对入库的标识及时通知申请制作部门领用，相关部门领用详见“库房管理规定”	“库房管理规定”

三、公共物品（工具）管理规定

1.目的

规范公共物品（工具）的管理工作，确保公共物品（工具）的完整及各项性能完好。

2.适用范围

各管理处机电维修部的公共物品（工具）管理

3.职责

（1）公司工程维保部负责收集登记和维修设备设施。

（2）工程维保部经理负责监督各社区物业管理处工程维修职责的履行。

（3）管理处经理和经理助理负责制定管理处下属各类工程维修人员的岗位职责，并监督其履行。

4.管理规定

公共物品（工具）是正常工作中所必备的，保持公共物品（工具）的齐备和正常使用，能提高工作效率，爱护公物是每个员工必须具备的品德，为促进公共物品（工具）的管理，特制定如下规定。

（1）公共物品包括部门公用工具、个人配备工具和劳动保护用品。

（2）公用工具由管理处经理统一保管，并由仓管员填写“公用工具登记表”，同时指定保管责任人，领用时在“公用工具领用登记表”上签名登记。

（3）公用工具不得随意外借，确有需要时要经管理处经理同意，并负责追回。

（4）工具使用时，注意保管爱护，不得乱丢乱扔，不得随意损坏。

（5）个人随身配备工具由个人保管，领用时须登记签名，如属个人责任丢失或损坏，须自行负责赔偿。

（6）属于个人使用的劳保性用品，如服装等，在限定使用期后以旧换新，离职前须上交。

（7）个人配备的工具因工作调迁、辞工或解雇时，由管理处经理和仓管员共同进行盘点，如有丢失或损坏，必须照价赔偿。

四、维修服务承诺

1.目的

维修管理人员服务于物业内全体业主，快速优质地完成业主的每一起报修任务，圆满地处理好每一起投诉是维修人员的职责，让业主满意是维修人员工作的目标。

2.适用范围

各管理处机电维修部。

3.职责

（1）公司工程维保部负责收集、登记和维修设备设施。

（2）公司工程维保部经理负责监督各社区物业管理处工程维修职责的履行。

（3）管理处经理和经理助理负责制定管理处下属各类工程维修人员的岗位职责，并监督其履行。

4.服务承诺

（1）维修员工一定要努力学习，不断提高自身的业务素质，以达到维修时能判断准确，处理迅速。

（2）讲究文明礼貌，注重言行举止，尊重业主，竭诚为业主服务。

（3）工作认真细致，注意清洁卫生，节约材料，损坏东西负责赔偿。

（4）尽力做到当天的维修投诉当天处理完，实在无法完成的必须向业主解释清楚，做到维修及时率达到99%以上，维修合格率达到95%以上。

（5）确保业主用水用电安全正常，按时抄表，维护业主利益，做到有错必纠。

（6）所有员工必须定期参加培训，持证上岗，确保大厦内所有机电设备处于良好的运行状态。

（7）经常回访，征求业主意见，倾听业主声音。

五、机电维修部日常工作管理规定

1.目的

规范工程部内部管理工作，确保内部管理高效有序，为客户提供高效优质的服务。

2.适用范围

物业公司各管理处机电维修部全体员工。

3.职责

（1）公司工程维保部负责收集、登记和维修设备设施。

（2）公司工程维保部经理负责监督各社区物业管理处工程维修职责的履行。

（3）管理处经理和经理助理负责制定管理处下属各类工程维修人员的岗位职责，并监督其履行。

4.工作内容

（1）按时上下班，上午11：30分和下午5：30分前不能提前下班或吃饭，中午上班不能迟到。

（2）上班时间内无具体工作时，原则上在办公室等候，需外出巡查设备情况时须告知主任，不得办私事。

（3）上班时须佩戴工作证，穿着整齐，不得穿拖鞋。

（4）及时处理维修申请单，不得积压。上午11：10和下午5：10以前的维修单，必须及时处理完毕，有些维修如情况紧急或业主有特殊要求的，不管加班与否，都必须在当天处理完毕。当天无法处理的都必须在“维修情况”栏内注明原因，每个维修单处理完毕后须业主与维修人员签名。

（5）上门维修时须带工具袋（箱），必备工具都放在里面，以节省时间，增加工作效率，少跑路，多干活。

（6）服从主管安排，每天上班后先到办公室报到，等候分配一些重点的、突出的或需多人合作的工作，如无特殊情况处理，各人分头工作。

（7）紧急情况时工程人员（接到通知）须立即赶到现场，等候分配工作或作应急处理，直到事故处理完毕才能离开。

（8）服务态度作为上门维修服务的一部分，每个工作人员必须提高自身素质，工作时认真负责，树立良好的敬业精神，不断提高业务水平。

（9）工作时务必注意人身安全和设备安全，讲科学、多商量、不蛮干，配电房、水泵房或高空作业等须严格按照操作规程和相关注意事项工作。

（10）团结务实，努力工作，遵守本部门的制度。

（11）机电维修部主管（副主管），每天至少巡查各设备设施1次，检查各班值班巡查情况，每星期的不定时抽查不少于1次，抽查内容见“工程部抽查表”。

（12）主任（副主管）综合考虑各种情况（含领导交代事项、机电设备是否已到检修时间等），将当天工作安排下去。

（13）各当班维修人员原则上（除值班人员外）无维修单时应在值班室等候待命。

（14）各当班维修人员出去维修（含有偿服务和公共维修），应注明时间，回来交单时应注明完成时间，并且尽量让业主写上业主意见，以备查单考核，具体见“维修单”。

（15）关于机电设备大型的水电系统等的更换，由主管（副主管）安排填写维修单。

（16）土建人员的维修工作，主管（副主管）应以抽查的办法，检查完成的工效。

（17）所有的维修，主管（副主管）及维修人员都应根据事情的轻重缓急来随机处理。

六、设施设备管理规定

1. 目的

保障所辖物业各系统的设施设备正常使用，满足各项服务要求，尽可能延长设施设备的使用寿命，并节能降耗。

2. 适用范围

适用于公司承接物业范围内设施设备的管理。

3. 职责

（1）公司工程维保部经理负责批准《保养检修计划》和《冬检计划》。

（2）机电维修部负责建立设备台账，负责设施设备的运行操作、日常养护及定期的检修计划的实施，并监督分包商的保养工作。

（3）机电维修部主管负责设施设备巡视维护表以及各种运行、测试记录表的审核。

（4）技术委员会负责相应设施设备维护检修的技术指导工作。

4. 工作程序

流程图	负责部门/人	过程描述	支持性文件及记录
制定操作规程及巡视维护规定	管理处 机电维修部	（1）制定各系统作业指导书，如《____操作规程》《____巡视维护规定》 （2）制定《完好率评定办法》	各《操作规程》 《巡视维护规定》 《完好率评定办法》
审批	审核人 /批准人	详见程序文件《文件和资料控制程序》	《文件和资料控制程序》
发放	品质部	详见程序文件《文件和资料控制程序》	
制订工作计划	管理处 机电维修部	（1）工程部负责人进行责任分工，拟制《责任分工表》，各区域、各系统的维护保养责任到人 （2）拟制周期在每周及以上的《检修保养计划》；计划中要有冬检的时间安排；每年冬季来临前拟制详细的设备设施《冬检计划》 （3）工程部负责人建立《设备台账》及《设备设施清单》，单价在500元以上的予以建立台账 （4）工程部负责人根据各系统的运行情况及用户要求填写《设施设备运行时间安排表》	《责任分工表》 《设备设施清单》 《检修保养计划》 《检修保养实施记录》 《设备台账》 《设施设备运行时间安排表》 《冬检计划》

续表

流程图	负责部门/人	过程描述	支持性文件及记录
审批	部门负责人 公司工程维保部经理	（1）部门负责人审核《检修保养计划》《冬检计划》《设备台账》《设施设备清单》，审批《责任分工表》《设施设备运行时间安排表》 （2）公司工程维保部经理批准《检修保养计划》和《冬检计划》	
制订工作计划	管理处 工程部 综合部	（1）根据各系统《操作规程》《巡视维护规定》《责任分工表》及《设施设备运行时间安排表》实施各系统的维护保养，发现问题填写《服务工作单》进行维修，并在各系统《巡视维护表》上进行记录 （2）具体的维修工作详见《维修服务管理程序》 （3）综合部每月2日前统计上月的设施设备完好率，依据是各系统设施设备的《巡视维护表》及《完好率评定办法》 （4）对计划性的检修工作依据《检修保养计划》由工程部负责人统一组织实施，并记录到《检修保养实施记录》中，检修中的物资使用详见《物品采购与管理程序》，如需停止设备运行，给客户带来工作、生活上的影响时，需提前一天以《通知》的形式通知客户做好准备 （5）对分包的设施设备详见《物业服务分包控制程序》 （6）各设施设备出现紧急情况时，详见《紧急事件处理程序》	《服务工作单》 《维修服务管理程序》 《完好率评定办法》 《物业服务分包控制程序》 《紧急事件处理程序》 《巡视维护表》 《通知》（检修通知） 《物品采购与管理程序》 《检修保养实施记录》
监督检查	部门 负责人	部门负责人组织机电维修部、综合部每月至少检查1次，检查结果填写在各系统的《监督检查记录表》中，并通知责任人及时进行整改	《监督检查记录表》
改进	管理处机电维修部	根据部门负责人组织的检查结果填写《服务工作单》，对不合格项及时进行改进	
效果跟踪	管理处 综合部	综合部进行效果跟踪，并把整改结果记录在《监督检查记录表》中，若不合格项仍未改进，应采取纠正预防措施，并执行《纠正和预防措施管理程序》	《纠正和预防措施管理程序》

七、计量设备管理规定

1.目的

保证公司物业管理范围内的计量设备的准确性，使其能够及时、准确地反映设备的运行参数，为设备的运行管理、维护保养提供科学依据。

2.适用范围

适用于公司范围内使用的计量设备。

3.职责

（1）分管副总经理批准分管部门的《计量设备年度校验计划表》。

（2）管理处负责人审批本部门的《计量设备台账》，审核《计量设备年度校验计划表》。

（3）管理处机电维修部负责编制本部门的《计量设备年度校验计划表》及建立《计量设备台账》，并负责计量设备的送检或自检。

（4）公司工程维保部负责计量设备自检中的指导工作；公司工程维保部经理审批《计量设备校验报告》。

4.工作程序

流程图	负责部门/人	过程描述	支持性文件及记录
建立计量设备台账	工程维保部	（1）计量设备包括压力表、万用表、钳形表、兆欧表、接地电阻测试仪等 （2）台账包括计量设备种类、数量、安装位置、规格型号、校验周期等	《计量设备台账》
监督检查	管理处负责人		
是 计量设备年度校验计划	工程维保部	根据计量设备台账上规定的校验周期编制《计量设备年度校验计划表》	《计量设备年度校验计划表》
否 审核	管理处负责人		
否 是 批准	分管副总经理		
是 不合格 送检 合格	工程维保部	（1）责任人根据《计量设备年度校验计划表》中规定的时间进行计量设备的送检 （2）送检数量：根据实际情况选送不同规格（量程）和最高精度等级的产品（压力表、万用表、钳形表）各一个 （3）《检定报告》原件保存在管理处，复印件保存在技术委员会	《检定报告》（检定单位提供）
自检	机电维修部	（1）根据《计量设备年度校验计划》实施计量设备的自检。在巡视时发现有不符合要求的计量设备，机电维修部在工程维保部指导下及时组织人员校验，具体详见作业指导书《计量设备检定规程》，校验结果记录在《计量设备校验报告》上 （2）合格者贴“准用证”	《计量设备检定操作规程》“准用证”《计量设备校验报告》
失准	相关管理处	不合格者贴“停用证”，在《计量设备台账》上注明，并进行报废处理，详见程序文件《物品的采购与管理程序》	“停用证”《物品的采购与管理程序》

八、建筑物管理规定

1. 目的

保障建筑物安全，维护建筑物原有使用标准。

2. 适用范围

适用于公司所辖物业建筑物（含公共设施）的维护与管理。

3. 职责

（1）分管副总经理审批分管部门的《建筑物年度养护计划》。

（2）部门负责人审核《建筑物年度养护计划》，组织人员对建筑物维护情况进行检查。

（3）管理处机电维修部经理审核建筑物日常巡视记录。

（4）管理处机电维修部负责建筑物的日常维护工作。

4. 工作程序

流程图	负责部门/人	过程描述	支持性文件及记录
制定维护规定	管理处机电维修部	制定作业指导书《建筑物巡视维护规定》	《建筑物巡视维护规定》
审批	审核人/批准人	详见程序文件《文件和资料控制程序》	《文件和资料控制程序》
发放	品质部	详见程序文件《文件和资料控制程序》	
制订工作计划	管理处房管员	制订《建筑物年度养护计划》（此计划中要结合作业指导书及本部门的实际情况，列清养护项目是否采取分包）	《建筑物年度养护计划》
审批	审核人/批准人	见本程序“3. 职责”中的规定	
实施	责任部门	（1）根据《建筑物巡视维护规定》及《建筑物年度养护计划》，房管员主要负责建筑物的日常巡视，管理处其他员工配合，巡视发现问题后统一由房管员在《建筑物巡视维护表》上进行记录，并由机电维修部填写《服务工作单》进行维修，具体的维修工作详见《维修服务管理程序》 （2）综合部每月2日前统计上月的建筑物完好率，依据是《建筑物巡视维护表》及《完好率评定办法》 （3）对计划中的房屋养护项目如本部门及公司都无法实施时，可采取分包的形式把项目交分包商实施，并按《物业分包控制程序》进行控制 （4）建筑物中出现紧急情况时，详见《紧急事件处理程序》 （5）每年由公司组织人员依据《房屋完损等级评定标准》对各建筑物及其配套设施进行一次勘查评定，结果记录在《房屋完损等级评定表》中；另外在雨季、台风等恶劣情况后，管理处负责人组织综合部、机电维修部等人员及时对房屋及其配套设施进行检查，将结果记录在《监督检查记录表》中；对评定及检查中发现的问题交责任部门按程序进行整改	《维修服务管理程序》 《建筑物巡视维护表》 《完好率评定办法》 《物业分包控制程序》 《紧急事件处理程序》 《房屋完损等级评定标准》 《房屋完损等级评定表》 《监督检查记录表》 《服务工作单》

续表

流程图	负责部门/人	过程描述	支持性文件及记录
监督检查	管理处负责人	管理处负责人组织机电维修部经理、综合部每月至少检查1次，将检查结果填写在《监督检查记录表》中，并通知责任人及时进行整改	《监督检查记录表》
改进	管理处机电维修部	根据部门负责人组织的检查的结果填写《服务工作单》，对不合格项目及时进行改进	
效果跟踪	管理处综合部	综合部进行效果跟踪，并把整改结果记录在《监督检查记录表》中，如不合格项目仍未改进，应采取纠正预防措施并执行《纠正和预防措施管理程序》	《纠正和预防措施管理程序》

九、物业装修管理规定

1.目的

对所辖物业装修管理实施控制，确保建筑物的结构安全和装修的协调、统一、美观，并符合消防要求，以便客户合理、安全地使用物业。

2.适用范围

适用于公司目前所承接物业管理项目的装修管理。

3.职责

（1）公司各管理处负责物业装修管理中的主要事务。

（2）管理处经理负责装修管理中的有关项目审查。

（3）小区财务室负责向装修客户收取各文件规定的费用和退还装修押金。

（4）管理机电维修部协助业主对装修进行严格监督和验收。

4.工作程序

装修管理流程如下。

流程图	负责部门/人	过程描述	支持性文件及记录
制定装修管理规定	管理处综合部	详见作业指导书《装修管理规定》	《装修管理规定》
审批	审核人/批准人	详见程序文件《文件和资料控制程序》	《文件和资料控制程序》
发放	品质部	详见程序文件《文件和资料控制程序》	
申请	装修客户负责人	根据《装修管理规定》填写《装修申请审批表》	《装修申请审批表》

续表

流程图	负责部门/人	过程描述	支持性文件及记录
审批	管理处负责人	（1）三个工作日内审批《装修申请审批表》 （2）与装修客户、施工方一起签订《装修责任协议书》（一式三份，管理处、装修客户和施工方各执一份）	《装修责任协议书》
收费	管理处收款员	根据《装修管理规定》收取装修押金，施工负责人根据施工人员情况办理出入证，交缴管理费用	
实施	施工单位 管理处 各责任人	（1）所有装修人员凭管理处签发的出入证进出辖区，由值班秩序维护员进行检查 （2）根据《装修管理规定》进行装修施工，如需动火作业，按《消防管理程序》执行 （3）综合管理部建立辖区所有装修客户及装修人员档案，并登记到《装修登记表》及《装修人员登记表》上，以便查阅	《消防管理程序》《装修登记表》《装修人员登记表》
监督检查	管理处 负责人 房管员	（1）房管员为装修施工监督责任人，管理处其他人员协助，每天至少巡检一次，填写《监督检查记录表》 （2）巡查中发现违反《装修管理规定》的行为，应立即制止，经部门负责人批准后向装修申请方发出《整改通知》，责令其停工整改，同时在《监督检查记录表》中注明其整改通知编号	《监督检查记录表》 《整改通知》
验收	管理处 负责人 机电维修部	（1）工程竣工后，管理处组织工程部会同客户、施工方一同进行验收，并在《装修申请审批表》上签署意见 （2）验收不合格再次发《整改通知》进行整改，并根据《装修责任协议书》相关条款进行处罚 （3）管理处负责人审批验收情况 （4）验收合格后，综合管理部在《装修登记表》上记录	
退款	管理处 收款员	收款员根据审批合格的《装修申请审批表》退还装修押金，并收回押金票据	

十、物业维修服务管理规定

1.目的

尽快处理客户的报修，控制服务过程，确保为客户提供满意的服务。

2.适用范围

本公司所辖物业的报修服务管理。

3.职责

（1）客户服务中心负责报修信息的接收、记录、回访工作，并及时将信息传达到机电维修部。

（2）机电维修部负责报修内容的确认及维修，并填写相关记录。

（3）各相关负责人负责批准和验收服务内容。

4.工作程序

流程图	负责部门/人	过程描述	支持性文件及记录
信息接收	客户服务中心接待员 管理处员工	（1）管理处设立报修服务电话，并向客户公开 （2）客户需要管理处提供服务时，使用报修服务电话或在各种现场向物业管理人员提出服务要求 （3）对客户现场提出的服务内容，接收信息人员能处理的进行现场处理，不能处理的上报管理部 （4）客户服务中心接待员接收信息后在《报修登记表》上登记，各物业管理人员接收信息时需要问清楚服务的时间、项目等内容 （5）接到的服务内容，如属于有偿服务项目，执行《有偿服务管理规定》	服务电话 标签 《报修登记表》 《有偿服务管理规定》
↓ 分派工作	客户服务中心接待员 各部门负责人	客户服务中心接待员进行信息登记，同时通知相关责任人执行	
↓ 执行维修	相关责任人	（1）所有服务项目在维修前执行人均应做好准备（材料、工具配备等），填写《服务工作单》，经上级负责人批准后进行维修，物资采购及领用参见或《物品采购与管理程序》 （2）责任人员的维修要达到《服务承诺》的要求，对因材料紧缺或工作量大而不能在承诺的时间内完成工作的，需向客户当面说明；属责任区内的报告上级负责人 （3）各责任人根据责任分工对巡视发现及接收到的公共部分的维修工作，直接填写《服务工作单》后进行维修，并在《维修登记表》（登记报修的所有项目）上进行记录	《维修登记表》 《服务工作单》 《服务承诺》 《物品采购与管理程序》

续表

流程图	负责部门/人	过程描述	支持性文件及记录
验收	相关责任人	（1）客户验收自己报修的内容，因特殊原因客户不能验收的，与公共部位的维修一样，由维修责任人的上级负责人验收；对不能现场验收的项目等服务完结待观察时间后及时交相关人员进行验收 （2）所有《服务工作单》单据均应由管理处及报修部门各留存一张	
回访是否满意（是／否）	客服部接待员	责任人根据《回访制度》定期对维修人员的服务质量和服务态度进行回访，并填写《回访记录表》	《回访制度》《回访记录表》
结束；投诉	相关部门责任人	对回访及现场服务不满意的项目视为投诉，并按《客户投诉处理程序》进行处理	

十一、水电管理制度

1.适用范围

物业公司各管理处机电维修部。

2.总体要求

（1）所有机电维修部人员都有责任和义务对本管理处所管水电进行认真管理。

（2）所有员工必须以身作则，凡与人串通偷水、偷电者，一经查出将做严肃处理。

（3）确保水电设备、设施正常运行，水电正常安全供给。

（4）随时巡查，所有公共用水、用电都须装表并有完整记录资料；发现漏水、漏电现象，应随时维修；节约用水、用电。

（5）定期检查各用户水电使用情况，防止偷水、偷电现象发生。

（6）按时抄送水电表，并力求抄表正确、准时；每月将水电使用情况汇总报公司领导。

（7）严禁私拉乱接、水电线路的更改。水电表的安装要经主任以上级领导同意方可。

（8）随时向各水电用户讲解水电使用的要求，注意事项，对出现的问题多做解释工作。

（9）抄表人员施行轮换制，由副经理带队，最少2人抄表，除副经理为固定外，协助人员每月更换，轮流抄表。

3.停水（电）管理规定

（1）工程维修人员必须确保管辖范围内的水电正常平稳供应。

（2）正常的维修保养应尽量避免停水（电），必须停水（电）时，需按如下步骤操作。

①填写停水（电）通知单，注明原因，停水（电）的时间等，报公司领导批准。

② 将停水（电）的通知提前1天公告各相关部门和用户，以期做好相应准备。

③ 准时开展工作，按时完成任务，随时汇报工作进展。

（3）常规维保应尽量避开使用高峰期，且不超过半天。

（4）正常停水（电）时（应急抢修），应迅速判明原因，将情况向领导汇报。及时通过办公室前台和其他公示方式向用户公告解释停水（电）原因，恢复供水（电）的大概时间等。

（5）市政停水（电）时，如接获通知则应按照（2）的②项进行，如未接获通知，机电维修经理应迅速致电供水（电）部门查询原因，同时按照（2）的③项进行。

（6）停水（电）超过8小时，机电维修部门要组织人员尽量采取胜补救措施，内部系统应急抢修期间，机电维修人员须全部参加。恢复供水（电）按《配电房操作管理规程》和《水泵房操作管理规程》进行。

（7）停水（电）应由值班人员详细记录，故障（内部系统）停水（电）应分清责任人，将事故处理结果报告公司领导。

4.公共用水管理规定

（1）公共用水以满足需求和节约用水为原则。

（2）公共用水包括办公用水、卫生清洁用水、绿化用水和其他工程维修用水。

（3）公共用水设备的维修由机电维修部门按日常维修和计划养护进行。公共用水的监管由机电维修部、秩序维护部及品质部巡查人员负责。

（4）各公共用水的部门负责人须对本部门强调节水意识，制定用水节水方案，掌握节水方法。对浪费水源的直接责任人和部门负责人处以10倍水费的处罚。

（5）凡非公共用水使用人偷用公共用水的，处以50倍水费的罚款。

（6）公共用水点全部装设水表，由机电维修部每月底抄表统计1次，汇报公司领导。

5.公共用电管理规定

（1）公共用电以方便业主、有利形象、满足需要和节约用电相结合。

（2）公共用电由机电维修部门综合各方面意见，根据不同季节制定适当的开关时间报公司领导批准后执行。

（3）公共用电的开关需明确责任人一名或两名，责任人由有电工操作证或经过类似培训的人员担任。

（4）公共用电应装设准确的计量仪表，每月抄表统计1次向领导汇报。

（5）临时性的公共用电（如节假日等）须经部门主管同意并向公司领导汇报，同时由值班人员做好记录。

（6）公共用电设备设施应按维保计划进行维修保养，确保安全。

6.生活用水管理规定

（1）生活用水由市政直供和二次加压两种形式供给。生活用水设管理责任人1名，该责任人应具备相应专业知识和卫生知识。

（2）水电工应每周对加压水泵及管道系统检修1次，当日值班员每2小时巡查1次，确保水源供应不停顿。市政停水或维修确需停水时须提前24小时以公告形式通知用户做好储水准备。

（3）整个系统应采取封闭式，以防受到污染，各水池清洗入口须加盖加锁，以确保安全，并防止非管理人员接近水源。各透气管口要采取倒口式并加网，整个系统外围应保持干净整洁，机房每星期清洁1次，水池外部每两星期1次。

（4）按照市二次供水的有关规定，对各水池进行每年2次定期清洗消毒，由水质检测单位对水质采样化验并出具化验单，资料应齐全并由工程主任妥善保存。

（5）生活水系统与排水系统及污水系统隔离。

（6）每年对管道系统进行除锈刷漆1次，生活水系统管内的防锈除锈每年进行1次。

（7）二次供水由专门管理责任人定期巡查记录，每月月底向上级汇报供水系统和水质状况。

7.消火栓（水）、喷淋系统（水）设施管理规定

（1）消火栓（水）、喷淋系统（水）为消防专用设施，不得挪作它用。市政消防总阀，在非消防时严禁开启。

（2）消火栓（水）的使用按如下步骤进行。

① 使用人填写《消防水动用申请单》或《喷淋系统（水）停用审批单》。

② 秩序维护部门审批。

③ 机电维修部门审批。

④ 公司领导审核签字。

（3）秩序维护部门设立消火栓、喷淋系统管理责任人，管理责任人每月至少对其配置设备检查1次，并签名确认，由每日值班的安管巡逻人员每天定时巡检。

（4）机电维修部门每星期维保1次，确保消火栓（水）、喷淋系统（水）的正常使用功能。

（5）机电维修部应在消火栓、喷淋系统位置设立明显标志，并标明水系统的走向。

十二、跑水事故应急处理规定

1.适用范围

各管理处工程部。

2.处理规定

（1）水系统跑水事故为紧急事件，所有机电维修人员同为参与处理责任人，机电维修经理为事故现场负责人。

（2）发现跑水的第一责任人（机电维修部人员）应立即以最快的方式通知机电维修部其他人员，并迅速查明跑水原因。

（3）现场机电维修人员应在第一时间关闭跑水位置前的阀门，断绝水源。

（4）如果跑水对机电设备设施造成危险时应将机电设备设施转移（如果能转移，如电梯）到安全位置，如果不能转移则应先采取堵截或疏导水流，使其不影响机电设备安全。

（5）如果水已进入强电系统，则应先断掉本系统电源，特别注意人身安全，防止触电事故发生。

（6）处理事件的负责人随时将现场情况向上级领导汇报，以便确定最佳处理方案。

（7）事故处理完毕，事故责任人、负责人24小时内将整个事件写出，总结备案，并上报公司领导。

（8）跑水事件应急处理人员安排。

如下图所示。

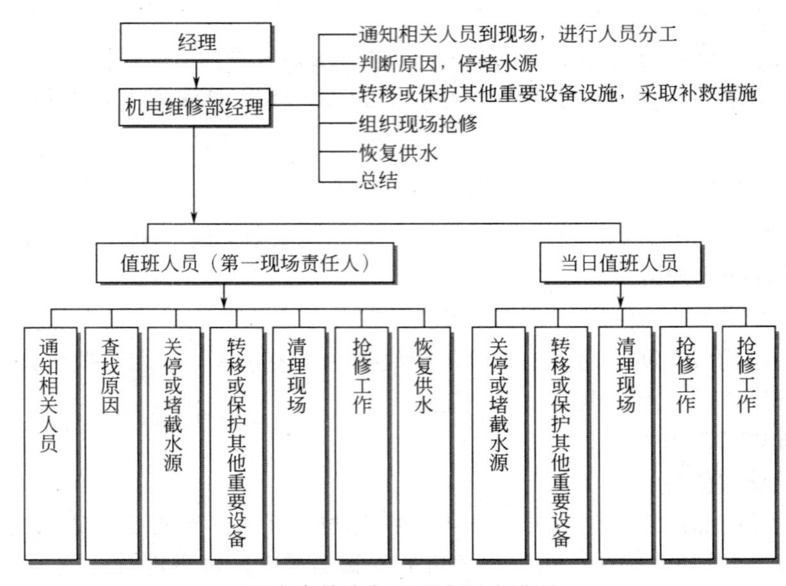

跑水事件应急处理人员安排图

十三、停电应急处理规定

1.适用范围

物业公司各管理处机电维修部。

2.应急处理规程

（1）值班人员或第一时间发现停电的人员应立即用对讲机或其他方式通知其他机电维修部人员和办公室前台及监控中心，机电维修部全体人员在得知停电后应立即赶往配电房。

（2）当日值班人员应迅速判断停电原因（市政停电或机房故障停电），启动应急发电机并网工作，应急发电机常规情况下应处于自动启动和并电位置，同时检查应急发电机各运行参数是否正常，各油水位等是否正常。

（3）值班人员以外的其他维修人员应首先启动电梯应急救人程序，放出被困人员，然后协助值班人员检查配电房情况。

（4）机电维修部经理接到停电通知后，应立即赶往现场，检查停电和发电情况。判明停电原因，证实电梯困人解救情况，通知监控中心向业主广播停电情况。如果是市政停电，向供电部门了解停电原因和恢复供电的时间；如果是配电房内故障停电，应立即组织人员抢修，同时将大概情况向领导汇报。

（5）应急发电机运行期间，值班人员应随时检查发电供电情况，并抄表记录。

（6）市政（或故障）恢复供电时，值班人员应按照配电房操作规程逐个合闸供电，同时检查应急发电机停机情况并记录停机时间。

（7）由机电维修部经理和值班人员同时确认恢复供电各处正常无误后离开现场，填写停电（或故障）处理记录。

3.停电应急处理人员安排图

如下图所示。

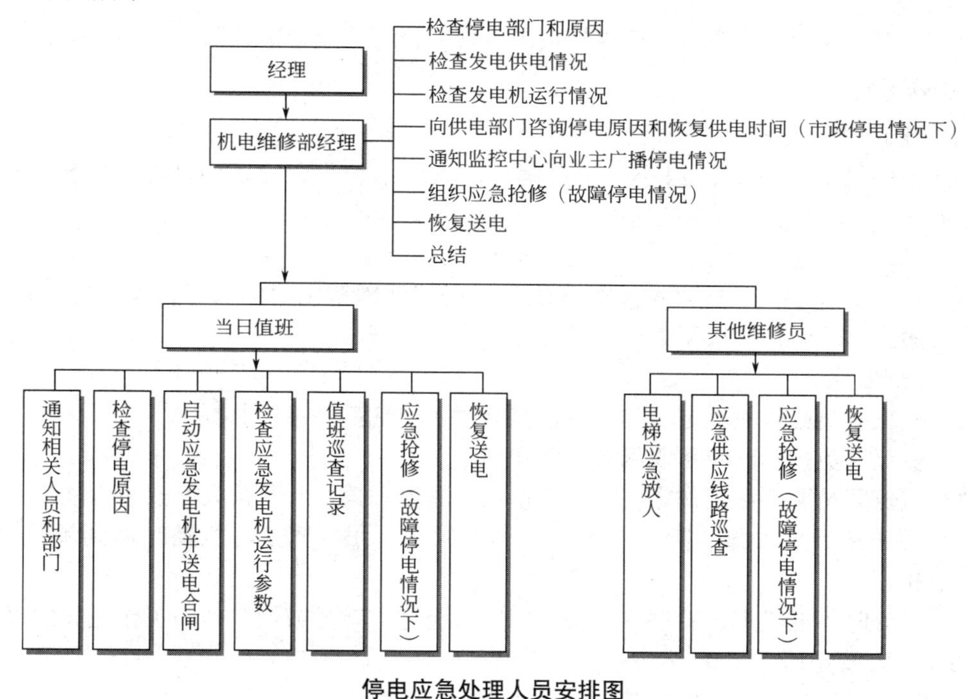

停电应急处理人员安排图

第三节　物业安全防范管理制度

安全防范是物业管理的基础工作，它是由物业公司根据物业服务合同所采取的各种安全措施和手段，目的在于保障业主和其他房屋使用人的人身、财产安全，维持其正常生活和工作秩序。安全防范工作涉及范围非常广泛，且具有专业性强、服务要求高等特点。物业公司要高度重视安全防范工作。

一、秩序维护队管理规定

1.目的

加强秩序维护员的日常管理，为业主（住户）提供优质服务。

2.适用范围

本公司全体秩序维护员。

3.职责

（1）秩序维护员负责本岗位的治安保卫工作及辖区内正常秩序维护。

（2）秩序维护班长负责检查和监督本班队员的工作，以及对异常情况的及时报告、处理。

（3）秩序维护主管负责工作的安排、检查监督队员的工作、对异常情况的报告与处理。

（4）管理处经理全面负责秩序维护员的日常监督、检查、协调工作。

4.工作规程

4.1 工作时间安排

（1）秩序维护工作实行24小时轮班制度，秩序维护员分早、中、晚三班轮流工作，每班为8个小时，可参照各小区情况由队长具体落实排班。

（2）早、中、晚三班每10天或1周轮换倒班。

（3）特殊情况下，秩序维护主管或班长可根据管理范围内的实际情况，适当调整秩序维护员的工作时间，并根据情况给予补休或申请加班。

4.2 值班

（1）值班队员必须按规定着装整齐，佩戴“上岗证”，按时到岗。

（2）值班队员执勤时应尽职尽责，坚守岗位。

（3）值班队员要端正工作态度，精神饱满，态度和蔼，礼貌待人，热情为住户服务。

（4）要服从领导安排，听从指挥；要尊重领导，团结同事，执勤时遇到领导检查，应起立敬礼。

（5）值班时不准吸烟、看书、看报、闲聊、会客、睡觉或做其他与工作无关的事。

4.3 日常管理服务工作

（1）秩序维护队具体实施日常管理服务工作。

（2）秩序维护主管或班长根据工作需要编写各项工作计划、培训计划、消防演练计划及针对各类突发事件的管理方案，经管理处经理批准后具体组织实施。

4.4 交接班

具体按照《秩序维护员交接班管理规定》执行。要按时交接班，接班队员应提前到达岗位，如接班人员未到达，值班人员不能离开岗位。向下一班移交《秩序维护员值班记录表》及装备，交接班人员都要在值班记录上签名。

4.5 检查监督工作

4.5.1 秩序维护班长

（1）对各岗位队员的值班情况、各项工作记录进行检查，确保所有工作安排、注意事项、有关事宜都已传达并通知相关人员，并采取相应措施。

（2）在交接班时，应确保本班组所有岗位人员安全、准时到位，工作交接清楚，队员着装整洁，仪容仪表符合值勤要求。

（3）监督本班组各岗位队员的工作情况，及时处理队员反映的异常或特殊情况，不能处理的及时向秩序维护主管或管理处经理反映。

（4）及时向秩序维护主管汇报本班组值班工作情况。

4.5.2 秩序维护主管

（1）具体落实秩序维护员各项规章制度。

（2）巡查各岗位秩序维护员的值班情况，监督各项管理制度的落实，确保所有秩序维护员按照工作计划进行执勤，并达到规定标准。

（3）每天对秩序维护员值班记录中发生的情况和问题进行检查及处理，确认秩序维护员值班报告的情况是否准确、详细，听取组长的工作汇报，对异常或特殊情况及时向主任汇报。

（4）在交接班时，应确保所有岗位人员安全、准时到位，并覆盖所有工作区域。

（5）检查所有秩序维护员是否着装整洁，仪容仪表是否符合值勤要求，不得有损公司形象。

（6）调整、安排各岗位人员班次。

（7）对有关秩序维护员值班过程中发生的各类事故进行调查处理，对秩序维护员违规违纪行为按有关规定提出处罚意见，并向主任汇报。

（8）配合主任和秩序维护队协调处理与当地公安机关的有关事务。

4.5.3 主任

（1）审批秩序维护主管或班长提出的各项工作计划和报告，以及培训、消防演练计划，并监督落实。

（2）参加每周秩序维护员班务会，考察各岗位秩序维护员的工作表现，掌握秩序维护员思想动态和工作态度，审核秩序维护主管或班长提出的违规违纪处罚意见。

（3）抽查并指导各岗位秩序维护员的值班和工作记录情况，监督各项管理制度的落实。

（4）每天听取秩序维护主管或班长的工作汇报，对秩序维护工作中出现的情况和问题的处理结果进行检查，及时指导处理秩序维护主管或班长不能解决的情况和问题。

二、秩序维护员巡逻规定

1. 目的

确保小区治安秩序，防止意外事故的发生。

2. 适用范围

本公司全体秩序维护员。

3. 巡逻规定

（1）巡逻岗位秩序维护员负责检查小区治安，在检查中按照《巡查记录》内容进行检查，如有问题及时进行报告和处理，并在记录上进行简洁的描述，如情况正常则划“√”。

（2）小区巡逻区域分为高层巡逻和多层巡逻，根据各小区的实际情况，管理处可自行规定巡逻路线及巡视签到点。

（3）巡逻秩序维护队员对责任区进行不间断的检查，要求做到各个巡视点每班有两次巡视秩序维护员的签到记录。

三、交接班管理规定

1.目的

保证秩序维护员工作交接正常有序进行，避免出现工作漏洞。

2.适用范围

秩序维护员岗位的工作交接。

3.职责

（1）秩序维护主管负责对所属秩序维护员工作交接进行监督检查。

（2）秩序维护员应严格遵照规程进行交接班工作。

4.工作规程

（1）着装要求：整齐、统一，帽不歪戴、衣扣扣好、衣物平整，目测衣物无污、无油、无破损；接班秩序维护员要按规定时间提前15分钟上岗接班。

（2）上岗前15分钟由接班班长进行整队，主持班前会，整理着装、仪容仪表，分配值勤任务，安排岗位，提出要求，并下达上岗指令。

（3）接班班长下达上岗指令后，将队伍按部队齐步行进标准带到各岗位，交接岗时应互相敬礼，问候“您好”，同时应将值班中需继续注意或处理的问题以及警用器械、工作用品及为业主（客户）代为保管的物品等向接班秩序维护员交代、移交清楚，认真做好记录，如上级通知、要求、未办事宜等。

（4）逐一接岗，交班秩序维护员要与接班秩序维护员共同对管区巡视一遍，进行验收后才能下班。

（5）接班秩序维护员验收时发现的问题，由交班秩序维护员承担责任；验收完毕，交班秩序维护员离开岗位后发生的问题由接班秩序维护员承担责任。

（6）所有事项交接清楚后，交班秩序维护员在离开岗位前在值班记录表上记录时间并签名。

（7）接班秩序维护员未到达，交班秩序维护员不得下班，如果此时下班，发生问题，由交班秩序维护员承担责任，并根据有关规定对接班秩序维护员做出相应处理。

（8）交接班工作应快速、有序地进行，不得延长交接班时间，在交接班过程中发生的问题，由交接班人员两人共同负责。

（9）交接换岗完毕后，下岗队员由组长统一带队离开，队员需保持衣帽工整，步伐形态整齐，齐步行进到指定地点，讲评当班工作情况，指出存在问题，并向接班组长移交质量记录表格、警用装备等工作用品，向主管或班长汇报值勤情况后，由交班组长下达“解散”口令后方可解散。

（10）主管、班长应对本单位的秩序维护员交接班工作进行监督检查。

四、秩序维护员的仪容及着装规定

1. 目的

树立秩序维护员的美好形象和社会声誉，振作精神、鼓舞士气。

2. 适用范围

公司全体秩序维护员。

3. 职责

（1）各秩序维护主管负责队员对仪容、着装规定的执行。

（2）管理处及公司品质部负责监督、检查。

4. 规定内容

4.1 秩序维护员的仪容、仪表

（1）举止文明、大方、端庄。穿着统一制服，佩戴“员工证”，扎武装带，整齐干净，注意检查和保持仪表。

（2）不得披衣、敞怀、挽袖、卷裤腿、戴歪帽、穿拖鞋或赤脚。

（3）头发要整洁，前额发不得遮盖眼眉，鬓角发不得长出耳屏，脑后发不得触及衣领，胡须长不得超过1毫米，女队员不得涂脂抹粉，不涂有色指甲油，秩序维护员不得留长指甲。

（4）精神振作，姿态良好。抬头挺胸，不准边执勤边吸烟、吃零食，不搭肩挽臂。

（5）值班期间不得佩戴饰物、哼歌曲、吹口哨、玩弄其他物品，不随地吐痰，乱丢杂物。

4.2 秩序维护员的着装

（1）上班制服应干净、整齐。纽扣要全部扣好，不得敞开外衣，卷起裤脚、衣袖，领带必须结正，扎紧武装带，佩戴工作证。

（2）制服外衣衣袖、衣领处和制服衬衣领口，不得显露个人衣物，制服外不得显有个人物品，如纪念章、笔、纸张等，制服衣袋不得装过大过厚物品。

（3）上班时只准穿黑（棕）色皮鞋，禁止穿拖鞋、布鞋、旅游鞋，女秩序维护员只准穿长筒肉色袜，禁止穿其他花色的袜子，袜头不得露出裙脚，袜子不得有破洞。

（4）除因公或经批准外，不准穿着或携带制服离开公司。

（5）离职时必须按有关规定进行服装的折算或将服装交回公司，如有遗失或损坏，则需按有关规定赔偿。

五、秩序维护员岗位规范用语

1. 目的

文明待客，体现秩序维护员的形象和职业道德。

2. 适用范围

公司全体秩序维护员。

3. 职责

（1）公司全体秩序维护员严格按照规定文明值勤、礼貌待客。

（2）品质部和各管理处秩序维护主管负责监督及检查秩序维护员的规范用语。

4. 规范内容

4.1 常用语

（1）您好、早上好，您请进，您请坐，您贵姓。

（2）请（您）稍后、请（您）用茶、请（您）谅解、（您）慢走。

（3）请（您）原谅、请（您）留步、请（您）关照、对不起。

（4）很抱歉、打扰了、不客气、谢谢、再见、晚安。

4.2 职业用语

（1）请您出示证件，谢谢。

（2）请问您找谁？

（3）请您使用磁卡。

（4）请您把车停好。

（5）对不起，这是安全制度，请合作。

（6）请您把车锁好。

（7）请您登记，谢谢。

（8）请您交停车费，谢谢。

（9）请您与管理处联系。

（10）请您把门锁好。

六、内务管理及请销假管理规定

1. 目的

规范秩序维护员内务标准，加强内部秩序维护员宿舍的日常管理，创造良好的工作、生活环境。

2. 适用范围

公司全体秩序维护员。

3. 管理规定

3.1 内务管理

（1）保持宿舍清洁卫生，不随地吐痰和乱扔果皮、纸屑、烟头等杂物。宿舍内禁止外来人员留宿。

（2）床位铺面保持干净平整，不摆放杂物，被子按要求折叠方正，床下的鞋应摆放整齐。

（3）帽子、腰带、口杯、水桶等均按指定的位置摆放，保持内务的统一。

（4）室内严禁放置易燃、易爆、剧毒及其他危险品。

（5）室内应保持安静，不得在室内喧哗、打麻将，以免影响其他队员休息。

（6）按时上下班、就寝、参加训练，无特殊情况，不得无故缺席。

3.2 请销假

（1）秩序维护员外出必须实行请销假制度，请假人员必须事先填写“秩序维护员请销假条”。

（2）请假时间在1天以内的由秩序维护主管批准，超过1天以上的向主管请示，报管理处经理批准，请假到期必须按时归队销假。

（3）休假期间，如发生紧急情况，一经召唤必须立即返回秩序维护队，听候调遣。

七、秩序维护队考核管理办法

1.目的

加强秩序维护队伍的自身建设，严肃纪律和工作作风，调动队员的积极性和责任感。

2.适用范围

管理处全体秩序维护员。

3.职责

（1）秩序维护班长对本班队员考核。

（2）秩序维护主管对秩序维护班长考核。

（3）管理处主管对秩序维护主管考核。

4.考核细则

4.1 秩序维护员考核细则

（1）每月秩序维护班长从值班值勤、学习训练、内务卫生、其他表现等几个方面对本班秩序维护员进行考核。

（2）奖罚所得分数以每分5元计算，每月统计1次，每月末累计值作为奖罚金额发放依据。

（3）奖罚分值及项目见附表。

（4）未明确的考核事项，按照有关管理规定参照相应的奖罚分值执行。

4.2 秩序维护班长职务考核细则

（1）秩序维护员考核细则，适用于班长。

（2）作为秩序维护班长，直接受秩序维护主管的领导，应具有高度的责任感，服从工作安排，带领本班队员履行各项工作职责，在工作中起带头表率作用，提高完成质量。

（3）执行内务管理规定，准时督促队员起床、早操、整理内务、交接班、训练、就寝等，并按规定检查仪容仪表、内务卫生。

（4）主动制止各类违规、违章现象，认真巡查各岗，及时发现、纠正本班队员的违规、违纪行为。

（5）不得滥用职权，处理问题要讲原则，讲方法，把握尺度；工作中遇到难点，及时向主管领导请示汇报，防止简单粗暴地处理问题。

（6）关心、爱护每个队员的工作、生活，经常与队员沟通、交流，掌握每个队员的基本情况，教育队员养成良好的生活习惯，树立爱岗敬业的职业道德风尚。

（7）积极钻研业务技能，提高全班队员的整体素质，带领全班完成上级交代的各项工作。

4.3 考核评分办法

（1）每日班长按秩序维护员考核奖罚内容，逐一对本班队员进行考核，每发现1次违规或奖励事项，按照奖罚分值扣分或奖分。

（2）除严重违规、违纪行为经管理处依有关规章制度上报公司处理外，队员考评的月末累计值将作为工资发放依据。

（3）对秩序维护班长、秩序维护员在工作中因不按规定操作造成损失的，除执行本考核规程扣分外，本人还要负责赔偿。

（4）每月由秩序维护主管依据秩序维护班长职务考核细则的七项内容对每个班长进行职务考核，每发现一处不合格则扣除5分。

（5）秩序维护主管每天依据秩序维护员考核奖罚内容对每班至少抽查1次，如有奖罚事项，则按照奖罚分值奖励或扣除该班分数，每月汇总1次，并结合秩序维护班长职务考核分数作为该班当月奖罚分，当月罚分以10分为基数，罚分超出部分或奖分作为班长当月工资发放依据。

（6）每季度由秩序维护主管主持考核工作，班长参加，根据每季度考核情况对每个队员该季度得分进行汇总，汇总结果作为将来职务升降的依据，并将汇总结果告知队员，表彰先进，促进后进。

（7）管理处依据考核细则对秩序维护队进行季度考核，考核结果作为秩序维护主管的职务津贴发放依据。

5.相关记录

（1）秩序维护员月考核表。

（2）秩序维护班长月考核表。

6.秩序维护员奖罚实施细则

6.1　秩序维护员奖罚实施细则（处罚）

考评项目	考　评　内　容	扣分/分
值班值勤	1.不按时交接班或不按程序交接班	5～10
	2.不按规定着装或着装不整	2～5
	3.值班时间吸烟、看书、看报、打游戏、闲聊、会客、吃零食、嬉笑打闹等做其他与工作无关的事情	5～10
	4.值班时间睡觉（当月累计两次做辞退处理）	10～20
	5.对当值情况隐瞒事实，弄虚作假	10～20
	6.由于工作出差错或服务欠佳，被客户投诉	5～10
	7.对来访人员未按规定办理来访检查、咨询、登记手续	5～10
	8.秩序维护员在值勤时未按车辆的放行程序操作	5～10
	9.擅离职守，未按规定区域或路线巡逻	5～10
	10.损坏装备、设施	10～20
	11.不按规定坚守岗位、脱岗	10～20
	12.不按礼仪服务标准操作	2～5
	13.发现安全隐患、问题未及时排除、制止和向上级汇报	5～10
	14.因疏忽职守给公司造成重大经济损失或不良影响	10～40

续表

考评项目	考 评 内 容	扣分/分
学习训练	1.不按时参加学习、训练，无故缺勤	5
	2.学习不认真，敷衍了事，不做笔记	5
	3.训练不认真，态度不端正，训练动作不规范	5
	4.学习训练考核不及格	5
	5.不听从指挥员的指令安排	5～10
内务卫生	1.床褥生活用品不按规定摆放整齐	5
	2.在宿舍内嬉笑打骂，影响他人正常生活、休息	5
	3.擅自留他人住宿或本人夜不归宿	5～10
	4.在宿舍内进行赌博或变相赌博	10～20
	5.破坏宿舍卫生或设施	5～10
	6.宿舍内私自接电源、使用电炉	5
礼仪形象	1.与客户发生口角、争吵，态度恶劣，言语不文明	5～10
	2.穿制服不严肃，举止粗俗	5
	3.未按要求做到有礼有节	5
	4.不了解情况，信口开河，损坏公司形象与利益	5
	5.未经允许，擅自穿制服离开秩序维护队	5
其他综合要求	1.不服从管理、顶撞上级	10
	2.本人岗位职责、权利、义务不明确	5
	3.业务知识掌握未达到要求	5
	4.不参加公司安排的其他工作、活动	5
	5.利用职务之便，收取非法利益或在外兼职	10～20

6.2 秩序维护员奖罚实施细则（奖励）

序号	考 评 内 容	奖励分/分
1	文明礼貌服务，主动为客户排忧解难，受领导或住户表扬	5～20
2	提出合理化建议，被采纳	5～10
3	积极配合管理，工作认真负责	5～10
4	见义勇为，及时制止恶性事件发生	5～20
5	拾金不昧，做好事受到住户表扬	5～20
6	为公司做出特殊贡献，使公司避免了经济及声誉受影响	10～40
7	配合公安机关发现并设法抓获各种违法犯罪分子	10～20
8	工作中积极主动，圆满完成规定任务	5～10

八、大厦、小区治安防范措施

1. 目的

规范大厦、小区的治安管理，确保住户的财产及人身安全。

2. 适用范围

适用于大厦、小区的治安工作。

3. 职责

秩序维护员根据岗位职责执行公务以及维持大厦、小区的正常秩序。

4. 工作程序

4.1　岗位工作职责

具体参见各岗位的工作职责。

4.2　物品搬迁

（1）当有物品搬出时，住户需要事先向管理处申报，经审核并办好有关手续后凭管理处出具的放行条放行。

（2）秩序维护员要认真核实搬迁住户的身份及物品名称、数量。

（3）物品搬出大厦、小区时，巡逻人员有权进行盘查。

4.3　突发刑事、治安案件的处理

4.3.1　抢劫的处理

当群众叫喊抢劫时，应立即制止和协助公安机关抓获犯罪分子；对掌握的犯罪分子的情况及时报告公安机关。事主或在场群众如有受伤，要立即送医院抢救。

4.3.2　盗窃的处理

如盗窃分子正在作案，应立即当场抓获，连同物证送公安机关处理，保护好案发现场，立即报告管理处和公安机关。

4.3.3　打架斗殴的处理

立即劝阻打斗，并及时报告管理处和公安机关。

4.4　火警的处理

（1）发生火警时，应立即拨打报警电话“119”，并报告管理处领导。

（2）参与抢救火场物资，应把贵重物资、器材、资料、易燃易爆物品等尽快地转移到安全地带。

（3）协助消防人员维护现场秩序，防止坏人趁火打劫，对群众反映的火灾责任人或重点可疑对象，要报告公安机关。

4.5　值勤工作中处理问题的原则

（1）纠正违章时要先敬礼、态度和蔼、说话和气、以理服人。

（2）发生纠纷时，要沉着冷静，注意掌握政策，若遇到个别业主蛮横无理，打骂秩序维护人员，可由管理处进行协商或妥善处理，其情节严重的可告公安机关依法处理。

九、搬入、搬出物品管理规定

1.目的

确保业主/住户的物品不损坏、丢失，小区（大厦）的公共设施不受损坏。

2.适用范围

小区业主/住户的物品搬出、搬入的管理。

3.职责

（1）管理处经理、秩序维护主管有权开出物品放行条。

（2）财务出纳负责核查业主/住户的管理费用等交纳情况，并在放行条上签字。

（3）房管员、秩序维护员负责检查物品出入情况，放行条由门岗收回。

4.工作程序

4.1 “放行条”和“出入证”的使用范围

（1）多层住宅区：业主/住户搬家离开小区时。

（2）大厦的使用范围如下。

① 有贵重物品、装修材料搬入搬出时。

② 业主/住户搬家进出大厦时。

③ 装修队伍将有价值的物品搬出时。

（3）大厦装修人员必须使用“出入证”，小区不限制。

4.2 管理处规定物品进出限制

4.2.1 禁止上下电梯物品

（1）整块大板或板料尺寸超出电梯轿厢内空间尺寸。

（2）铝合金、不锈钢型材的长度超过2米。

（3）未经包装（指用织袋等装好），用铁丝线捆扎运输的红砖。

（4）未密封的液体材料，如天那水。

（5）超长超宽的其他物品和不用袋装好的装修垃圾。

注：以上物品允许上下楼梯，但损坏或污染楼梯道者，必须负责赔偿。

4.2.2 禁止进入大厦的物品

（1）瓶装石油液化气。

（2）用于装修的固体沥青，禁止在大厦内熬制。

（3）室内地面装修材料：大理石、花岗岩厚度不超过1厘米。

（4）国家有关部门治安和消防方面禁止在大厦内储存的易燃易爆有毒物品等。

（5）未经许可搬运电焊机和空调架。

4.3 申请“放行条”的规定

4.3.1 搬入申请

（1）不限制申请人。

（2）装修队搬运材料进入时，持“装修许可证”和本人“出入证”。

（3）业主/住户搬入装修材料时，持本人“出入证”。

（4）搬家进入的申请：必须凭房管员的初验合格证明（装修初验合格后，房管员直接在住户的“搬迁保证金”收据的反面签初验证明）。

4.3.2 搬出申请

（1）搬出贵重物品的申请：必须由业主本人或凭身份证复印件的亲笔委托书和申请人的身份证复印件。

（2）搬家离开的申请：必须凭房管员或管理处经理出具的已结清管理费、水电费等证明。

4.3.3 时间规定

（1）所有搬运行为必须在规定的时间内进行，过期的“放行条”无效。

（2）业主/住户搬家时，应提前至少1天到管理处秩序维护队登记，以便管理处提供泊车位和专用电梯服务。

4.4 搬出、搬入程序

4.4.1 搬入程序

（1）到管理处秩序维护队领取“放行条”。

（2）秩序维护员查验“放行条”，检查搬入物品中有无禁止搬入的物品，核查无误后行，收回“放行条”。

（3）当日将“放行条”返回秩序维护主管处。

4.4.2 搬出程序

（1）凭有效证件到秩序维护队领取“放行条”，详细列明出物品清单。

（2）查验领取人的证件是否与业主/住户登记相符，杜绝他人冒领行为。

（3）秩序维护员（道口岗秩序维护员）核查无误后放行，收回“放行条”。

（4）即日将“放行条”返回秩序维护主管。

4.5 搬运行为损坏公共设备的赔偿规定

（1）管理处对公共设施遭受损坏的行为，依据“谁损坏谁赔偿”的原则进行处理。

（2）在搬出搬入物品的过程中，发现公共设施被损坏，秩序维护人员应立即要求当事人在“放行条”上签署损坏公共设施负责赔偿保证，同时通知管理处经理或房管员到现场查看。

（3）根据被损坏的程度和设施情况，由管理处经理或房管员计算赔偿费用。

（4）管理处经理或房管员对被损坏设施应及时进行维修的，要及时安排维修人员限期维修；对楼道等被刮花的情况，若在室内装修高峰期，维修工作应等到高峰期过后再进行。

（5）特殊情况：对当事人提出自己出人出钱维修的，管理处派房管员或维修人员督促维修工作；验收程序以“修工作手册”为指导。

十、车辆出入管理规定

1.目的

为了方便住户机动车辆的停放及管理，预防事故车辆被盗，保障住户的正常生活秩序，特制定本规定。

2.适用范围

公司所管辖的各管理处停车场、停车库。

3.职责

秩序维护员负责按照有关规定对车辆的出入、停放进行有效管理。

4.工作程序规定

4.1 秩序维护员的选用

（1）秩序维护员在本小区秩序维护队内择优选用。

（2）在秩序维护队工作满半年以上的秩序维护员。

（3）秩序维护员须思想素质好，工作细心、认真，遇事冷静、易与他人沟通。

4.2 秩序维护员岗位职责

参见“秩序维护员岗位职责”。

4.3 车辆进场（库）管理

（1）进场车必须按指定位置停放，不得堵塞消防通道，车辆进出不得占用人行道消防通道，压坏草坪。

（2）严禁运载剧毒、易燃物品及其他不安全物品的车辆进场。

（3）驾驶员必须关好门窗、调好防盗系统，出入卡、身份证等有效证件及车内贵重物品必须随身携带，否则，一切后果自负。

（4）不得在停车场内调试刹车、练习驾车、修车等，停放车辆若有漏油现象，必须及时清洗车场，同时，不允许驾驶员在停车场内清扫车内垃圾。

（5）车主要爱护车场设施，不得损坏停车场设施。

（6）不得刁难、辱骂或以暴力、威胁等手段妨碍车场管理员执行公务。

4.4 车辆放行。

（1）本停车场凭“车辆出入卡”放行。

（2）车辆带货出场，必须有相应的证明，属贵重大件物品或搬家时，需到管理处申请，领取放行条，方可放行。

（3）凡丢失车卡（月卡）的车主必须及时到管理处报告并处理，否则秩序维护员可不予以放行。

4.5 秩序维护员交接班

（1）秩序维护员要按时交接班，接班队员应提前到达岗位，如接班队员未达到值勤岗位，当班队员不能离开岗位。

（2）接班队员要详细了解上一班的值勤情况和应注意事项。

（3）交班队员应清点好所收取的费用总金额和剩下的停车票数量，并记录好已使用的起止票号，登记完毕后一起移交给接班队员。

（4）接班队员应将上一班交下的费用总额、剩票的数量、剩余临时卡的数量、对讲机和其他装备清点清楚，确认无误后在接班记录本上签字认可。

十一、消防管理规定

1.目的

为了加强消防管理工作，保护公共财产和业主/住户生命财产的安全，根据《中华人民共和国消防法》和本市有关消防规定，特制定本规定。

2. 管理规定

2.1　管理职责

贯彻“预防为主、防消结合”的方针，履行防火责任人和志愿消防员职责。

（1）认真贯彻执行消防法规和上级有关消防工作批示，开展防火宣传，普及消防知识。

（2）逐级建立防火责任制，落实有关防火措施。

（3）经常检查防火安全工作，纠正消防违章，整改火险隐患。

（4）监护动火作业。

（5）管理消防器材设备设施，定期检查，确保各类器材和装置处于良好状态，安全防火通道要时刻保持畅通。

（6）定人、定时、定措施，组织制定紧急状态下的疏散方案。

（7）接到火灾报警后，在向消防机关准确报警的同时，迅速启用消防设施进行扑救，并协助消防部门查清起火原因。

2.2　业主职责

（1）实行业主/住户防火责任制，各业主为防火责任人，负责做好各自所属区域的防火安全工作（消防安全责任书另行签订）。

（2）消防区及楼梯走道和出口，必须保持畅通无阻，任何单位或个人不得占用或封堵，严禁在消防通道上停放车辆或堆放家具和其他杂物。

（3）不得损坏消防设备设施，维护楼梯、走道和出口的安全疏散指示、应急照明及通风设施。

（4）业主/用户在辖区内严禁经营和储存烟花爆竹、炸药、雷管、汽油等易燃易爆物品，严禁燃放烟花、爆竹。

（5）遵守安全用电管理规定，使用符合国家标准的家用电器、燃气用具，严禁超负荷使用电器，要经常保持清洁，切勿留有油渍，切勿明火试漏。

（6）按消防规定配备灭火器，并放置于易取用的固定位置。

（7）公共区域不得燃烧香火、纸张及其他废弃物品，烟头及火柴余灰要即时弄熄，教育小孩不要玩火。

（8）业主/用户进行室内装修，需要增设电器线路时，必须先经管理处批准并保证符合安全规定，严禁乱拉、乱接临时用电线路；装修材料应采用不燃或阻燃材料，并按规定配备足量灭火器；如使用易燃或可燃材料的，必须经本市消防管理机关批准，按规定进行防火处理。

（9）需要进行烧焊等动火作业的，应向秩序维护部门提出申请，经批准并做好防护措施后，在专人监护下方可作业。

（10）发生火警，应立即报告管理处或拨打火警电话“119”，并关闭电器开关、燃气阀门和门窗，迅速离开处所，有序地从楼梯疏散，切勿惊慌拥挤。

（11）各业主/用户必须服从消防机关和物业管理公司人员有关防火方面的管理，如刁难、辱骂或以暴力、威胁等手段妨碍消防监督工作人员依法行使职权的，将报公安消

防机关，根据不同情况，对行为人予以相应罚款，直至依法追究刑事责任

十二、志愿消防队工作管理规定

1.目的

贯彻《中华人民共和国消防法》“以防为主、防消结合”的工作方针，努力提高志愿消防队的灭火战斗能力，保证业主/住户的生命财产安全。

2.适用范围

各大厦、小区管理处志愿消防队。

3.职责

（1）志愿消防队员必须认真学习有关消防知识和消防法律法规，利用各种形式积极做好防火安全宣传教育工作。

（2）熟练掌握各种消防设备的操作及使用方法，深入医院、小区、学校开展消防安全检查，做到及时发现火险隐患、及时整改、及时汇报。

（3）做好区域内及各楼层公共消防器材、设备设施的检查，保证设备设施处于完好状态，一旦发生火灾即可投入使用。

（4）保持各消防通道畅通无阻。应急灯、安全出口指示、消防电梯要保持在良好的工作状态，一旦发生火灾便于疏散逃生。

（5）一旦发生火灾，不管上班或下班时间，志愿消防队员都必须第一时间投入现场展开扑救工作，不得借故逃避，事后查明有借故不参加者予以严肃处理。

（6）志愿消防员在火险扑救中要做好组织群众撤离疏散工作，做好现场安全保卫工作，严防不法分子趁机浑水摸鱼。

4.工作程序

（1）实行防火责任制。

① 确定管理处经理为消防安全防火责任人。

② 配备专职或兼职消防安全主管，在管理处经理领导下工作。

③ 专职或兼职消防安全主管为志愿消防队队长。

④ 消防安全防火责任人，在公安消防部门和单位消防安全主管共同的指导下负责做好管理处防火安全工作，履行如下职责。

a.执行有关消防法律法规，实行持证上岗制度。

b.组织实施逐级防火责任制和岗位责任制。

c.建立健全防火制度和安全操作责任制。

d.把消防安全工作列入日常工作管理的内容。

e.对职工进行消防知识教育。

f.组织防火检查，消除火险隐患，改善消防安全条件，完善消防设施。

g.组织制定灭火方案，带领职工扑救火灾，保护火灾现场。

h.追查处理火警火灾事故，协助调查火灾原因。

（2）专职或兼职消防主管定期对志愿消防员进行消防知识培训和业务技能培训。

（3）志愿消防队员在队长的组织下按《消防演习工作规定》进行消防演习，并确保每年不少于1次。

（4）志愿消防队组织网络示意图如下所示。

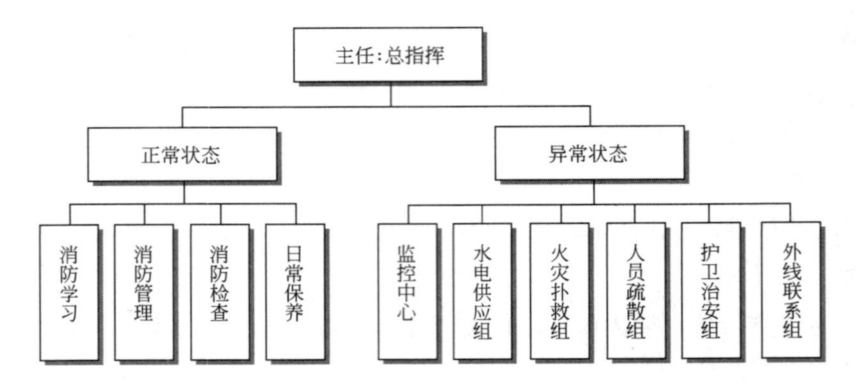

各管理处可以根据实际情况，参照本规定确定本部门的消防组织。

（5）消防主管完成区域内各商铺门店防火责任书的签订。

（6）做好消防检查记录，以及各项表格的填写和资料存档工作。

（7）消防安全检查评比奖惩制度。奖惩的条件和标准按安全防火责任书规定执行。

十三、消防控制中心值班工作制度

1.目的

明确值班人员的作业范围和巡查、记录要求，保证消防设备时刻处于正常工作状态。

2.适用范围

适用于消防控制中心值班工作。

3.职责

（1）消防控制中心值班人员负责消防设备的监护和对异常故障报警的处理。

（2）接收到真实火灾报警时，在向消防机关准确报警的同时，迅速通知管理处经理及所有人员启用消防设施、器材进行火灾扑救。

（3）消防控制中心工作制度、工作流程等要统一挂到墙面上。

（4）专职或兼职消防员负责对值班工作进行督导和检查。

4.工作程序

4.1　交接班要求。

4.1.1　接班人员

（1）认真听取交班人员对设备运作情况的报告。

（2）查看上一班“消防控制中心值班记录”的情况。

（3）检查设备显示情况是否正常，钥匙及工具、用具是否齐全、完好，并在“消防控制中心值班记录”上签名。

4.1.2　下列情况不准交接班

（1）上一班运行状况未交代清楚、记录不清楚、值班室不清洁及工具、用具不齐，不登记说明。

（2）接班人员未到岗接班，交班人员不准下班。

（3）接班人员有特殊情况而未能找到代班人时。

（4）严禁在处理故障过程中交接班，若在交接班时突然发生故障，应停止交接，由交班人员负责处理，接班人员协助。

4.2　工作要求

（1）值班人员必须熟悉区域各栋大楼的情况，熟记报警控测器显示的各个区域及实际位置。

（2）实行24小时值班制，如特殊情况需要调班时，必须事前报请消防主管或机电维修主管同意，方可执行。

（3）值班人员遇到无法处理的故障，应及时报告消防主管或机电主管组织处理。

（4）禁止用消防专用电话与朋友通话聊天，杜绝打声讯电话。

（5）禁止在值班室吸烟、生火做饭、喝酒、打闹。禁止非值班人员进入值班室。

（6）禁止在正常情况下关掉主机或利用屏蔽办法将报警控测器进行全区屏蔽，以免不能接收报警。

十四、市场、商业网点安全防火管理

1. 目的

认真贯彻执行《中华人民共和国消防法》及《××市消防安全管理条例》的细则规定，强化消防管理，保障市场公共设施和各业主（住户）财产生命安全。

2. 适用范围

管辖区域内（综合市场、商业网点等）消防管理工作。

3. 管理处职责

（1）认真贯彻“预防为主，防消结合”的方针，落实“谁主管，谁负责”的原则，保证市场的消防安全，管理处经理是安全防火责任人。

（2）确立商铺业主/住户为安全防火直接责任人，管理处要与其签订消防安全防火责任书，积极主动做好商铺的消防检查工作，排除火险隐患。

（3）建立健全各门店防火制度和应急疏散方案。狠抓全员安全防火工作的管理，做好防火教育、培训工作，做到人人会使用灭火器材，人人会报警。

（4）按规定配备灭火器材，保证器材的完好使用、布局合理、定位摆设、定人管理，保持消防通道畅通。

（5）灭火器材要摆在显眼、方便拿用处，有消防栓处不准堆放物品。

十五、临时动火作业安全规定

1. 目的

为确保消防安全，消除消防隐患，保障业主/住户的生命与财产安全，特制定本规定。

2.范围

适用于物业所辖范围内的临时动火作业的管理。

3.管理规定

3.1 审批规定

（1）收费班负责接待、咨询。

（2）管理处消防执行人负责对临时动火作业施工单位进行初审，并与收费班管理员及维修部主管一起进行现场勘察，对是否具备临时动火条件进行审查。

（3）管理处经理负责对临时动火作业的最后审核。

（4）秩序维护队负责每天对临时动火作业的巡查工作，并将巡查结果记录于“临时动火作业申请表”的“巡查记录”一栏中。

3.2 安全管理规程

3.2.1 动火前“八不”

（1）防火、灭火措施没落实不动火。

（2）周围的杂物和易燃品、危险品未清除不动火。

（3）附近难以移动的易燃结构未采取安全防范措施不动火。

（4）凡装过油类等易燃、可燃液体的容器、管道用后未清洗干净不动火。

（5）储存易燃易爆物品的仓库和场所未采取安全措施，危险性未排除不动火。

（6）在进行高空焊割作业时，未清除地面的可燃物品和采取相应的防护措施不动火。

（7）未配备灭火器材或器材不足不动火。

（8）现场安全负责人不在场不动火。

3.2.2 动火中“四要”

（1）现场安全负责人要坚守岗位。

（2）现场安全负责人和动火作业人员要加强观察、精心操作，发现不安全苗头时，立即停止动火。

（3）一旦发生火灾或爆炸事故，要立即报警和组织扑救。

（4）动火作业人员要严格执行安全操作规程。

3.2.3 动火后“一清”

完成动火作业后，动火人员和现场责任人要彻底清理动火作业现场后，才能离开。

十六、消防演习工作规程

1.目的

规范消防演习工作，确保消防演习质量和业主/住户的生命财产安全，提高志愿消防队在报警、灭火、疏散和抢救等方面的快速应变能力。

2.适用范围

适用于各管理处的消防演习管理。

3.主要职责

3.1 管理处经理

负责消防演习计划和方案的审核以及消防效果的评估。

3.2 秩序维护主管

负责制订“年度消防演习计划”和具体的消防演习预案，并负责对消防演习项目的具体组织实施和现场指挥。

3.3 秩序维护队（志愿消防队）全体员工

负责具体执行消防演习。

3.4 机电维修组

负责保障消防供水，供电。

3.5 客户服务中心

负责消防演习的各项支持与配合。

4.程序内容

4.1 年度消防演习计划的制订。

（1）秩序维护主管于每年年底前制订出下一年度的消防演习计划，报管理处经理审批。

（2）制订“年度消防演习计划”的注意事项如下。

① 结合各管理处消防管理中心器材装备情况和消防设施设备的具体状况。

② 有具体的组织实施时间。

③ 有标准的“消防演习方案”内容。

④ 有具体的消防演习经费预算。

⑤ 有每次消防演习的责任人。

（3）“消防演习方案”应包括以下内容。

① 演习的目的。

② 演习的时间。

③ 演习的地点。

④ 演习的总要求。

⑤ 参加演习的人员及职责。

⑥ 演习的项目。

4.2 消防演习的步骤

（1）秩序维护主管把制定好的“消防演习方案”报管理处经理审批。

（2）秩序维护主管根据批准后的“消防演习方案”的内容确定适当的时间、地点。

（3）准备消防演习所需的器材。

① 模拟着火源（如油桶等）。

② 水带、水枪、分水器。

③ 水源、灭火器（含干粉、泡沫、二氧化碳等）。

④ 液化气瓶等易燃物质。

⑤ 战斗服、安全带、头盔、防火服。

⑥ 安全绳、保险钩、空气呼吸器。

⑦ 根据消防演习项目需要再增加的消防器材。

（4）由管理处经理向配合参加演习的部门发出演习通知。

（5）演习前秩序维护主管组织举办一次防火安全知识宣传教育和消防集训。

（6）演习前管理处组织一次消防设备检查，确保管理区内现有消防设备的正常使用。

（7）确定演习日期和时间后，管理处提前1周向小区内的业主/住户发出消防演习通知。

4.3　具体演习

（1）秩序维护主管组织布置现场，演习准备就绪，其他配合部门和观摩人员列队入场，主持人宣读要求与纪律，管理处经理下达演习开始的命令。

（2）秩序维护主管按照演习方案的步骤，负责具体的组织指挥。

（3）各岗位人员按照演习方案规定的职责和分工行动。

（4）消防演习过程控制。

① 报警与验证。

② 紧急集合与灭火器材的携带。

③ 灭火抢险（水带、水枪的抛掷与连接，灭火器的使用操作）。

④ 疏散人员。

⑤ 安全警戒。

⑥ 试验消防设施（启动消防栓等）。

⑦ 救助伤员。

（5）消防演习结束。演习结束后安全员负责迅速将灭火器材整理好，然后整队集合。

4.4　消防演习总结

（1）管理处经理对整个演习效果进行总结。

（2）秩序维护主管对演习效果进行评估。

（3）秩序维护主管负责填写“消防演习记录表”存档，并将总结报告上报公司品质部。

十七、安全事件应急处理方案

1. 目的

为确保在发生紧急情况时能迅速有效地采取反应措施，减少各种突发事件对人员、财产和环境造成的伤害，特制定本方案。

2. 适用范围

适用于本公司各物业管理处的安全应急处理。

3. 管理规定

3.1　盗窃人匪警应急处理方案

（1）秩序维护队员在执勤中遇有（接报）公开使用暴力或其他手段（如打、砸、抢、偷等）强行索取、毁坏客户（公司）财物和威胁客户人身安全的犯罪行为时，要切实履行秩序维护员的职责，迅速制止犯罪。

（2）当发生突发事件时，要保持镇静，设法制服罪犯，同时立即通过通信设备呼叫支援。

（3）所有持有对讲机的秩序维护员在听到求援信号后，要立即赶赴现场，同时通知治安消防中心并封锁出事地点附近的出口，然后视情况向有关部门领导汇报。

（4）若犯罪分子逃跑，一时又追捕不上，要看清人数、衣着、相貌、身体特征、所用交通工具及外形特征等，并及时报告管理处，重大案件要立即拨“110”电话报警。

（5）有案发现场的（包括偷盗、抢劫现场）要保护现场，任何人不得擅自移动任何物品，包括罪犯留下的一切手痕、脚印、烟头等，不得让外人进入现场。

（6）记录客户提供的所有情况，记录被抢（盗）的物品及价值，询问客户是否有任何线索、怀疑对象等情况。

（7）若是运动过程中作案，由于没有固定的作案现场，对犯罪分子遗留下的各种物品、作案工具等，应用钳子或其他工具提取，然后放进塑料袋内妥善保存并交公安机关处理，切不可误将其他人员的指纹痕迹留在物品上。

（8）事发现场如有人受伤，要立即联系医院抢救治疗并报告公安机关。

（9）秩序维护主管做好现场记录并以书面形式报告上级主管部门。

（10）对抓获的犯罪分子，要严加看管，防止其逃脱或恶意伤人。同时报告并及时移交（送）公安机关。

3.2　发现客户斗殴的应急处理方案

（1）执勤中（以及客户投诉）发现客户之间有争吵、斗殴的现象要及时制止。

（2）制止原则：劝阻双方住手、住口；将争吵或斗殴的双方或一方客户劝离现场；如持有器械斗殴，则应先制止持械一方；有伤员则应先送伤员去医院救治；迅速报告管理处领导、主管领导，由管理处出面调解；如个人势单力薄，应请求增援；在制止争吵、斗殴双方时切记不能动粗，不允许恶语相向，以免事态扩大。

3.3　值勤中发现可疑分子的应急处理方案

（1）门岗执勤中如发现可疑分子时，要查验其证件，对持无效证件的人员严禁进入大厦，对证件无误的要严格监控。

（2）巡逻执勤如发现可疑分子时，要查验其证件，并采取监控措施，必要时带到秩序维护办公室进一步调查。

（3）发现有推销业务和散发广告的坚决制止，并带到办公室查问，如证件齐全，则让本人写保证书一份，并把其所有证件进行登记，进行教育直至其认错。

（4）发现有作案嫌疑人要严格查问，必要时可送到派出所审查。

3.4　发现醉酒闹事者或精神病人等应急处理方案

（1）醉酒者或精神病人失去正常的理智，处于不能自控的状态下，易对自身或其他人员造成伤害，秩序维护员应及时对其采取控制和监管措施。

（2）及时通知醉酒者或精神病人的家属，让其派人领回。

（3）若醉酒者或精神病人有危害社会公共秩序的行为，可上报主管部门，将其强制移送到公安部门处理。

3.5　遇急症病人的应急处理方案

（1）第一时间赶到病人所在现场。

（2）立即通知主管领导。

（3）通知病人的单位及家属。

（4）如情况危急，速打急救电话（120）。

3.6　台风暴雨袭击的应急处理方案

（1）检查应急工具并确定其性能良好。

（2）提醒客户搬离放在窗台和花架上的花盆及各类杂物。

（3）搬离放在围墙顶及其他高处的可移动物件，将安装在挡风处的灯罩、指示牌等固定好或移走，检查天台、平台下水道、雨水口及各沟渠，确保其通畅。

（4）紧闭所有门窗，特别是电梯机房及垃圾房等处的门窗，并做好防水措施。

（5）加固所有易倒伏树木，将盆栽移至低处或隐蔽角落。

（6）留意电台播放的有关暴雨、风暴进展消息，及时将最新台风信息张贴于大厦或大堂适当的地方，以便客户及时了解台风的进展情况。

（7）刮八级风时，非当值人员须与管理处经理或本部门主管保持联系，听候指示。

（8）如风暴持续昼夜不停，员工需轮流值班。

（9）员工参加抢险工作时，要注意人身安全，不能单独行动，要采取适当的安全措施，并保持与其他工作人员的联系。同时，避免逗留在空旷地方。

（10）台风来临后，当值、当班人员要认真负起责任，勤于检查，善于发现问题，及时做好现场督导工作，真正做到“三个关键”，即在关键的时候，出现在关键的地方，解决关键的问题。同时，加强与各部门的联系和沟通，做好协调配合工作。

3.7　车辆应急处理方案

（1）车库道闸、电动伸缩门故障应急处理方案。发现电动伸缩门不能自动开门，立即人工打开伸缩门，以免造成阻塞，并通知机电维修人员检修，尽快排除故障，恢复运行。

（2）车辆出入刷卡后，进出口道闸不能自动抬起，立即手动升起道闸放行，避免交通阻塞。同时，将选择开关置于常开位置，及时通知机电维修人员检修，尽快排除故障，恢复运行。

（3）如遇车辆不能启动或突然熄火的意外事件，应立即通知秩序维护主管，及时组织人力将故障车辆推移到空旷地带，以免阻塞交通。

（4）如遇车辆碰撞的交通事故，应协助当事人及时调解，力求避免交通阻塞。

3.8　火灾等突发事件应急处理方案

（1）消防工作应坚持“预防为主，防消结合”的方针，大楼消防中心每天24小时对大楼各区监控，同时管理处认真落实巡逻制度，秩序维护、清洁、水电人员要勤于检查，在自己的责任区内及时消除火灾隐患，力求把火灾消灭在萌芽状态。一旦发生火灾，力争在火灾发生初期能在短时间内及时阻止火势蔓延，消除火灾对人员疏散的威胁，减少火灾损失，确保大楼人员生命安全。

① 发生火灾时，立即通知有关领导并组织志愿消防队员进入着火区域抢险，争取在火灾发生初期，利用大楼内自有的消防器材灭火自救。

② 应立即向“119”报警并组织人员疏散。消防中心根据着火区域的地点和火情的变化，选择相应的灭火方法和步骤。

a. 切断火场电源，引导消防车和消防队员并组织突击队员进入火场。

b.消防中心迅速启动水泵，保证消防水压正常，有足够水量灭火，同时启动送风排烟设备，对疏散楼梯间保持正压送风。客用电梯全部降至底层锁好，禁止使用。相关责任人进入配电室随时做好备用电源的转送工作。

c.开启消防广播，通知引导人群迅速撤离火区。首先应通知着火层人员立即疏散，接着通知着火层以上人员疏散，最后是火灾有可能蔓延到的着火层以下人员有序疏散，火场指挥员应保持与消防中心联系。消防队员做好警戒，侦查火情，随时向消防中心报告。

d.灭火时，应将主力用于直接灭火上，同时以一小部分力量用在火灾可能蔓延的地方，防止火势扩大，若着火区域没有扑救的可能，就应立即将主力用于可能蔓延或可能造成更大灾害的方面。

e.积极抢救受火灾威胁的客户和群众，是灭火工作的首要任务，因此，抢险应本着先救人，后救物的原则，在管理处灭火总指挥的具体组织下，把引（导）、（护）送、查（看）、接（应）的责任落实到参加灭火救灾的消防人员。引导、护送、接应受困人员从标有疏导指示灯的各个楼梯口、消防电梯疏散。在着火层以上的人员，还可以从各个通往楼顶的楼梯口疏散，登上天面，等待营救。消防人员还应查找抢救受伤人员，帮助其安全撤离火区。

f.消防中心应熟练地根据各楼层上的疏导路线图准确指挥消防队员做好疏导工作，指导着火层内的人员从各个消防通道疏散。在冲过烟雾区时，严禁直立行走，须弯腰或爬行。对于一些被困在火层内冲不过烟雾区的人员，应通过广播、室内电话等通信工具，鼓励其增强自救信心，引导和启发他们就地取材，选择自救方法脱险，可采用把窗帘、台布连接起来作救生绳，把一头紧固在窗框部位，沿绳降落到下一层的自救方法。

（2）对在着火层以下的人员，要做好安抚工作，稳定他们的情绪，告诫他们不要随便乱跑，更不能返回着火层，同时组织医务人员抢救受伤人员。物业管理处要配合疏通所有消防通道，紧密配合消防队的灭火工作并做好后勤增援力量，保证必需的水电供应不间断和有足够的灭火器材及运输车辆。对抢救出来的贵重物品要严加保存，并做好记录，扑灭火灾后，协助维持秩序。对使用过的消防器材和设备进行复位、检查和修理，并写出书面报告呈交上级主管部门。

第四节　客户服务管理制度

客户服务中心承担着物业管理处直接对客户服务的主要工作，是体现物业服务档次，展示物业公司形象和企业文化，树立物业公司管理品牌的窗口，是实现优质服务，使业主满意的关键职能部门。客户服务中心主要的对客户服务工作是，业户入住、装修管理、来访接待、答疑解困、受理服务需求、费用收缴、受理投诉、走访业主等。

一、客户服务人员行为规范

1.目的

为了规范物业管理客户服务人员的行为，给业主/住户提供热情、规范的服务，特制定本规范。

2.适用范围

本规范适用于管理处客户服务人员。

3.工作内容

3.1 工作态度

3.1.1 服从上司

各级员工应切实服从上司的工作安排与调配，按时完成任务，不得无故拖延、拒绝或中止工作，若遇疑难或有不满，可直接向上司反映。

3.1.2 尽忠职守

员工必须按时上下班，不得迟到、早退或旷工，必须按时按编排时间表当值，不得擅离职守，因个人原因确需调换，需先征得上级领导的同意，不得擅自调换。当值时，应严格遵守工作的各项规定与要求。

3.1.3 正直诚实

员工必须忠于职守，如实向上级汇报工作，杜绝弄虚作假。

3.1.4 勤勉负责

员工在工作中应发扬高效和勤勉精神，对自己从事的工作认真负责、精益求精，严格按工作规范操作。

3.2 仪态

（1）在员工工作中以坐姿服务的，当有客人前来，应立即起身。

（2）坐的正确姿势：双脚并拢平放地面，抬头、挺胸、头正、收腹、两眼平视前方。

（3）在工作区域内，身体不得东倒西歪，前倾后靠，不得伸懒腰、驼背、耸肩。

3.3 仪表

（1）身体面部、手部必须清洁，提倡每天洗澡、换洗内衣。

（2）每天刷牙漱口，上班前不吃有异味食物，保证口腔清洁。

（3）头发整齐，男员工不留长发，女员工不染发。

（4）女员工上班要化妆，但不得浓妆艳抹，男员工不化妆。

（5）上班时不得佩戴饰物、留长指甲以及涂指甲油。

（6）必佩戴戴员工号牌，号牌应佩戴在左胸处，并保持整齐。下午上班之前，也应检查仪表。

3.4 表情

（1）微笑，是员工最起码的表情。

（2）面对业主/住户访客时应表现出热情、亲切、友好，必要时还要有同情表情，交谈时应做到精神振奋、情绪饱满、不卑不亢。

（3）和客人交谈时，应注视对方，频频点头称是，不得一言不发，毫无反应。

（4）面对业主/住户、访客时双手不得叉腰、交叉胸前、插入衣裤或随意乱放，不得抓头、抓痒、挖耳、抠鼻孔，不得敲击或玩弄其他物品。

（5）行走要迅速，但不得奔跑，不得两个人并肩而行或搭膊、挽手，与他人相遇应靠边行，不得从俩人中间穿行，请人让路要说“对不起”“谢谢”等礼貌用语，不得横冲直撞、粗俗无礼。

（6）工作期间不得哼歌曲、吹口哨、跺脚。

（7）不得随地吐痰、乱丢杂物。

（8）不得当众整理个人衣物。

（9）不得将任何物品夹于腋下。

（10）咳嗽、打喷嚏应转身向后，并说“对不起”。

（11）不得谈笑、大声喧哗或乱丢、乱碰物品以及发出不必要声响。

（12）上班时间不得抽烟、吃东西。

（13）不得用手指或笔杆指向客人或为客人指方向。

（14）递物给对方时，应用双手，递笔给对方时不能让笔尖朝向客人，应为笔头。

3.5 言谈

（1）声调要自然、清晰、柔和、亲切，不要装腔作势，声量不要过高或过低，以免对方听不清楚。

（2）不准讲粗话或使用蔑视和侮辱性语言。

（3）三人以上对话，要用相互都懂的语言。

（4）不得模仿他人语言、语调和谈话。

（5）不开过分的玩笑。

（6）说话要讲究艺术，多用敬语，“请”“谢谢”不离口。

（7）不得以任何借口顶撞、讽刺、挖苦业户/住户、访客、同事。

（8）要注意称呼对方姓氏，未知姓氏之前，要称呼“先生”或“小姐”，若知对方姓氏，最好称“某先生/小姐”。

（9）指第三者时不能说“他”“她”，应称“那位先生”或“那位小姐”。

（10）从客人手上接过任何物品，都要讲“谢谢”。

（11）对方讲“谢谢”时，要答“不用谢”或“不必客气”，不得毫无反应。

（12）有访客到来时，要先问好，注意说“请问找哪位”“我能帮您什么”“麻烦您登记一下”“多谢您的合作”。

（13）任何时候都不能说“喂”或“不知道”，要说“打扰一下，请稍等”“我帮你查一查”等。

（14）离开面对的客人，要说“请稍候”，如果离开时间较长，回来后要说“对不起，让您久等了”。

（15）客人离别时，要主动说“再见”。

二、管理处办公室管理规定

1.目的

为了规范物业管理处办公室，保持良好的办公场所，特制定本规定。

2.适用范围

本规定适用于管理处办公室。

3. 工作内容

（1）办公室工作员工应遵守劳动纪律，文明办公。

（2）员工着装应清洁、整齐，上班必须穿工作服、黑皮鞋，并佩戴工号牌。

（3）每日应提前10～15分钟到达工作岗位，做好本岗位及办公场所的清洁整理工作。

（4）接待客人，热情有礼；商谈业务，耐心诚恳；办公厅内严禁大声喧哗，聚众谈笑；接听电话时使用礼貌的语言，严禁长时间占用电话。

（5）无特殊急需请示、报告事项，不得打扰公司领导接待客人。凡需到公司领导、部门领导办公室时，必须敲门通报，得到允许后方可入内。

（6）不应随便打断他人谈话，不应随便翻动他人桌面上的文件、物品。

（7）办公场所要保持桌椅整齐，文件物品要摆放整齐，不得乱堆乱放，做好个人桌面的清洁卫生工作。

（8）接听电话应态度和蔼、语言简洁，领导布置任务或与之交谈时，应立即起身回应。

（9）禁止在管理处大厅内用餐、吃零食、吸烟，不得乱扔纸屑或其他污物。

（10）未经领导许可，不得擅自移动办公家具、办公设备及绿化花草。

（11）发扬“一张纸两面用”的企业精神，注意厉行节约。

（12）办公室大门钥匙，未经许可不得私自配制。

（13）认真做好办公室防火、防盗、防破坏工作，发现问题及时解决或报告。

（14）节假日前，需进行安全保卫工作大检查，落实值班人员，检查水、电、门、窗、气开关是否关闭及保密文件的安全存放。

三、客户服务值班制度

1. 目的

为了加强管理处与业主（住户）的联系，及时为业主（住户）排忧解难，体现物业管理的规范化特点，特制定本制度。

2. 适用范围

适用于管理处客户服务值班工作。

3. 工作内容

（1）客户服务值班工作由管理处客户服务部负责，管理处应设立固定的办公地点和值班电话，并广为宣传，方便业主/住户来访。

（2）客户服务值班不仅包括正常上班时间，在周六、周日及节假日，也应由管理处安排人员值班；其他时间（晚上）可不在办公室值班，但必须由专人负责接听值班电话，保持全天24小时值班。

（3）值班人员上班时必须身着工装、佩戴工作证，以便接受业主监督；必须坚守自己的工作岗位，不得看报闲聊，不得做与本职工作无关的事情。

（4）值班人员应热情、周到、主动、高效地服务业主/住户，对于接待事项应填写在值班记录本上，能立即处理的应及时处理，不能立即处理的，也应在规定的时效内处理，属投诉的，应按投诉处理有关工作规程进行处理。

四、客户来电来访接待工作规程

1.目的

为了给小区业主/住户提供良好的服务，体现物业管理专业化、规范化、一体化的管理服务特点，特制定本规程。

2.适用范围

适用于管理处客户服务中心的来电、来访接待。

3.职责

（1）客服前台接待员负责业主/住户来电来访的接待和记录，并安排处理事宜。

（2）管理处各部门、各岗位人员根据客服前台接待员的安排，处理相关事项。

（3）客服主管对前台接待的工作给予指导。

4.作业流程

（1）管理处客户服务中心前台接待人员通过业主/住户的来电、来访、来信以及现场值班治安员等各种形式接收信息，并记录于“客户来电来访登记表”上。

（2）前台接待人员根据实际信息或对记录信息经过分析，并按以下类型分别处理。

① 事务咨询。能当场回答的立即进行回复，如需要转由其他部门答复的，应及时转交其他部门答复。

② 事务求助。进行详细记录后根据服务项目的范围安排人员提供帮助。

③ 有偿服务需求。根据有偿维修服务的有关工作规程进行处理。

④ 建议与意见。根据所反映的情况，经过分析后能及时处理的，安排人员及时处理；暂不能处理的，及时向上级领导汇报研究处理。

⑤ 投诉。按照《客户投诉处理程序》进行处理。

（3）接待人员要将处理结果记录在“客户来电来访登记表”上，并对处理的情况予以跟踪，确保客户满意。

（4）管理处在处理来电、来访时，要热情、主动、及时，要坚持原则，突出服务，不得推诿、扯皮、推卸责任及为难客户，不得乘机索取好处、利益等，在处理完毕后将结果及时回复客户。

（5）接待人员应认真负责地做好本职工作，为客户提供满意的服务，减少客户的投诉、批评与意见，将客户的不满消除在投诉之前。

五、客户投诉处理工作规程

1.目的

本规程是为了规范投诉处理工作，确保业主/住户的投诉能及时、合理地得到解决。

2.适用范围

适用于各物业管理处物业管理服务工作的有效投诉处理。

3.职责

3.1　管理处经理

负责对投诉处理效果的检查；对一般投诉的处理进行指导；对重大投诉的亲自处理。

3.2　客户服务中心

负责对客户投诉的记录和一般投诉的协调处理工作。

4.工作程序

（1）客户服务中心接待人员接到客户投诉后，应首先向客户表示歉意，并将客户投诉情况记录在"客户来电来访记录表"上；或者客户服务中心接待人员根据"客户来电来访记录表"上记录的来电来访信息经分析属投诉的，立即按投诉程序处理。

（2）投诉内容登记：事情发生的地点、时间、经过、内容及要求。

（3）投诉接待人员应使用规范行业语言，严禁与业主/住户进行辩论、争吵。

（4）客户服务中心接待人员根据投诉内容填写"客户投诉处理表"，并立即报告客服主管。

（5）一般投诉由客服主管通知相关部门和班组及时解决。

（6）遇到重大投诉，客服主管应向管理处经理汇报，由管理处经理组织相关人员进行讨论，按要求落实解决措施；并向客户做好解释工作，确定回复时间。如遇紧急情况及突发事故，各部门和班组都有责任通知相关部门，先处理，后补办手续。

（7）相关部门在处理完投诉后，要迅速将处理结果汇报管理处客户服务中心，由客户服务中心主管安排回访，并填写在"客户投诉处理表"相应的栏目里。

六、客户有偿维修回访工作规程

1.目的

为了给业主/住户的生活创造便利，满足其室内维修需求，特制定本规程。

2.适用范围

适用于管理处对业主/住户的有偿维修回访工作。

3.职责

3.1　前台接待员

负责对业主/住户的有偿维修的接待、派工和回访。

3.2　维修工

负责按要求进行维修。

3.3　客服主管

负责对业主/住户的有偿维修的接待、派工和回访进行指导及监督。

4.作业流程

4.1　维修受理

(1) 前台接待接到业主/住户的报修要求时，要及时填写“客户来电来访登记表”，并填写“服务及回访记录表”通知维修工。

(2) 维修工接到通知后做好维修准备。

4.2 维修过程

(1) 维修工接到维修通知后，在规定时间内赶到现场，并按有关规定进行维修。

(2) 维修工作完成后，按要求填写好“服务及回访记录表”，并请客户在“服务及回访记录表”上进行签字，收取相应费用后及时交回管理处财务室，将“服务及回访记录表”交回客户服务中心。

4.3 维修回访

(1) 前台接待员根据“服务及回访记录表”，第二天对前日所有的维修进行回访。

(2) 回访形式如下。

① 上门回访。

② 电话回访。

(3) 回访内容。回访的内容为服务时间、质量、收费合理性及维修人员态度等，并进行综合评价。

(4) 前台接待员回访完毕后，要填写维修回访记录，并每月做维修回访统计表。如回访时发现不合格的维修服务，应及时报告客服主管，并由其根据具体情况处理。

七、客户走访工作规程

1. 目的

加强管理处与业主/住户保持的密切关系，及时听取业主/住户的意见与建议，改进物业管理服务工作。

2. 适用范围

适用于管理处对业主/住户的不定期走访。

3. 职责

3.1 管理处经理

不定期地亲自参与对业主/住户的走访并负责对其他人员走访的效果进行检查。

3.2 客户服务中心

负责对业主/住户的走访并记录其有关意见与建议。

4. 工作程序

(1) 客户服务中心在开展其他工作的同时，对业主/住户进行走访。

(2) 走访内容。与物业管理服务工作有关的治安、清洁绿化、公共设施设备、物业服务费等有关事项的建议与意见。

(3) 走访人员应注意礼仪礼貌，对于有关意见与建议应详细记录在“走访情况记录表”上。

(4) 收集的客户意见与建议

① 对于一般的意见与建议，当场进行回复。

② 对于有关投诉事项，经分析有效后按照“客户投诉接待处理工作规程”处理。

（5）客服主管定期将走访意见与建议收集汇总后向管理处经理报告。

（6）管理处经理每月至少参与1次对业主/住户的走访。

八、业主/住户资料的登记、管理工作规程

1.目的

为了及时掌握业主/住户的相关资料，便于与业主/住户进行及时有效的沟通和联系，特制定本规程。

2.适用范围

适用于各管理处业主/住户资料的登记与管理。

3.职责

3.1 客服主管

负责对业主/住户资料登记、管理工作的指导与监督。

3.2 物业管理员

负责对业主/住户资料进行登记、收集、整理及归档等工作。

4.工作内容

4.1 业主资料

（1）业主资料的来源：由居委会提供和客服人员的登记。

（2）业主资料的内容包括业主的姓名、性别、出生日期、户籍地址、现居住地址、身份证号码、联系电话、相片、家庭成员、车辆及其他情况。

（3）如果业主资料不完整（或不准确）时，可对业主资料进行核对，核对方法包括通过电话了解、上门走访以及其他方式等。

（4）业主资料的管理：业主资料登记于“业主登记表”或“业主统计表”，并由各管理处的档案资料管理员统一归档管理。

4.2 住户资料

4.2.1 住户资料的来源

由客服人员向业主收集、走访登记、电话登记或以其他方式收集。

4.2.2 住户资料的内容

住户的姓名、性别、出生日期、户籍地址、暂住地址、身份证号码、联系电话、相片、工作单位等。

4.2.3 住户资料的核对、变更

由客服人员不定期对收集到的住户资料进行核对、变更，确保其真实性与有效性。

4.2.4 住户资料的管理

住户资料登记于“租住人员信息登记表”，并由各管理处的档案资料管理员进行统一归档管理。

九、档案资料的建立管理工作规程

1.目的

规范并指导管理处档案资料的建立、管理。

2.适用范围

适用于管理处物业档案资料和业主/住户资料的建立与管理。

3.职责

3.1 客服主管

负责管理处各类档案资料的统一管理。

3.2 物业管理员

负责业主/住户资料和物业管理档案资料及其他资料档案的建立与管理。

4.工作内容

4.1 档案的接收

物业接管后，负责接收各类物业原始档案资料与建立，收集并完善各类物业管理档案，包括以下内容。

① 小区平面图。

② 业主资料。

③ 租户信息。

④ 各类物业管理常用档案资料。

4.2 登记建档

（1）对档案进行分类并按类别编制“档案文件清单”。

（2）每个月对资料进行1次整理归档。

4.3 档案资料的使用

（1）档案仅供管理处员工因工作需要时查阅或借出使用，非工作原因或非管理处员工未经管理处经理批准不得查阅或借出档案。

（2）业主/住户资料、员工个人资料及其他有保密要求的文件和资料的管理要求如下。

① 无关人员不可查阅。

② 不可复印或带离档案室。

③ 不可传播其内容。

（3）档案借出时应进行登记，并填写“文件借阅登记表”，由借阅人签字。

① 借阅时间不得超过3天，超过3天的须经管理处经理在“文件借阅登记表”上签字批准方可借阅。

② 存档案的磁盘、光盘和涉及业主/住户及员工个人的档案资料一律不得借出。

4.4 档案资料的变更

资料档案变更时应变更“档案文件清单”。

4.5 档案资料的保存

（1）档案资料须分类放置，收集在档案盒里，再整齐摆放在档案柜中，并填写“存档文件目录表”。

（2）档案室应保持：环境清洁；档案架、档案柜、档案箱、档案盒等的完好；适当的温度和湿度；配备干燥器、灭火器。

（3）资料的保管措施应能达到：防止档案损毁、散失；确保档案内容、信息的完整与防止安全；泄密等目的。

（4）档案资料的保管期限见相关文件管理规定。

4.6 档案的销毁

（1）超过保存期或经鉴定确认无保存价值的档案资料，由物业管理员填写“过期文件处理登记表”报客服主管审核，经管理处经理批准后予以销毁。

（2）销毁档案时，应有两人以上在场，监销人应复核销毁内容。

十、客户意见征询工作规程

1.目的

收集和听取业主/住户的意见与建议，改进物业管理服务工作。

2.适用范围

适用于管理处对客户定期进行的意见征询。

3.职责

3.1 管理处经理

负责对客户意见征询工作的指导。

3.2 客户服务中心

负责对客户意见征询工作的开展。

4.工作程序

（1）管理处每半年进行1次客户意见征询，征询的内容有治安、车辆、清洁、绿化、公共设备设施、社区文化活动、便民服务等，管理处可视实际情况选择每次征询的主题（内容），征询方式一般为问卷调查。

（2）管理处客服主管制订“客户意见征询计划”及“客户意见征询表”，经管理处经理审核后由客户服务中心人员负责执行。

（3）管理处征询户数按小区总户数（或总栋数）的10%为标准，且问卷回收率应不低于70%，若低于70%则按每低5个百分点，满意率相应下降1个百分点计。

（4）管理处对征询的结果按治安、车辆、清洁、绿化、公共设备设施、社区活动、便民服务等进行分类统计，出具“客户意见征询分析报告”，对未达到质量目标和客户普遍反映的问题，根据其程度采取相应的改进方法和纠正、预防措施。

（5）问卷发放应采用随机的原则和二次重点抽样（即对上次调查中有抱怨或投诉，或平时有投诉的客户等应在抽样时被覆盖到）。

（6）顾客的满意率不得低于质量目标的要求。

（7）管理处经理负责将调查的结果进行汇总分析，并提出对服务工作的改进建议，呈交品质部决定。对调查结果进行分析应采用一定的统计技术。

（8）征询的客户意见由客户服务中心安排人员统一进行回访，并填写“客户意见回访记录表”。

十一、物业服务费（管理费）的收费工作规程

1.目的

为根据公司财务规定，按时足额收取各种费用，保证收支平衡，特制定本程序。

2.适用范围

适用于管理费、水电费、车位费等的催交。

3.管理规定

3.1　操作程序

对欠款户采取以下6种方式催交。

3.1.1　银行电话催交

由银行对存款金额不够扣款数额的业主或住户进行电话通知，催其及时存足款项。

3.1.2　客户服务中心电话催交

打通电话，首先问好；再通报姓名及意图，并讲清欠费项目、起止时间、金额、限定交款日期。

要求：做到文明礼貌，态度和蔼，数据准确，简单明了。

3.1.3　派发催款通知单

在电话催交后，由客户服务中心根据财务室提供的欠款名单，发出催交款通知单，并写明欠款项目、金额；起止时间；限定交款日期。

要求：字迹清晰、工整，门牌号及交款时间准确无误。

3.1.4　第二次催缴单

在派发第一次通知单后，对仍未交款的住户（欠交2个月以上），派发第二次催缴单（内容、要求与第一次相同）。

3.1.5　第三次催缴单

对通过几次催缴无效的欠款户，采取派人将催缴单张贴于欠款户门上的催缴方式，内容与第一次催缴单相同。张贴地点：欠款户防盗门内的木门门镜处。

要求：准确无误。

3.1.6　发律师函

针对欠费大户或几次催缴无效的住户，报公司由公司统一处理。

要求：事先通知业主发放律师函一事。

3.2　工作标准

（1）收缴率达到95%以上。

（2）差错率为0。

（3）做到服务态度、工作质量一流，无业主或住户的投诉。

十二、社区文化工作规程

1.目的

通过开展健康丰富的活动，加强管理人员与业主住户的沟通，增进社区内业主/住户之间的亲和度，促进社区精神文明的建设，创造高品位的人文环境，塑造优秀的公司形象。

2.适用范围

适用于公司所辖所有物业的管理部门。

3.组织职责

（1）总经理、总公司综合事务部及管理处有批准组织实施社区文化活动的权力。

（2）社区开展的文化活动按照职责分工、逐级负责的原则进行。

① 常设性活动由物业管理处编制年度活动计划，经品质部汇总后，呈总经理批准后组织实施。

② 临时性重大活动经总经理批准后由管理处负责策划并组织实施，品质部监督其开展过程。

③ 临时性一般活动经品质部批准后由管理处负责策划并组织实施。

④ 公司内部各部门大型联谊活动，报公司批准后，由品质部负责策划并组织实施。

（3）活动所需经费及准备物品按照职责分工进行预算和准备，并逐级上报。

（4）管理处根据实际情况可以适当调整社区活动内容，但须报品质部批准。

（5）常设性活动和重大活动的资料收集及新闻报道由管理处社区文化干事和公司综合事务部协同负责。

（6）其他活动资料的收集工作由组织实施单位负责。

4.管理规定

4.1 社区文化活动的分类及标准

社区所举办的必须是思想进步、健康、内容丰富多彩的活动，并且符合国家、省、市文化管理机构关于开展社区文化活动的相关规定及要求。

社区文化活动的分类及标准

类别	细类	说明
常设性活动	节日、庆典活动	如在元旦、春节、“五一”“十一”通过对园区环境的布置，烘托节日气氛
	社区文艺长廊	通过社区内的宣传栏、阅报窗、楼内广告板等形式对国家政策、企业状况、名人的业主/住户轶事（本公司员工、社区及同行业的模范代表）、社区居民状况进行宣传报道
	健身运动	组织社区居民进行晨练，如打太极拳、练剑、做韵律操等活动
	游艺活动	设有活动中心的社区，除国家法定假期外，按工作计划定期向业主开放（若遇重大参观来访活动或竞技比赛期间除外）

续表

类别	细类	说明
常设性活动	文艺座谈	管理处定期组织业主/住户举办文艺座谈会，针对当前社会文化导向对怎样做好社区文化活动进行讨论，广泛收集群众意见
	评比活动	每年在社区内进行1次“好家庭”“好孩子”的评选，评委由管理处工作人员与业主委员会共同担任 （1）评比标准 ① 积极参加社区公益活动 ② 爱护社区公共设施 ③ 家庭和睦，邻里团结 ④ 见义勇为，抵制不良现象 （2）评选办法：以社区为单位，由业主委员会推荐，经管理处批准后颁发荣誉证书，并通过媒介进行宣传
	互助活动	通过管理处搭桥，使业主/住户之间相互沟通，开展各种互助互救活动，如助学、助困、助残、助孤寡等义务便民活动
临时性活动	趣味体育竞技	根据年龄的差异选择活动群体：针对老年人组织一些活跃大脑的体育项目；针对年轻人组织一些考验身体素质的活动；针对儿童组织一些挑战性强的活动
	综艺活动	在社区内组织积极向上的文艺活动，如少儿声乐比赛、诗歌朗诵比赛、家庭组合的集体表演和青年人、老年人参加的交谊舞大赛、书画以及棋类比赛等
	公益活动	倡导社区居民献爱心，既丰富精神生活又为美化社区做贡献，如种植结婚纪念树、绿地领养等

4.2 社区活动年度计划编制

（1）公司品质部依据年度工作任务要求，编制本年度所辖物业社区活动计划（常设性）。

（2）管理处社区文化部依据公司本年度社区文化活动计划，编制本社区年度社区文化活动计划［见“×××小区（大厦）年度社区文化活动计划表”]。

（3）“×××小区（大厦）年度社区文化活动计划表”的内容包括活动的主题、时间、地点、相关部门和人员任务分工、参加活动人员、宣传报道的安排、所需设备道具、经费的落实等项目。

（4）所有“×××小区（大厦）年度社区文化活动计划表”须经公司主管部门审批后才能正式生效。

4.3 工作规程

（1）管理处社区文化部（或综合事务部）根据已批准的“×××小区（大厦）年度社区文化活动计划表”，在活动开展前1个月申报下月的“月度社区文化活动计划安排与审批表”。

（2）批准后召集相关人员开展专题工作会议，明确准备工作任务，社区文化部（或综合事务部）做好“社区文化活动情况记录表”。

（3）各部门根据专题负责事项，安排本部门工作人员保质、保量、按时完成工作任务，具体按照《管理处工作手册》中的相关规定执行。

（4）管理处社区文化部（或综合事务部）负责社区文化的宣传活动，加强活动的宣传力度。

（5）社区文化部（或综合事务部）按照“社区文化活动计划安排与审批表”规定的要求和完成时间，派专人对各项工作进行检查、指导，如发现不符合要求的，应及时处理；如发现较大问题，马上报告管理处经理处理。

（6）活动进行过程中，社区文化部（或综合事务部）负责利用摄影、摄像或录音、记录等手段记录活动过程，并负责整理相关记录并归档保存。

（7）各管理处负责本处的接待来访、参观工作。

4.4 社区文化活动的规定

（1）管理处根据小区实际情况组织策划小区文体活动，拟定活动方案。

（2）在活动方案中写清活动的内容、时间、地点和经费的开支情况，以及活动中人员的安排。

（3）做好活动前的准备工作：购买奖品和准备游戏道具、场地、活动标识等，安排人员拍照，记录活动中发生的事情。

（4）管理处应在活动1周前通知业主/住户，说明参加活动的条件、时间、主题，并请业主/住户踊跃报名参加。

（5）在活动中，维护好交通和车辆秩序，若发生争执或其他意外事情，应及时向有关领导汇报并妥善处理，对业主/住户提出的建设性意见应做好记录。

（6）活动结束后，应全面清理活动场地，检查道具、设备是否完好。

（7）管理处在每次活动结束后，应认真填写一份总结材料。

4.5 社区文化活动总结

（1）每次举办文体、宣传、重大接待、便民服务活动后，均应填写“社区文化活动情况记录表”，记录活动的基本情况，总结活动的效果。

（2）“社区文化活动情况记录表”经主管社区文化工作的负责人、管理处经理签字后归档保存。

（3）活动全部完成后，收集此次活动的所有资料，包括活动的实施方案、会议记录、检查和处理记录及嘉宾名单、图片、节目单、照片、录像（音）带、接待来访参观记录与活动总结等，整理归档保存并标识清楚。

5.记录及表格

（1）年度社区文化活动计划表。

（2）社区文化活动计划安排与审批表。

（3）社区文化活动情况记录表。

十三、文体设施管理规程

1.目的

规范小区文体设施管理工作，确保各类文体设施的合理使用与有序管理。

2.适用范围

适用于物业管理公司对各类文体设施的管理工作。

3.职责

（1）管理处经理负责制定文体设施管理制度及管理工作监控。

（2）客服主管或社区文化干事负责组织实施文体设施的管理工作。

4.程序要点

4.1 文体设施管理一般要领

（1）小区公共文体设施一般只为本区住户提供服务，不对外开放营业。

（2）文体设施只收设施维护费，目的是为住户提供服务，不以营利为目的。

（3）住户使用文体设施时，一般凭业主证或住户证入场活动。

4.2 社区内文体设施

一般包括网球场、游泳池、儿童活动中心、乒乓球室、桌球室、棋牌活动室、图书室、健身房、宣传栏等项目。

4.3 网球场、健身房管理

（1）开放前的准备工作。

① 社区文化部干事应于开场前10分钟到岗，不得无故延误。

② 清洁球场、健身房，特别做好休息椅的清洁，检查设施完好情况。

③ 打开网球场、健身房的门迎接住户入场。

（2）网球场、健身房的入场规定。

① 网球场、健身房的入场消费对小区业主采用会员制形式，对非业主采用购票入场形式。

② 小区内业主应于每年12月31日前到社区文化部凭业主证办理会员证，会员证办理程序参照相关规程。

③ 业主进入网球场、健身房消费时：首先向文化干事出示会员证，文化干事要核对会员证与使用本人是否相符，如有疑问，应验明其他证件直到无疑问，确认无误后，请业主进入网球场、健身房进行消费活动。

④ 非业主进入网球场、健身房消费时，先到管理处设的收银处购买入场活动门票，入场前向文化干事出示门票，文化干事将门票副券小心撕下妥善保管，正券交消费者本人保管，持票人进入场内消费。

⑤ 小区业主进入网球场、健身房消费可采用电话预约或亲自预约活动时间，文化干事凭订场先后顺序准予业主使用网球场、健身房，在不影响业主活动的前提下方可让非业主进场活动。

（3）网球场、健身房的公众管理规定。

① 所有人员进场时必须穿运动鞋。

② 爱护公共设施，因使用不当而损坏的设施应照价赔偿。

③ 讲究场地卫生，不得乱丢、乱吐、乱涂，违者处以一定罚款。

④ 只能进行健康的娱乐活动，不准进行赌博等违法活动。

⑤ 参加活动者必须服从文化干事的管理，不得强行延长活动时间。

（4）每日活动结束后，文化干事应收拾好各类设施，整理与该日内入场活动记录及相关票据副联，确认无误后方可下班。

4.4　游泳池管理

（1）开场前的准备工作。

① 泳池管理员应于开场前半小时到岗。

② 做好游泳池场地的清洁工作，检查设施完好情况，补充水源，协助专业消毒人员做好泳池消毒工作。

③ 迎接泳客入场。

（2）游泳池入场一般程序。

① 到管理处财务室购票，小区业主可凭“业主证”购买优惠票。

② 凭票及本人“健康证”进场，泳池管理员必须严格执行“入场须知”的规定，严禁不符合入场条件的人员进入游泳池内。

③ 到物品保管处领取储物牌，将自己随身携带的物品锁入保管柜内。

④ 更衣淋浴，再经消毒池洗脚入池。

（3）游泳池注意事项。

① 必须凭票、凭证入场，严禁强行冲入或爬栏入场。

② 按时进场和出场。

③ 严禁在池内玩球和打水，影响他人游泳。

④ 下池前应看清池边水深标识，凡身高在1.4米以下或不会游泳者，不得进入大池游泳，游泳不熟练者不得越过分区线进入深水区游泳。

⑤ 注意公共卫生，不在池内吐痰、大小便和丢杂物，爱护公共设施，节约用水，随手关闭水阀。

⑥ 入场必须服从工作人员管理，自觉遵守游泳池的一切规章制度。

（4）泳池管理员应于每场结束后清场，统计该场泳客数量及票据。

4.5　儿童活动中心管理

（1）儿童游乐场专供儿童使用，谢绝成人在设施上活动。

（2）小孩活动时，家长或保姆要保护孩子的安全，不要从斜坡往上爬，荡秋千时幅度不要过大。

（3）讲文明礼貌，互敬互让，不在场内争执、吵闹。

（4）保持环境卫生，不乱丢杂物，不玩泥沙，不随地大小便。

（5）爱护场内设施。

（6）社区文化部文化管理员负责儿童活动中心的具体管理，凡进入儿童活动中心的人员必须听从管理员的安排。

4.6　乒乓球、桌球室、棋牌活动室管理

（1）开场前的准备工作。

① 管理员应于每日活动室开放前半小时到岗。

② 清理活动场地的卫生，摆放好桌椅，清理球具。

③ 迎接活动人员入场。

（2）入室活动一般程序。

① 到管理处财务室购买相应类别活动门票，小区业主凭“业主证”可优惠。

② 在各活动室开放时间内持票进入活动室内。

③ 管理员根据入场先后顺序，安排好各类活动的时间场次，并负责各类活动的用具配置并监督其使用情况。

④ 每场活动结束后，活动人员应整理好棋牌、球具等，经管理员清点无误后离场。

（3）活动室内注意事项。

① 活动人员必须凭票到相应活动室内活动，不得串岗或到处走动。

② 室内不得有大声喧哗、随地吐痰、吸烟、乱丢杂物等行为。

③ 爱护室内设施和活动器具，不得将球具、棋牌乱丢，不得在台面、墙面上乱画，损坏设施或器具照价赔偿。

④ 活动人员必须服从管理员的管理，依照排定的时间场次进行活动，不得无理取闹。

（4）管理员于每次活动结束后应清理现场，收拾好球具、棋牌等并摆放好，统计该次活动的门票收入情况。

4.7　图书室管理

（1）小区内图书阅览室是为丰富社区居民业余文化生活，便于小区居民查阅资料、学习而设立的非营利性学习场所，由管理员负责具体管理。

（2）凡欲进入图书阅览室学习的住户，需在规定的开放时间内持相关证件进入。

（3）在阅览室要注意卫生，不乱丢杂物，不随地吐痰。

（4）自觉维护室内秩序，不大声喧哗，保持室内安静。

（5）爱护图书及公共财物，不得撕毁、涂改图书，不得将图书带出阅览室。如确有需要欲带至室外的，住户应提前凭有效证件办理借阅证。

（6）管理员负责阅览室的清洁卫生、维护秩序、桌椅及图书的整理等工作，每次开放时间结束后，管理员应将图书归类摆放整齐，清点有无图书丢失。

4.8　社区宣传栏、公告栏管理

（1）社区宣传栏、公告栏是为了向住户宣传有关法规、法令和小区的新人、新事、新风尚而设定的，由管理员具体负责收集宣传资料及定期更换。

（2）管理员应及时收集相关资料，制作图文并茂、形式生动活泼的宣传作品，报管理处经理审定后张贴到宣传栏内。

（3）任何外单位（个人）未经许可不得在小区宣传栏内外张贴宣传品，特别是不良宣传品，违者一经查实将按有关规定予以处罚。

（4）管理员负责每月更换宣传栏内容，保证无陈旧、过期的宣传品，并负责对宣传栏的清洁与养护工作。

（5）管理员必须将每期的宣传内容、版式材料收集汇编好，拍摄照片并归档保存。

4.9　管理处服务人员应遵循的规则

（1）文明工作，礼貌待人，佩证上岗，仪态端庄，和蔼可亲，勤于打理，创造良好的活动环境。

（2）游泳池的救生员应具备健康的身体和娴熟的游泳技能，熟悉各种救生技术；值班时，必须保持精神高度集中，以保障游泳者的安全和避免事故的发生。

（3）游泳池水质净化员应严格按照国家规定的卫生标准，每天做好详细的净化、消毒工作。

（4）不得利用职权和工作之便进行营私舞弊，私自放人进入有偿活动场所。

（5）不得有与客户发生争执或骂人、打人的行为。

第五节　环境保护管理制度

现代物业小区、写字楼以及各种特殊物业是人们生活、工作、活动的空间，相当于一个微型社会。人们的衣、食、住、行、工作、娱乐和购物等活动往往都集中在这个社会里。而良好的环境是确保这个社会正常运转的基础性工作。

一、大气污染防治作业指导书

1. 目的

以明确指定物业服务过程中所产生的废气及粉尘的防治控制管理办法。

2. 适用范围

本标准适用于物业服务范围内产生的废气及粉尘的管理。

3. 管理职责

3.1　办公室

办公室为防治主管部门，主要负责对物业大气污染实施监督，并协调各部门工作。

3.2　各部门和人员的责任

3.2.1　办公室负责人

废气、粉尘处理责任为办公室负责人，担负有以下职责。

（1）指导和监督绿化养护施工现场，使在施工过程中产生的废气、粉尘得到正确、妥当的处理。

（2）调动本部门的全体力量为废气、粉尘的再利用和控制不断努力。

3.2.2　废气、粉尘处理操作人员的职责

（1）按照规定方法对废气、粉尘进行处置。

（2）及时掌握废气、粉尘的数量并记录。

（3）废气、粉尘超标时及时向废气、粉尘处理责任人汇报。

3.2.3　其他部门责任

各部门按照经营业务部的安排具体实施，协调本部门工作与物业总目标相一致。

4. 防治管理程序

4.1　污染分类

所谓大气污染是指物业服务过程中产生的污染大气的物质。根据废气、粉尘的性质和实际状况将大气污染分为烟气、粉尘两大类，具体如下。

（1）在绿化养护中杀虫农药的散发污染。

（2）粉尘：水泥、尘土。

（3）氟里昂排放：电冰箱、空调、CFCS氯氟烃的使用。

（4）厨房油烟废气排放。

4.2 大气污染检测及监测委托

（1）本物业有能力自行监测的项目，由物业进行监测并记录。

（2）监测委托。物业对大气污染监测部门进行调查，挑选具备资格的环保监测站对物业的大气污染进行定期监测。

4.3 目标与指标及管理方案的制定

（1）办公室应依据《中华人民共和国大气污染防治法》《环境空气排放标准》等国家和地方有关标准，结合物业实际情况，制定大气污染排放目标指标，并经管理者代表批准。

（2）应根据确定的目标指标，制定具体的管理方案或管理改进方案，该方案应经广泛讨论研究，结合实际，并征求当地环保部门意见，最后经环境管理者代表批准，必要时由经理批准。

（3）通过实施测量和改进，不断提高和改善管理方案，实现大气的达标排放。

4.4 废气、粉尘的防治及处理

物业应对绿化养护产生的废气担负管理、处置的责任，主要实施以下事项。

（1）办公室要加强职工的正规操作教育和环境意识的教育，操作工人应严格遵守操作程序，防止人为粉尘飞扬的产生。

（2）对物业中新产生的尘土、施工垃圾要集中堆放，并及时运离工地，以减少尘土飞扬。

（3）绿化养护现场要对可能产生粉尘、尘粒的污染源经常洒水，必要时用棚布遮盖，防止尘土飞扬。

（4）在绿化养护中，严格控制使用杀虫农药对空气和土地的污染，严格操作规程，用无毒、弱毒农药替代有害农药。

（5）厨房中产生的油烟废气要通过吸油过滤后才能排放。

二、固体废弃物污染防治办法

1.目的

对于公司管理服务范围内可以控制或能施加影响的固体废弃物排放行为进行预防和治理。

2.适用范围

公司管理服务范围内固体废弃物排放管理。

3.职责

3.1 管理者代表

批准对各部门主要固体废弃物污染的治理方案及技术改造工程。负责组织对公司新建或对原有设施改建和扩建中环境保护“三同时”工作实施情况的监督检查。

3.2 品质部

对有关部门固体废弃物排放管理及相关治理设施的运行进行监督检查；对各部门主要固体废弃物污染治理方案及技术改造工程的审核；负责本部门新建或对原有设施改建和扩建中环境保护“三同时”方案的制定和实施。

3.3 相关部门

负责本部门固体废弃物管理及相关治理设施管理、维护、保养和维修；对产生固体废弃物的服务方法、流程和有关设备设施进行整改；提出本部门主要固体废弃物污染的治理方案。

4.过程和实施要求

（1）本公司管理服务范围内固体废弃物的产生。

① 管理服务区域（住宅区及其他物业）内产生的生活固体废弃物。

② 洗车服务过程中产生的固体废弃物。

③ 各类设备设施修理与更新的固体废弃物。

④ 工业区内各工厂产生的工业固体废弃物。

（2）固体废弃物的分类（包括但不限于以下分类）。

① 可回收类的固体废弃物：纸类（纸箱、纸板、办公用纸、包装纸、各类办公废纸、废报纸、废印刷纸、废便写纸、饮料杯等）、塑料类（塑料袋、包装袋、塑料条、塑料管、PE袋等）、金属类（废文件柜、废金属文具、废电线、废端子、旧铁设备、废金属容器等）、木头类（废木拍子、加工板、废旧木箱）等可以回收利用的物品。

② 不可回收类固体废弃物：主要是废扫把、地拖、吸尘袋、破垃圾袋等没有回收利用价值的物品。

③ 特殊类固体废弃物（含危险固体废弃物），如硒鼓、炭粉、废电池、废荧光灯管、玻璃瓶（化学品、油类）、计算机及其配件等在处理过程中会造成对环境的二次污染的物品，需交由供应商或有资质的固体废弃物回收站进行处理。

（3）固体废弃物产生的预防。

① 各部门在制定服务流程时，应在不影响服务质量的前提下，考虑固体废弃物管理与处理的环保要求，并在相关的规章制度和作业流程中予以体现及明确。

② 在新建或对原有设施进行改建和扩建时，应考虑对环境的影响并贯彻“三同时”制度。

（4）固体废弃物的存放。

① 产生固体废弃物的各部门应对固体废弃物分类并按规定场所存放。

② 各部门固体废弃物仓库或集中区域应指定专人管理，进行严格标识，分类存放，防止固体废弃物乱堆乱放及撒落现象，保持地面清洁。

（5）固体废弃物的处置。

① 固体废弃物的处置应以下列原则为基础。

a.优先考虑资源的再利用问题，减少对环境的污染。

b.分类处理，在处置过程中，不应对环境造成二次污染。

c.产生或处置情况要建立台账，分别加以记录和统计。

② 对于可回收的金属废料、废纸、废纸箱、废塑料等废弃物由各部门自行回收利用或及时处理给有资质的废旧物资回收处理方，并将处理情况记录于《固体废弃物跟踪处理记录表》上。

③ 对服务提供、办公过程中产生的特殊类固体废弃物应集中回收，交由供应商或有资质的固体废弃物回收站进行回收运输和处理，相关情况记录于“固体废弃物跟踪处理记录表”上；不得将其随便乱丢弃或投入生活垃圾箱中。

（6）各部门应根据有关法律法规要求，结合本部门具体情况制定有关固体废弃物排放的规章制度和作业流程，在日常工作中严格按照有关规定进行作业，严禁有超出作业标准的行为。

（7）对环境清洁绿化供方及其他服务分包方，各部门相应的管理人员应根据双方的合同与本文件要求，对供方在分承包服务中使用和涉及的危险化学品、固体废弃物及服务过程中的环境管理措施在分承包服务合同中进行约定，并在日常工作中予以监督控制。有关固体废弃物的处理情况记录于“固体废弃物跟踪处理记录表”。

（8）对于不在我方可以完全管理和控制的范围内的违规现象，我方应进行告知（含对违规者和政府部门的双向告知），并通过持续的施加影响，如在小区宣传栏或板报上张贴固体废弃物的分类处理等环保常识等方式，不断促进对方（含业主和住户）改进。必要时，将有关流程形成管理处规章制度或作业指导书。

（9）对需要集中处理的固体废弃物进行管理，应制定应急预案。

（10）对固体废弃物排放的监测按《环境监测和测量管理程序》的要求实施。

三、保洁工作操作规程

1.目的

规范各项保洁操作程序，使保洁工作标准化、规范化。

2.适用范围

适用于本公司下属物业项目的保洁工作。

3.清洁保养操作标准

3.1　灯具清洁保养操作标准

3.1.1　保养范围

小区内的路灯、楼道灯、走廊灯、办公室的灯具。

3.1.2　作业程序

（1）准备梯子、螺丝刀、抹布、胶桶等工具。

（2）关闭电源，架好梯子，人站在梯子上，一手托起灯罩，一手拿螺丝刀，拧松灯罩的固定螺钉，取下灯罩。

（3）先用湿抹布擦抹掉灯罩内外的污迹和虫子，再用干抹布抹干水分。

（4）将抹干净的灯罩装回原位，并用螺丝刀拧紧固定螺钉。

（5）清洁日光灯具时，应先将电源关闭，再取下盖板，取下灯管，然后用抹布分别擦抹灯管和灯具及盖板，重新装好。

3.1.3　清洁保养标准

清洁后的灯具、灯管无灰尘，灯具内无蚊虫，灯盖、灯罩明亮清洁。

3.1.4　安全注意事项

（1）在梯子上作业时应注意安全，防止摔伤。

（2）清洁前应首先关闭灯具电源，以防触电。

（3）人在梯子上作业时，应注意防止灯具和工具掉下砸伤他人。

（4）用螺丝刀拧紧螺钉、固定灯罩时，应将螺钉固定到位，但不要用力过大，防止损坏灯罩。

3.2　公共卫生间清洁操作标准

3.2.1　清洁范围

客用卫生间及物管卫生间。

3.2.2　清洁作业程序

（1）每天的6：30～8：30、13：30～14：00，分两次重点清理公用卫生间。

（2）用水冲洗大、小便器，用夹子夹出小便器内的烟头等杂物。

（3）清扫地面垃圾，清倒垃圾篓，换新垃圾袋后放回原位。

（4）将洁厕水倒入水勺内，用厕刷蘸洁厕水刷洗大、小便器，然后用清水冲净。

（5）用湿毛巾和洗洁精擦洗面盆、大理石台面、墙面、门窗标牌。

（6）先将湿毛巾拧干擦镜面，然后再用干毛巾擦净。

（7）用湿拖把拖干净地面，然后用干拖把拖干。

（8）喷适量香水或空气清新剂，小便斗内放入樟脑丸。

（9）每15分钟进行保洁1次，清理地面垃圾、积水等。

（10）每周用干毛巾擦灯具1次，清扫天花板1次。

3.2.3　清洁标准

（1）天花板、墙角、灯具目视无灰尘、蜘蛛网。

（2）目视墙壁干净，便器洁净，无黄渍。

（3）室内无异味、臭味。

（4）地面无烟头、物资、积水、纸屑、果皮。

3.2.4　工作过程中应注意事项

（1）禁止使用碱性清洁剂，以免损伤瓷面。

（2）用洁厕水时，应戴胶手套，防止损伤皮肤。

（3）下水道如有堵塞现象，应及时疏通。

3.3　房屋天面、雨篷清洁操作标准

3.3.1　清洁范围

小区内房屋的天面、平台、雨篷

3.3.2　清洁作业标准

（1）备梯子一个，编织袋一个，扫把、垃圾铲各一把，铁杆一条。

（2）将梯子放稳，人沿梯子爬上雨篷，先将雨篷或天面打扫干净，垃圾装入编织袋，将编织袋提下倒入垃圾车内，将较大的杂物一并搬运上垃圾车。

（3）用铁杆将雨篷、天面的排水口（管）疏通，使其不积水。

3.3.3　清洁标准

（1）每周清扫1次。

（2）目视天面、雨篷：无垃圾，无积水，无青苔，无杂物，无花盆（组合艺术盆景和屋顶花园除外）。

3.3.4　安全事项

（1）梯子必须放稳，清洁人员上下时应注意安全。

（2）杂物、垃圾袋和工具不要往下扔，以免砸伤行人，损坏工具。

3.4　大堂清洁操作标准

3.4.1　清洁范围

大堂的地面、墙面、台阶、天棚、宣传牌、信报箱、垃圾筒、消防设施、风口、灯具、装饰柱、门口不锈钢宣传栏。

3.4.2　清洁作业程序

（1）每天6：30和13：00分两次重点清理大堂，平时每半小时保洁1次，重点清理地面的垃圾杂物。

（2）用扫把清扫大堂地面的垃圾，用长柄刷蘸洗洁精清除掉污渍及口香糖。

（3）清倒不锈钢垃圾筒，洗净后放回原处。

（4）用尘拖或拖把拖掉大堂地面上的尘土和污迹后，将垃圾运至垃圾屋。

（5）用干毛巾轻抹大堂内各种不锈钢制品，包括门柱、镶字、宣传栏、电梯厅门、轿厢。

（6）将湿毛巾拧干后，擦抹大堂门窗框、防火门、消防栓柜、指示牌、信报箱、内墙面等公共设施。

（7）先用湿拖把拖两遍台阶，再将干净的湿拖把用力拧干后再拖一遍。

（8）用干净毛巾擦拭玻璃门，并每周清刮1次。

（9）出入口的台阶每周用洗洁精冲刷1次。

（10）每月擦抹灯具、风口、烟感器、消防指示灯1次。

（11）每2个月对大理石地面打蜡1次，每周抛光1次；地砖地面和水磨地面，每月用去污粉、长柄手刷彻底刷洗1次。

3.4.3　清洁标准

（1）地面无烟头、纸屑、果皮等杂物，无污渍，大理石地面墙身有光泽。

（2）公共设施表面用纸巾擦拭，无明显灰尘。

（3）不锈钢表面光亮，无污迹。

（4）玻璃门无水迹、手印、污迹。

（5）天棚、风口目视无污迹、灰尘。

3.4.4　安全及注意事项

（1）擦拭电器开关、灯具要用干毛巾，擦以防触电。

（2）大理石打蜡抛光由班长组织会操作人员统一进行操作。

（3）拖地时不要弄湿电梯厅门，以免腐蚀。

3.5　地毯吸尘清洁操作标准

3.5.1　所需清洁用具

（1）吸尘器与配件。

（2）地毯用硬刷。

（3）手提刷子和簸箕。

（4）刮刀。

（5）告示牌。

3.5.2　清洁方法与步骤

（1）将所需用具备齐，同时检查用具是否完好。检查吸尘器电插头、电线和储尘袋。

（2）将告示牌放置在显眼的地方。

（3）用刮刀将地毯上的口香糖、粘纸等去除。

（4）将地毯上较大件的尖硬物体（如夹子等）取起。

（5）调整吸尘器的刷毛高度，若用桶型吸尘器，应装上适当的配件。

（6）工作须有次序，注意行走频率较高的地方，如角头和墙边。

（7）吸尘器所不能吸的地方，如家具底等，则用手提刷子和畚斗将灰尘除去。

（8）用硬刷刷去较顽固的污迹。

（9）将所有用具收齐，清理后放回储存室。

3.5.3　安全注意事项

（1）检查吸尘器电插头、电线和储尘袋。

（2）将吸尘器的各个配件装好后，才能将电源插头插入插座。

3.5.4　用具保养

（1）使用后清除吸尘器内的灰尘，储尘袋装满后须更换或清洗。

（2）将刷子和畚斗抹干净。

3.6　喷水池清洁操作标准

3.6.1　清洁范围

物业管辖区内的喷水池。

3.6.2　作业程序

（1）平时保养。地面清洁工每天用捞筛对喷水池水面漂浮物进行打捞。

（2）定期清洁。

① 打开喷水池排水阀门，放水。

② 待池水放去1/3时，清洁工入池清洁。

③ 用长柄手刷加适量的清洁剂由上而下刷洗水池瓷砖。

④ 用毛巾抹洗池内的灯饰、水泵、水管、喷头及电线表层的青苔、污垢。

⑤ 排尽池内污水并对池底进行拖抹。

⑥ 注入新水，投入适量的硫酸铜以净化水质，并清洗水池周围地面污迹。

3.6.3　清洁标准

眼看水池清澈见底，水面无杂物，池底洗净后无沉淀物，池边无污迹。

3.6.4　安全注意事项

（1）清洗时应断开电源。

（2）擦洗电线、灯饰不可用力过大，以免损坏。

（3）清洁时，不要摆动喷头，以免影响喷水观赏效果。

（4）注意防滑，小心跌倒。

3.7　地下雨、污水管井疏通操作标准

3.7.1　工作范围

物业管辖区内所有地下雨、污水管道和检查井。

3.7.2　作业程序

（1）用铁钩打开检查井盖，人下到管段两边检查井的井底。

（2）用长竹片捅捣管内的黏附物。

（3）用压力水枪冲刷管道内壁。

（4）用铁铲把粘在检查井内壁的杂物清理干净。

（5）用捞筛捞起检查井内的悬浮物，防止其下流时造成堵塞。

（6）把垃圾用竹筐或桶清运至垃圾中转站。

（7）放回检查井盖，用水冲洗地面。

（8）雨、污水检查井每月清理1次。

（9）雨、污水管道每半年彻底疏通清理1次。

3.7.3　清洁标准

清理后，眼看检查井内壁无黏附物，井底无沉淀物，水流畅通，井盖上无污渍污物。

3.7.4　安全注意事项

（1）掀开井盖后，地面要竖警示牌，并有专人负责监护，以防行人跌入。

（2）如发现管道堵塞、污水外溢时，应立即组织人员进行疏通。

（3）作业时穿全身制边身裤，戴胶手套。

3.8　垃圾中转站清洁操作标准

3.8.1　工作范围

物业管辖区内的垃圾中转站

3.8.2　作业程序

（1）时间：每天9：30和18：00开始清运工作，将垃圾运至垃圾中转站清倒。

（2）两人配合将手推车推上作业平台，将垃圾倒入垃圾压缩车内，然后就地冲洗垃圾车。

（3）清扫散落在地面上的垃圾并装回垃圾压缩车。

（4）用洗洁精冲洗垃圾中转站内的地面和墙面。

（5）每周用喷雾器喷“敌敌畏”药水对垃圾中转站周围5米内消杀1次。

3.8.3　清洁标准

（1）目视垃圾站内无杂物、污水、污垢。

（2）垃圾站内无臭味。

（3）垃圾日产日清。

（4）垃圾车外无垃圾黏附物，垃圾车停用时摆放整齐。

3.9　化粪池清洁

（1）租用一部吸粪车及长竹竿一根，并放警示牌。

（2）用铁钩打开化粪池的盖板，敞开20分钟，让沼气散发后再用竹竿搅化粪池内的杂物结块层。

（3）把吸粪车开到工作现场。

（4）把吸粪管放入池内与车连接，开动机器。

（5）直到池内结块吸干净后，用铁钩把化粪池盖盖好。

（6）用干净水把化粪池盖洗刷干净。

3.10　玻璃、镜面清洁

（1）发现玻璃沾有污迹时，用玻璃铲刀铲除污物。

（2）把清洁毛头套在伸缩杆上。

（3）按比例兑好玻璃水（1 ∶ 30）。

（4）将毛头浸入玻璃水中。

（5）将浸有玻璃水的毛头按在玻璃上来回推擦。

（6）用伸缩杆套好玻璃刮，从上至下刮去玻璃上的水迹。

（7）最后用干毛巾抹去玻璃脚上和玻璃上的水迹。

3.11　梯、地面的清洁

（1）清扫地面与阶梯上的杂物，倒入垃圾箱内。

（2）在待清洁的地板上放置告示牌“工作进行中”。

（3）按比例正确配制地面清洁剂（1 ∶ 100），将配制好的地面清洁剂均匀洒在地面、阶梯上，用拖布拖一遍，较脏处应反复清洁至干净。

（4）用清水冲洗阶梯、地面，并排尽污水。

（5）用干净拖布拖地面、阶梯至干净无渣。

（6）收回告示牌，收拾好工具及未用完的清洁剂。

3.12　垃圾桶的清洁

（1）把垃圾桶放上推车运至垃圾集中点。

（2）取下桶盖，倒出垃圾，用刷子刷出污物，用清水洗净。

（3）用抹布醮洗洁剂把外部盖子擦拭干净，无污迹。

（4）用清水把外部盖子冲洗干净，直至现本色。

（5）把垃圾桶放回原处，盖好盖子，做好收尾工作。

四、绿化工作管理办法

1. 目的

加强小区绿化管理工作，保护和改善小区生态环境，促进小区绿地养护与管理工作的规范化、制度化，提高小区绿化水平。

2. 适用范围

适用于在本物业管理公司（以下简称公司）所管辖的小区内从事绿化规划、建设、保护和管理的单位及个人。

3. 管理职责与权限

3.1　环境管理部

（1）负责对物业管理分公司、绿化专业公司、物业管理处的日常管理工作进行指导帮助、监督管理与考核。

（2）负责制定绿化管理工作的规章制度、工作标准和工作记录。

（3）负责小区绿化养护计划的审批工作。

（4）负责小区绿化管理工作中重大问题的协调工作。

（5）负责新增绿化项目方案的评审、设计和验收工作。

（6）参与新建、改造绿化项目的设计、评审、验收和签证；参与绿化合格供方的推荐、评审和管理工作。

（7）负责绿化工作责任事故的调查工作。

（8）遇有重大事宜应及时向公司领导汇报。

3.2　市场拓展部

（1）负责小区绿化工作的招标工作。

（2）负责绿化合同的制定、审批与管理工作。

（3）负责绿化合格供方的评审工作。

（4）负责绿化资金计划的落实工作。

3.3　财务部

依据合同规定及管理部门考核结果支付绿化费用。

3.4　工程维保部

负责新建、改造绿化项目方案的评审、设计、监理、现场管理和验收工作。

3.5　物业管理分公司

（1）负责对物业管理处绿化管理工作进行指导帮助、监督管理与考核，及时解决管理职责内绿化工作存在的问题。

（2）负责上报绿化工作周报、月报。

（3）负责物业管理处绿化用水的统计分析工作。

（4）负责统计上报小区绿化养护计划的实施和承包单位工作质量评价情况。

（5）参与绿化合格供方的评审工作；参与新建、改造绿化项目的评审、验收和签证工作；参与新增绿化项目方案的评审、现场管理和验收工作。

（6）遇有重大事宜应及时向物业管理部汇报。

3.6　物业管理处

（1）负责建立健全小区绿化基础工作记录；每日对小区内的绿地、绿化设施进行检查。

（2）依据绿化合同、相关标准和绿化养护计划的要求进行现场管理与检查验收，及时解决管理职责内绿化工作存在的问题，及时制止小区内发生的违章及违法行为，每周向物业管理分公司汇报小区绿化工作情况。

（3）负责小区内绿化用水的计量、统计分析和管理工作。

（4）负责矿区物业管理信息系统中有关绿化工作的数据录入和维护工作。

（5）负责对承包单位的绿化养护工作质量进行评价。

（6）负责绿化管网维修后的验收签证工作；参与新建、改造绿化项目的验收和签证工作；参与新增绿化项目方案的评审、现场管理和验收工作。

（7）遇有重大事宜应及时向分公司汇报。

3.7　绿化公司

（1）负责对小区绿化工作的技术指导、培训和监管工作；参与公司有关绿化规章制度和工作标准的制定工作。

（2）负责审核承包单位制订的各项工作计划与方案，并对承包单位的工作计划进行分解、汇总，及时上报物管科审批。

（3）对承包单位出现浪费绿化用水的行为，依据合同条款进行处理。

（4）参与绿化合同的制定和评审工作；参与新建、改造绿化项目的设计、评审、验收和签证工作；参与绿化养护合格供方的评审工作；参与新增绿化项目方案的评审、现场管理和验收工作。

（5）负责绿化用水的计量、统计分析和管理工作。

（6）遇有重大事宜应及时向物业管理部汇报。

3.8　维修公司

负责绿化管网的维修工作。

4.管理规定

4.1　规划建设与保护管理

（1）小区公共绿地面积和绿化覆盖率等规划指标，应符合本市《城市绿化管理办法》的相关规定。应根据当地的特点，利用原有的地形、地貌、水体、植被和历史文化遗址等自然、人文条件，以方便群众为原则，合理设置公共绿地、居住区绿地、防护绿地和风景林地等。

（2）新建绿化工程的设计，应当委托持有相应资格证书的设计单位承担。工程建设项目的附属绿化工程设计方案，按照基本建设程序审批时，必须有市人民政府绿化行政主管部门参加审查。

① 绿化面积在1000平方米以上或者绿化费用在5万元以上的绿化工程设计，应当委托持有相应资格证书的单位承担。

② 绿化工程面积在2000平方米以上或者绿化费用在10万元以上的设计方案，应经市绿化行政主管部门审批，其中对建设有重要影响的绿化工程须报上级绿化行政主管部门审批。

③ 建设单位应按照批准的设计方案进行建设，设计方案需要改变时须经原批准机关审批。

④ 绿化用地面积在1000平方米以上或者绿化工程费用在3万元以上的绿化工程竣工后，须报请市绿化行政主管部门验收合格后，方可交付使用。

（3）新区建设和旧区改造绿地不得低于下列标准。

① 新建区的绿化用地，应不低于总用地面积的30%。

② 公共绿地中绿化用地所占比率不低于总用地比率70%。

③ 旧区改造的绿化面积，可按前款①项规定的指标降低5%。

（4）任何单位和个人都不得擅自改变小区绿化规划用地性质或者破坏绿化规划用地的地形、地貌、水体和植被。

（5）任何单位及个人都不得擅自占用绿化用地。因建设或者其他特殊需要临时占用绿地的，应当经绿化行政主管部门审查同意，并按有关规定办理临时用地手续。占用期满后，占用单位应当恢复原状。

经批准永久性占用绿地的，该土地使用者应向公司交纳相应的绿化损失费。

（6）禁止任何单位和个人擅自砍伐、移植、损毁小区树木、绿篱。确需砍伐、移植小区树木、绿篱的，应当按下列规定办理审批手续。

① 一次砍伐或者移植乔木5株、灌木5丛、绿篱50米以下的，由市绿化行政主管部门审批。

② 超过前款限定的，由市绿化行政主管部门审核，报市人民政府批准。经批准砍伐树木的，应当在市绿化行政主管部门指定的区域内补植同类树木。补植树木的胸径一般不小于5厘米，补植树木胸径面积之和为砍伐树木所围胸径面积之和的2～10倍。

如当时补植有困难，应向公司交纳相应的绿化补植费。

（7）各级管理人员或承包单位对于小区绿地内的植物应妥善保护与管理，如发现有本市《城市绿化管理办法》和《城市绿化管理实施细则》中所不允许的行为，应依据这两个办法的要求对其进行劝阻，不听劝阻的，报请执法部门或城市绿化行政主管部门处理。

（8）树木生长影响管线安全或者交通设施正常使用确需修剪的，经绿化行政主管部门批准，按照兼顾管线、交通设施使用和树木正常生长的原则进行修剪。修剪费用除市人民政府已有明确规定外，可按下列原则分担：先有树木，后建管线、设施的，费用由管线、设施管理单位承担；先有管线设施，后植树木的，费用由树木所有人承担；树木和管线、设施分不清先后的双方平均承担。

（9）小区内绿化地下管网、阀井由公司新建、维修和管理，地面管网由承包单位新建、维修和管理。严禁任何单位和个人擅自拆除、堵塞、填埋绿化用水的管线和阀井，不得损坏阀门和随意接阀门。

（10）公司各级管理部门或单位严格按照《小区施工恢复工作管理办法》的要求，加强对影响绿化工作的施工行为的管理。

4.2 小区绿化交接工作的管理

（1）物业管理部组织物业分公司、物业管理处、绿化公司、原承包单位、新承包单位的交接工作，现场交接人员应具备签字认可的权力。交接内容包括小区植被生长情况、地面设施、地下设施、阀井、水表、水表计量数据、乔灌木数量、花卉数量、藤本植物数量、草坪面积、养护工作记录、小区绿化管网图、小区绿化分布图等。

（2）原承包单位应根据当时接管小区绿化的情况准备好交接前的各项工作，与原来接管不相符的应及时整改、恢复；新承包单位在承包期结束后不再承包时，也应保持接管时的状况和各项资料。对原承包单位拒不按要求执行的，公司从养护回访费中扣除损失，并安排恢复工作。

（3）参与交接工作的单位检查核实所交接的内容无误，在交接记录上签字后，物业管理分公司安排物业管理处正式接管该小区的绿化管理工作，新承包单位正式接管该小区的养护工作。各项交接资料一式五份，物业管理部、物业分公司、物业管理处、绿化公司、新承包单位各留存一份。

（4）现场交接存在争议时，由物业管理部组织相关单位共同商议解决方案。原承包单位与新承包单位不服从安排的，可以通过其他途径解决。

4.3　绿化养护计划

（1）每月的25日前，绿化公司通知承包单位提前制订下一个月的绿化养护月计划和周计划，审核后上报物业管理部；物业管理部将批准后的养护计划于每月28日下发物业管理分公司；物业管理分公司应及时将养护计划下发至物业管理处。

（2）物业管理部、绿化公司监督计划执行情况，计划需要变更时，应及时调整。

4.4　春季绿化养护与管理

（1）春季气温回升，地表层无冻土，绿化公司及时安排承包单位对绿化管网进行试水。发现管网破损，及时通知相关单位处理。

（2）绿化公司在确认气温不会降至5摄氏度以下，通知承包单位安装地面节水灌溉设施。在未安装前由承包单位用地面软管浇水，确保春灌工作顺利进行。

（3）绿化公司应及时安排承包单位的春季修剪、树木涂白和闸阀保养工作，并要求绿化养护人员开始上午到物业管理处报到，下午到物业管理处汇报当天的工作情况。

（4）绿化公司、物业管理处、承包单位监控小区绿化病虫害的情况，做到“早发现、早控制、早治理”。打药人员应严格按照相关安全工作的要求打药，并做好打药现场的安全防护和小区居民人身安全工作。

4.5　日常绿化养护与管理

（1）物业管理处根据养护计划对承包单位的绿化养护工作进行现场检查验收，及时处理发现的问题，每周将工作情况上报物业管理分公司，并录入到辖区物业管理信息系统。

（2）物业管理分公司每周统计汇总各物业管理处的工作情况，报物业管理部；物业管理部统计汇总后在公司简报上公布。

4.6　秋冬季绿化养护与管理

（1）养护单位按照养护计划认真做好树木涂白、病虫害防治、冬灌、闸阀保养、管网排空扫线工作，工作结束后应及时将地面管线回收保管。绿化公司、物业管理分公司、物业管理处对上述工作进行检查验收。

（2）物业管理处冬季也应对小区内的绿地、绿化设施进行巡检，发现问题及时处理。

4.7　小区绿地认养的养护与管理

（1）公司制定小区绿地认养协议，有意认养小区绿地的居民可到物业管理分公司办理手续，并根据协议的要求进行养护。物业管理处指导帮助、监督检查小区居民的养护工作，及时发现、制止超出养护协议范围的行为。

（2）公司制作统一的小区绿地认养公示牌，安放在小区绿地。

4.8　考核

公司管理部门或单位依据养护合同条款和相关标准对承包单位进行考核，依据公司绿化工作考核办法对内部绿化管理工作进行考核。

五、卫生消杀管理标准作业规程

1. 目的

规范卫生消杀工作程序，净化小区环境。

2. 适用范围

适用于物业管理公司各小区卫生消杀工作的管理。

3. 职责

（1）管理处环境管理部主管负责卫生消杀工作计划的制订，并组织实施和质量监控。

（2）管理处环境管理部领班负责协助主管组织实施、检查卫生消杀工作。

（3）清洁工（消杀工作人员）负责依照本规程进行具体卫生消杀工作。

4. 程序要点

4.1　卫生消杀工作计划的制订

（1）环境管理部主管应根据季节的变化制订出卫生消杀工作计划。

（2）消杀工作计划应包括以下内容。

① 消杀对象。

② 消杀区域。

③ 消杀方式选择与药物计划。

④ 消杀费用预算。

4.2　灭蚊、蝇、蟑螂工作

（1）每年的1～4月、11～12月中，每天应进行1次灭虫消杀工作；其他月份具体参照各标准作业规程的要求进行消杀。

（2）消杀区域

① 各楼宇的梯口、梯间及楼宇周围。

② 别墅住宅的四周。

③ 会所及配套的娱乐场所。

④ 各部门办公室。

⑤ 公厕、沙井、化粪池、垃圾箱、垃圾周转箱等室外公共区域。

⑥ 员工宿舍和食堂。

（3）消杀药物一般用敌敌畏、灭害灵、敌百虫、菊酯类药喷洒剂等。

（4）消杀方式以喷药触杀为主。

（5）喷杀操作要点。

① 穿戴好防护衣帽。

② 将喷杀药品按要求进行稀释，注入喷雾器里。

③ 对上述区域进行喷杀。

（6）喷杀时应注意

① 梯间喷杀时不要将药液喷在扶手或住户的门面上。

② 员工宿舍喷杀时不要将药液喷在餐具及生活用品上。

③ 食堂喷杀时不要将药液喷在食品和器具上。

④ 不要在客户出入高峰期喷药。

（7）对于办公室、会所娱乐配套设施等场所，应在下班或营业结束后进行喷杀，并注意以下两点。

① 关闭门窗。

② 将药液喷在墙角、桌下或壁面上，禁止喷在桌面、食品和器具上。

4.3　灭鼠

（1）灭鼠工作每月应进行2次。

（2）灭鼠区域如下。

① 别墅、楼宇四周。

② 员工宿舍内。

③ 食堂和会所的娱乐配套设施。

④ 小区中常有老鼠出没的区域。

（3）灭鼠方法主要采取投放拌有鼠药的饵料和粘鼠胶。

（4）饵料的制作。

① 将米或碾碎的油炸花生米等放入专用容器内。

② 将鼠药按说明剂量均匀地撒在饵料上。

③ 制作饵料时作业人员必须戴上口罩、橡胶手套，禁止裸手作业。

（5）在灭鼠区域投放饵料应注意以下几点。

① 先放一张写有“灭鼠专用”的纸片。

② 将鼠药呈堆状放在纸片上。

③ 尽量放在隐蔽处或角落、小孩拿不到的地方。

④ 禁止成片或随意撒放。

（6）投放鼠药必须在保证安全的前提下进行，必要时挂上明显的标识。

（7）1周后，撤回饵料，期间注意捡拾死鼠，并将数量记录在“消杀服务记录表”中。

4.4　消杀作业完毕

应将器具、药具统一清洗保管。

4.5　消杀工作标准

（1）检查仓库或地下室，目视无明显蚊虫在飞。

（2）检查商场酒楼和办公室，目视无苍蝇滋生地。

（3）检查室内和污雨井，每处蟑螂数不超过5只。

（4）抽检楼道、住户家无明显鼠迹，用布粉法检查老鼠密度，不超过1%，鼠洞每2万平方米不超过1个。

4.6　消杀工作的管理与检查

（1）消杀工作前，环境管理部主管必须详尽地告诉作业人员应注意的安全事项。

（2）环境管理部主管应每次检查消杀工作的进行情况，并将工作情况记录于每天工作日记中。

（3）环境管理部领班现场跟踪检查，确保操作正确。

（4）环境管理部主管应每月会同有关人员对消杀工作按检验方法和标准进行检查，并填写“消杀服务质量检验表”。上述资料由部门归档保存1年。

（5）本规程执行情况作为环境管理部相关员工绩效考评的依据之一。

六、保洁绿化业务外包监督管理办法

1. 目的

为环境外包监控（清洁、“四害”消杀、绿化）提供指引，保证业务现场的质量。

2. 范围

适用于环境外包（清洁、“四害”消杀、绿化）工作的监控。

3. 职责

部门/岗位	职责
品质部	（1）组织与服务供方的沟通 （2）对服务情况进行年度评估
客户服务中心	（1）对环境供方服务质量进行全面检查与监督 （2）每月对环境服务供方的合同履行情况进行评估
监控人员	（1）日常检查服务供方的合同履约情况 （2）监督服务供方消耗我方资源的情况

4. 方法与过程控制

4.1 监督人员

部门负责人依据本小区的实际情况，指定1名或多名监控人员，负责对环境服务供方的沟通协调、监督管理。

4.2 监督检查方法

（1）内部监督检查。

<table>
<tr><th></th><th>业务类别</th><th>检查频次</th><th>检查内容</th><th>检查方法</th></tr>
<tr><td rowspan="2">专门监督检查</td><td>清洁</td><td>以日检为主</td><td>（1）员工到岗情况及岗位礼仪
（2）工完清场
（3）岗位工作质量结果，问题点落实情况
（4）工作计划落实情况
（5）工作过程中的安全防护措施
（6）合同中其他约定的履约情况</td><td>以考勤记录及不定时清点的方式检查员工到岗情况，每日岗位工作质量则以抽样方法检查，同时满足3个条件：覆盖高层、多层、别墅等不同区域；覆盖到楼道、院落、架空层、停车位等区域；抽样点分布均匀</td></tr>
<tr><td>消杀</td><td>以每次消杀后检查为主</td><td>（1）消杀药品的针对性，消杀药品浓度合适性
（2）消杀区域设置警示标识
（3）消杀饵料、死鼠及时清捡
（4）消杀计划落实情况，消杀药品定期更换情况
（5）员工岗位礼仪
（6）工作过程中的安全防护措施
（7）合同中其他约定的履约情况</td><td>在消杀前，检查药品使用、药品配比、警示标识放置；在消杀后，对当次消杀效果进行检验评估</td></tr>
</table>

续表

	业务类别	检查频次	检查内容	检查方法
	绿化	以周检为主	（1）修剪、施肥、浇水、松土、除草、补种、病虫害控制等养护质量及结果与问题点落实情况 （2）台风、暴雨、大雪后的树木修复情况 （3）年度与月度养护计划落实情况 （4）员工岗位礼仪 （5）工完清场 （6）工作过程中的安全防护措施 （7）合同中其他约定的履约情况	每次周检时必须对所有区域进行巡查，检查对象必须包括草地、乔木、灌木、绿篱、盆栽等各类型的绿化植物
其他监督	（1）管理处负责环境业务的主管、管理负责人，分别按1次/周、1次/月的频率进行的环境外包质量抽样检查 （2）部门的安全、技术等其他岗位人员，在工作现场发现的清洁、绿化或消杀方面的问题点 （3）公司/集团组织的、各种形式的定期与临时检查			

（2）外部监督检查。

① 客户评估。客户投诉、顾客意见调查、顾客恳谈会及其他形式的顾客意见反馈。

② 社会评查。外部质量审核机构的监督检查，优秀小区（大厦）的验收检查，政府有关部门的检查，物业公司组织的参观、评比和检查等。

（3）各类检查结果，在区分合格与不合格、约定不合格的纠正要求与纠正期限后，由甲乙双方共同签字确认。

4.3　不合格的判定

（1）管理日常监督检查的结果，分为合格与不合格2种情况，按不合格的性质轻重、出现频次等，又区分为轻微不合格与严重不合格。

（2）轻微不合格直接以合同中约定的服务质量标准为依据判定。严重不合格依据下列情况判定。

业务类别	严重不合格情形
清洁	（1）在同一天的检查中，发现同一区域（指同一单元或方圆10平方米，下同）出现严重脏污或同一区域有三个或以上的保洁项目不到位 （2）在同一天的检查中，发现三处或以上区域出现相同项目的不合格 （3）连续3日检查中，同一区域出现2次及以上相同项目的不合格 （4）质量不符合合同约定的质量标准要求，或合同约定的其他要求，经过与现场负责人沟通后，未按要求整改（不可抗因素除外） （5）员工工作时间离岗半小时以上（特殊情况经项目允许除外） （6）员工离岗时间超过半小时或当值时间内发生与工作明显无关的行为 （7）不按承诺进行用水作业，浪费水资源的 （8）乙方新进场员工未经甲方面试直接上岗的（包括实习人员） （9）月检、月度评估会，外包公司区域负责人或以上级别负责人未按时到场 （10）未按要求配合公司各专项活动（除扣减费用外还承担相应损失） （11）未按要求递交工作计划及工作记录 （12）员工未按要求节约用水，浪费水电 （13）在服务区域及其他相关工作场所未能按要求规范清洁作业 （14）公司级品质检查的一般不合格项 （15）计划性工作未完成且未告知甲方的

续表

业务类别	严重不合格情形
消杀	（1）月实际消杀次数低于工作计划，每少1次记一项不合格 （2）连续2个月未更换消杀药品（视消杀药品的好坏） （3）白天在公共区域内发现老鼠活动 （4）消杀药品与计划使用药品不符合 （5）药品调配浓度低于使用说明书中的规定致使蚊蝇滋生；药品不符合国家要求/标准的；蚊、蝇或鼠密度测验，超过国家规定标准的
绿化	（1）在同一周的检查中，发现三处以上区域出现相同项目的不合格 （2）连续1个月的检查中，同一区域出现2次及以上相同项目的不合格 （3）在约定的整改时间内未完成整改项目（排除不可抗力） （4）作业过程中出现因服务供方原因引起的有效顾客投诉 （5）连续3个月不剪草、草皮杂草面积超过10%或覆盖率低于90%；因养护原因造成的乔灌木枯死

4.4　对服务供方的考核

（1）对服务供方考核的依据。

① 内外部监督检查中发现的问题点（不合格）。

② 人员缺岗，清洁材料未满足约定标准。

③ 客户投诉。

④ 供方员工在物业管理区域内的吵架、打架斗殴行为，其他不符合行为识别（behavior identity，BI）礼仪行为。

⑤ 供方公司对本公司人员进行贿赂、供方员工在物业管理区域内的偷盗等违法违规行为。

⑥ 客户满意度调查结果。

（2）由品质部编制服务外包合同格式文本，明确具体的考核指标和考核方式，并根据情况及时更新。

（3）服务外包合同中，可同时约定正向激励的条件与方法。

4.5　工作计划与服务评估

工作计划	保洁类	各服务供方每月28日前，向服务中心提交下月工作计划、人员岗位编排、轮休计划
	绿化类	绿化服务供方每年12月25日前，提交绿化养护年度计划，部门环境负责人审核、部门负责人审批，同时抄送品质部备案
评估报告	日常保洁	每月5日前，管理处分别对清洁、消杀月度服务工作进行评估 月度评估报告包括月度履约情况综述、存在不足与改进要求、考核依据及考核结果、应付款额等
	开荒保洁	每次清洁开荒结束后3个工作日内，服务中心都要撰写开荒工作评估报告。工作评估报告包括预算工程量与实际工程量、工作质量、人员状况及配合情况、考核依据及考核结果、应付款额等

续表

<table>
<tr><td rowspan="4">评估报告</td><td>绿化类</td><td>每月5日前，管理处分别对绿化月度服务工作进行评估。月度评估报告包括月度履约情况综述、存在不足与改进要求、考核依据及考核结果、应付款额等</td></tr>
<tr><td colspan="2">管理处每年对服务供方进行1次评估总结</td></tr>
<tr><td colspan="2">评估报告由部门负责人审批，抄送品质部
评估报告必须由供方现场负责人手写签收
评估报告为结算、付款的依据</td></tr>
<tr><td colspan="2">服务供方在每月10日前，针对月度评估报告提交纠正措施</td></tr>
</table>

4.6　风险控制与防范

（1）当地政策法规对特种作业有资质要求的，外包供方及其人员必须满足法规要求，管理处需将公司及其员工的资质证书随同外包服务合同一并存档，并实时更新。如“四害”消杀服务单位及其员工必须持有“四害”消杀资格证、“四害”消杀上岗证；高空作业人员必须持有高空作业许可证。

（2）常驻现场的供方工作人员，在进场后3天内，需向管理处提交身份证复印件、留指模备案。

（3）开展危险性的作业，如高空作业、有限空间作业，在与服务外包单位签订外包合同时，合同中应包括安全管理相关内容。

（4）“四害”消杀、绿化消杀所用药品，必须符合国家标准和要求。

（5）在进行消杀、高空作业，以及进行地面清洗、石材处理、绿化修剪等机械作业时，需做好现场围隔，并放置警示标识。

任务清单

<table>
<tr><th>序号</th><th>任务</th><th>责任部门/人</th><th>时限</th></tr>
<tr><td>1</td><td>组织与服务供方的沟通</td><td>品质管理部</td><td>每半年1次</td></tr>
<tr><td>2</td><td>对公司所有服务供方的履约情况进行年度评估</td><td>品质管理部</td><td>每年1次</td></tr>
<tr><td>3</td><td>对本部门服务供方的服务情况进行年度评估</td><td>物业服务中心</td><td>每年1次</td></tr>
<tr><td>4</td><td>编制工作评估报告</td><td>服务中心</td><td>每月5日前
清洁开荒结束后3个工作日内</td></tr>
<tr><td>5</td><td>外包人员资料核实</td><td>部门主管</td><td>每半年1次</td></tr>
<tr><td rowspan="3">6</td><td rowspan="3">现场检查</td><td>外包监督人员</td><td>清洁：每日检查
绿化：每周检查
消杀：实施消杀后</td></tr>
<tr><td>部门主管</td><td>1次/周</td></tr>
<tr><td>部门负责人</td><td>1月/次</td></tr>
</table>